# 梁斌研究辑存

## ——梁斌作品评论集六编

刘卫东　程伟　主编

天津出版传媒集团
百花文艺出版社

**图书在版编目（CIP）数据**

梁斌研究辑存：梁斌作品评论集六编 / 刘卫东，程伟主编. -- 天津：百花文艺出版社，2024.4
ISBN 978-7-5306-8789-5

Ⅰ.①梁… Ⅱ.①刘… ②程… Ⅲ.①梁斌（1914-1996）-人物研究-文集 Ⅳ.①K825.6-53

中国国家版本馆 CIP 数据核字(2024)第 050507 号

**梁斌研究辑存：梁斌作品评论集六编**
LIANG BIN YANJIU JICUN：LIANG BIN ZUOPIN PINGLUNJI LIU BIAN
刘卫东 程伟 主编

**出 版 人：**薛印胜
**选题策划：**唐冠群 **责任编辑：**李 信
**装帧设计：**蔡露滋
**出版发行：**百花文艺出版社
**地址：**天津市和平区西康路 35 号 **邮编：**300051
**电话传真：**+86-22-23332651（发行部）
+86-22-23332656（总编室）
+86-22-23332478（邮购部）
**网址：**http://www.baihuawenyi.com
**印刷：**北京虎彩文化传播有限公司
**开本：**710毫米×1000 毫米 1/16
**字数：**287 千字
**印张：**19.25
**版次：**2024 年 4 月第 1 版
**印次：**2024 年 4 月第 1 次印刷
**定价：**72.00元

如有印装质量问题，请与北京虎彩文化传播有限公司联系调换
地址：北京市经济技术开发区（大兴）忠凉路
电话：(010)84720900
邮编：100163

# 目 录

# 文学作品中的英雄形象

## ——革命现实和革命理想的结晶(节选)

李希凡

在我们的新文学作品里,也出现了这样的英雄人物。像《保卫延安》里的周大勇,《红旗谱》里的朱老忠,《林海雪原》里的杨子荣,《苦菜花》里的母亲,《在和平的日子里》的阎兴。尤其是朱老忠,对于我们探讨当代的英雄形象的创造,有着特殊的意义,因为朱老忠是个和历史有着紧密衔接的人物。

《红旗谱》是一部有着深厚生活基础的小说,它相当深刻地描写了中国无产阶级所领导的大革命前后北方农村的阶级斗争。可贵的是,它是通过北方农村特有的生活情调,表现了斗争的广阔面貌。无论是取得了胜利的斗争——反割头税的斗争,或者是失败了的斗争——保二师学潮的斗争,在它的英雄人物身上,都洋溢着革命的激情,显示了新时代的革命者为理想燃烧着的不屈不挠的崇高精神。最突出的,当然是朱老忠。作者通过朱老忠,为我们刻画了一个中国现代革命初期的老一代农民的英雄形象。在这个英雄的性格里,展现了两个时代的革命者的鲜明特征。

朱老忠,在作者的笔下,是一个在血泊恨海里经过千锤百炼而成长起来的反抗地主压迫的农民英雄。他继承了传统的革命农民的斗争性格,和水浒英雄们的性格有着一脉相承的联系。世代农民的许多革命性格的传统特色在他的性格里,都有着多方面的表现,而且可以称得起是更典型、更理想、更集中的表现。

朱老忠在幼年时代就和地主冯老兰结下了世代血仇——父亲朱老巩因为急公好义,阻拦冯老兰霸占四十八亩公用地,被冯老兰气死了,姐姐被冯老兰派来的狗腿子糟蹋死了，幼年的朱老忠被逼下了关东。二十五年过去了，受尽千辛万苦，闯荡江湖的朱老忠，已经是中年人了。痛苦生活的磨炼，把他炼成了顽强不屈的硬汉。他没有忘记那世代的血仇，终于赶回家乡来了，给地主冯老兰插了一根眼中钉。久经锻炼的朱老忠的性格，绝不是那有着狭隘的小私有者意识的农民所能比较的，它突出地体现着革命农民性格的丰富特色。深重的阶级压迫的血仇，使他有了朴素的团结起来反对封建统治者的阶级意识，也就是水浒英雄和世代革命农民那种重“义”的性格特质，但是，在朱老忠身上得到了升华。这种重“义”的阶级意识，体现在宋江的身上，是“仗义疏财”，体现在武松、鲁智深的身上，是“路见不平，拔刀相助”，体现在李逵的身上，是为了农民起义军，赴汤蹈火在所不辞。而在朱老忠的性格里，对这种重“义”的质量，更有了丰富的体现。不仅在反对地主阶级的斗争里朱老忠永远是站在被压迫的农民一面，就是在日常生活里，朱老忠也总是表现出舍己为人，义重如山。他自己本来很穷，但一听说对冯老兰坚持斗争的朱老明，瞎了眼而且破了产，他立刻就用血汗钱去援助他。当他的好兄弟严志和家里遭了横祸——儿子被捕，老祖母惊吓而死，他就挺身出来承担一切，“为朋友两肋插刀”，徒步走到济南去探监。可是，在朱老忠的性格里，又绝对没有世代农民的那种盲动的自发性。现代复杂的阶级斗争生活，把朱老忠的性格升华到更高的精神境界。他的性格像钢一样的坚，但也像钢一样的韧。他有一句口头禅，叫“出水才看两腿泥”，这不是他的圆滑世故，而是主张韧性的战斗。他懂得要扳倒冯老兰这样的封建磐石，是不能盲动的。他坚强、果断、重团结、讲义气、有胆识、勇于斗争，为复仇燃烧着永不屈服的生活信心，而这一切又都融合在他的久经锻炼的深沉的性格里。正因为朱老忠走过了这样长远的历史和现实的斗争道路，积累了如此深刻的斗争经验，所以一进入党的熔炉，立刻就凝结成坚而韧的钢铁战士。朱老忠的性格，使我们很自然地联想起现实生活中的一个真人——伟大的鲁迅。这个联想也许是不伦不类，一个是真人，一个是文学形象；一个是知识分子，一个是农民，但是，从他们的身上，我们却看到了那共有的民族精神的特征，就是那种没有丝毫的奴颜与媚骨的中国人民最可宝贵的性格。应该承认，在我国当代文学作品所创造的人物形象里，具有如此历史深度的性格，朱老忠还是第一个。

因此，他的出现，不仅具有强烈的现实意义，而且富有深刻的历史意义，他把历史和现实的人民理想英雄的画廊在文学上紧密地连接起来了。在朱老忠的性格里，概括了富有斗争传统的中国农民的历史和现实的性格，也深刻地反映了中国农民的历史和现实的英雄理想。表现在他身上的深刻的生活概括和丰富的理想色彩，都说明了这个交流着历史和现实斗争的英雄人物，是革命的现实主义和革命的浪漫主义的结合的典型产物。

只是可惜，在我们的新文学里，这样深刻的文艺形象还出现得不够多。尤其是在空前跃进的社会主义建设生活里，如何创造具有共产主义风格的新人，更是需要认真探索的问题。但是，运用革命的现实主义和革命的浪漫主义相结合的创作方法，创造什么样的英雄形象，首先的着眼点，也必须是他的倾向性。说得明确一点儿，革命的浪漫主义就是植根于革命现实的革命理想主义，任何空虚的夸大和幻想，都是对它的歪曲，都不可能反映出现实的和未来的英雄人民的精神面貌。

《文艺报》1959年第3期

# 漫谈《红旗谱》的民族风格

徐文斗　任孚先

我们中华民族的文学艺术，经过几千来年劳动人民和文学艺术大师们的努力，铸成了我国独有的、卓越的表现我们民族的思想性格、心理和风尚的、为广大人民所喜闻乐见的风格。这种表现中国作风和中国气派的民族风格，在世界文学艺术中占着光辉的席位。如何继承民族风格中的优良部分、并根据新的现实的特点，创造适合于表现我们广大劳动人民新生活的新风格，这是毛主席对文艺工作者的期望，也是大家所非常关心的问题。许多文艺工作者也做过很多可贵的探索，并且取得了很大的成就。在这些成就中，梁斌同志的《红旗谱》，是特别值得我们重视的一部长篇小说。

关于民族风格问题，还有不同的理解。有的同志把民族风格和民族形式等同起来，而把它仅仅看作是形式问题。我们认为民族风格的含义应该比民族形式广些，也就是说民族形式应该包括在民族风格之内。因此，民族风格既包括作品的形式问题，也包括作品的内容问题。在形式方面，既包括语言问题，也包括表现手法问题。在内容方面，既包括作品的主题思想，也包括作品中人物的生活方式，思想感情和性格等。把民族风格仅仅看作是形式问题，是片面的，不正确的。

民族风格的提倡，是建设和发展社会主义文化的一个很重要的方面。有的同志机械地把民族风格和社会主义文化对立起来，没有认识到民族风格和社会主义文化的一致性，不明白文艺的民族风格和社会主义内容之间辩证的统一关系，因而不敢大胆地提倡民族风格。这是不对的。毛主席在论及新民主主义文化的时候；这样说："这种新民主主义的文化是民族的。它是反对帝国主义压迫，主张中华民族的尊严和独立的。它是我们这个民族的，带有我们民族的特性。它同一切别的民族的社会主义文化和新民主主义文化相联合，建立互相吸收和互相发展的关系，共同形成世界的新文化；但是决不能和任何别的民族的帝国主义反动文化相联合，因为我们的文化是革命的民族文化。"（《毛泽东选集》第一版第二卷第78页）

毛主席在这里精辟地说明了民族文化的特点以及各民族文化之间的关系。这是我们研究文学的民族风格时必须遵循的原则。从毛主席的指示中，也可以看到，在全世界汇成一个共同的社会主义文化以前，发扬文艺的民族风格，便能够充分地为本民族的社会主义建设服务，有效地促进社会主义新文化的发展；并在将来把它最优秀的部分纳入全世界统一的社会主义文化的大河中去。

一个作家是否注意作品的民族风格，实际上也是他是否有群众观点的问题，是否真正愿意为工农群众服务的问题。周扬同志指出："革命的文艺如果不具有民族特点，不在自己民族传统的基础上创造同新内容相适应的新的民族形式，就不容易在广大群众中生根开花。文艺的民族化和群众化是互相联系而不可分的。"（《我国社会主义文学艺术的道路》）民族风格是一个民族长期形成的为广大人民所欢迎的风格，民族风格突出的作品，就更易于为广大群众所欢迎。赵树理同志的作品，就是最明显的例子。《红旗谱》的作者基于明确的为社会主义服务的目的，基于对群众生活和思想感情的深刻理解，在创作《红旗谱》的过程中，特别注意了民族风格问题，而且在这方面有许多创造，取得了很大的成绩。

那么，《红旗谱》的民族风格究竟表现在哪些地方，作者在这个问题上有哪些新的创造呢？下面我们就来谈谈这些问题。

## 一

过去有许多作家在探索文学作品的民族风格时，较多地在形式方面兜圈子，对于作品的思想内容注意不够。因此，有的作品尽管在形式上是章回的或其他的所谓“民族风格”,但读过之后,仍然觉得洋里洋气,不像中国的作品。这主要是作者所写的内容没有表现出民族的特点。梁斌同志在写《红旗谱》时,就特别注意了这个问题。他在《漫谈〈红旗谱〉的创作》一文中介绍他的创作经验时,是这样说的,“想完成一部具有民族气魄的小说,首先是小说的主题思想问题。在我来说，主题思想又是和小说的内容同时形成的”。“阶级斗争可以打倒统治者,阶级斗争可以推动社会进步,所以我肯定了长篇的这一主题。我考虑,阶级斗争的主题是最富于党性、阶级性和人民性的。同时,我们党自从诞生以来,就是马列主义的党,他领导我们在各个历史时期贯彻了阶级斗争,领导我们从一个胜利走到另一个胜利。把马列主义与中国革命的具体实践相结合,使革命具有了鲜明的民族气魄与民族特点。我想如果深刻地反映中国的革命斗争生活，这个革命是在马列主义的普遍真理指导之下的,就会透露出中国的历史特点和民族特点来的”。

这是作者对民族风格问题的一个很深刻的体会，也是他在探索民族风格方面的一个有意义的创造。

同样是农民与地主的斗争,但《红旗谱》中所表现的这种阶级斗争的形式和外国文学中所反映的这种斗争是很不相同的。

作者所写的是农民在党的领导下向国民党反动派和地主阶级进行的激烈的阶级斗争;这个阶级斗争,是在马克思列宁主义的普遍真理指导下进行的。几千年来,中国的农民运动就是次数最多、规模最大、影响最深的。中国的社会就是在这种农民起义运动的推动下向前发展的。每次农民运动虽然都以失败结束,可是它不但推动了当时生产力的发展,而且给以后的农民革命积累了宝贵的经验教训。作者既写了旧时代的农民革命运动,表现了农民与地主阶级斗争的坚毅不屈的精神,但更重要的是写了新时代的农民斗争,热情地表现了农民斗争的伟大胜利。朱老巩和朱老明的斗争是一种旧式的斗争。这些斗争的描绘,不仅为表现作品中的主要人物朱老忠打下了良好的基础,而且它本身也包含了重大的意义。它一方面表现了农民的那种对阶级敌人的深刻的阶级仇恨和对他们坚决斗争的精神以及对阶级弟兄的阶级友爱的高贵品质;另一方面,更重要的是表现了这样一个真理:农民向地主阶级进行斗争,不管他本身多么勇敢、多么坚强,也不管人数多少,如果没有中国共产党的领导，他们的斗争总是要失败的。

朱老巩对冯兰池的斗争，固然是出于本身的一种对地主阶级的仇恨，出于一种保卫自己利益的行动；但如果把他的斗争仅仅看作是保卫他自己的利益，那就不正确了。他代表的是锁井镇四十八村人们的愿望，他卫护的是四十八亩公产，实际上也就是四十八村人们的利益。他继承了过去农民向地主阶级进行斗争的优良传统，但又有了新的内容——为更多的阶级弟兄而斗争的内容。有的同志把他的这个斗争仅仅说成是为了“泄私愤”，那是不正确的。这样一来，就把这个斗争的意义狭隘化了。

在朱老忠外出的二十五年间。朱老明联络二十八家告冯老兰的失败，又证明了如果没有党的领导，对敌人进行斗争时，不仅像朱老巩那样单枪匹马要失败，就是人数再多些也要失败；不但面对面的斗争要失败，就是“公堂”斗争，也是要失败的。他们的斗争虽然失败了，但他们的斗争精神却哺育了下一代的农民。

但是，二十五年以后的斗争，就和以前的斗争有了根本不同的性质。因为这时有了中国共产党的领导。从此，农民运动进入了一个新的阶段，即由自发的阶级斗争进入了有组织，有领导的自觉的阶级斗争阶段。这一斗争的得来是不容易的，它是从历代农民革命斗争的经验中总结出来的，它是无数农民的鲜血凝成的，这其中也包括朱老巩的鲜血。

反割头税斗争是在党的直接领导下进行的一次广泛深刻的农民革命斗争。这次革命斗争清楚地表明了农民革命力量的成长壮大，鲜明地表现了农民革命一经有了党的领导，其声势之浩大，影响之深广，是前所未有的。这次斗争的胜利就是有力的证明。

作者在表现农民斗争的这个胜利过程中，极其生动地表现了农民的那种雄伟的气魄，对自己力量的相信和对胜利的信心以及对敌人的蔑视。另方面，也表现了阶级敌人在农民的这种声势浩大的运动面前的怯懦、狼狈的丑态。这一段描写是灭敌人威风、长自己志气的生动的文字。这次斗争的胜利，生动地表现了农民的伟大力量。

毛主席在《湖南农民运动考察报告》中说：“很短的时间内，将有几万万农民从中国中部、南部和北部各省起来，其势如暴风骤雨，迅猛异常，无论什么大的力量都将压抑不住。他们将冲破一切束缚他们的罗网，朝着解放的路上迅跑。一切帝国主义、军阀、贪官污吏，土豪劣绅，都将被他们葬入坟墓。”（《毛泽东选集》第一版第一卷第13-14页）

《红旗谱》正是深刻地反映了这种“势如暴风骤雨”的农民运动。

作者对保二师学潮的描写虽然不如前一部分出色，虽然有些缺点，但也相当有力地暴露了国民党反动派的不抵抗主义的真面目，斥责了他们破坏革命的罪行；同时也表现了青年学生对国民党反动派的英勇斗争，歌颂了他们的革命英雄主义和革命乐观主义精神。

这种具有民族特点的阶级斗争的内容，为作品表现在其他方面的民族风格，奠定了有力的基础。脱离了作品的内容而空谈民族风格，是本末倒置的。

梁斌同志之所以明确地认识到这一点，是和他的革命经历以及马克思列宁主义水平分不开的。他从青年时代就受到党的教育，亲身参加了革命斗争，因而对阶级斗争的理解很深，特别是对于毛主席把马克思列宁主义具体运用到中国的革命斗争中，指导中国革命取得胜利这一点，有更深的体会。这都有助于他理解中国革命的民族气魄和民族特点。

## 二

和上面一个问题有关的，是作者特别着力写了冀中平原的地方色彩和人民的风俗习惯。作者也曾说：“想要完成一部有民族气魄的小说，我首先想到的是要做到深入地反映一个地区的人民的生活。地方色彩浓厚，就会透露民族气魄。为了加强地方色彩，我曾特别注意一个地区的民俗。我认为民俗是最能透露广大人民的历史生活的。”“如果一本书深入地反映了一个地区的人民的生活，地方色彩（当然不仅仅是地方色彩）浓厚了，民族的风格、气魄就容易形成。”（《漫谈〈红旗谱〉的创作》）

为什么深入地反映一个地区的人民的生活，就容易形成民族风格呢？因为整个的中华民族是由许多这样的具有浓厚地方色彩的地区组成的一个大家庭。每个地方既具有它本地的特殊色彩，又都表现了这个大家庭的某些特点。所以深入地反映了某一地区的地方色彩，就会具有民族特色。这是一般和个别之间的辩证关系。

梁斌同志在表现这一点时，一方面着重写了当地的风俗习惯，一是着重写了当地的独特景色。这两者有时又是融合在一起的。在这些描写中，既有浓厚的地方色彩，又有中华民族的全民性的东西。

在《红旗谱》里，处处可以看到当地的风俗习惯和特殊的生活方式，处处可以嗅到冀中平原的浓烈的乡土气息。如运涛一生下来，老奶奶在窗机上挂红布，他们吃饭的饭菜样式等等。对朱老忠和严志和两家过除夕的描写，是很精彩的：

除夕那天早晨，二贵在门上贴上红对联，屋里贴上新年画，把院子扫得干干净净，预备过年。

太阳压山，大贵叫了二贵，哥儿俩胳膊底下夹着粟谷草，怀里揣着爆竹，到老坟上去燎草。一擦黑，在坟头上点起草火，火势蔓延，燃着坟地上的枯草，燎起"飘花"。夜暗降临的时候，平原上遍地漂起野火米，鞭炮声连连响起。猛的，空中一声爆响，震撼了云层，响声遥遥飘荡，一股光亮闪过蓝天。天上闪出星群，人们从柏树上捋了满抱柏枝走回来，又在门口点起草火。硝磺味在满街飘荡。

（《红旗谱》人民文学出版社1959年9月第一版第324页）

这是朱老忠家的情形，下面严志和家的情形。

除夕晚上，严志和也在地上烧起柏枝，屋里充满柏枝的香味，他抱了一捆芝麻秸来，撒在地上。江涛问："爹，这是什么意思？"严志和说，"这个嘛，让脚把它们踩碎。取个'踩岁'的吉利儿。"

涛他娘点着一把香，虔诚地举过头顶，再低头默念，又把香一炷炷插在门环上、谷囤上、灶台上、牛槽上……提着灯笼，点上腊碗，烧了纸箔，磕了头。（第324–325页）

这些都很生动地表现了农村春节的景象。这些情景不但其他国家没有，就是在中国，各个地方也不尽相同。

在人物的住处衣着上，也很有民族特色。像冯老兰住的冯家大院，那种阴森森、死气沉沉的样子，除了他这样的封建地主以外，谁也不会住到那里去。他穿的衣服也是那样的古旧。这一切都表现了他这个地主完全是在中国的特殊的社会中成长起来的封建阶级的"特产"。

作者在这样一些大的地方固然很注意民族风格，就是在许多细小的地方也不放过。像朱老忠他们在幼年时候玩的游戏，以至于古钟上的花纹等。古钟上的花纹是很有意义的，"钟上铸满了细致的花纹：有狮子滚绣球，有二龙戏珠，有五凤朝阳，有捐钱人家的姓名、住址，还有一幅《大禹治水图》。"(第3页)钟上刻的这些故事，都是在我国民间广泛流传、受到群众热烈欢迎的。如果不是对群众生活非常熟悉，无论怎样也写不出这样的文字。

充满了浓厚乡土气息的景物描写，在《红旗谱》中是很多的。作者一再描写的千里堤、扑鸟等就是很好的例子。我们在这里引出另外两段。一是运涛和江涛耪地的那一段：

> 哥儿俩，耪呀，耪呀，四条小胳膊抡着大锄，把腰弯了个对头弯。小苗上的露珠沾在裤角上，溅到腿上，沾在脚上，他们觉得多么舒坦。耪呀！耪呀！药葫芦苗，开着蓝色的小喇叭花，耪了去。水萍花，秀出紫色的花穗，耪了去。把野草都耪了去。光剩下紫根绿苗的大稻谷，长得肥肥的，壮壮的。耪呀，一股劲儿地耪。
>
> 太阳起来了，在麦田上闪着金光。东北风，顺着河槽吹过来，吹起水上的浪头，吹动堤旁的柳子，吹干了河岸上的土地。"(第72页)

这简直是一首非常优美的散文诗和劳动的赞歌。只有劳动人民才能享受到这种劳动的愉快，也只有劳动人民才配得上这样优美的环境，也只有有过长期的实际劳动经验的作家，才能写出这样美好的文字。

另一段是春兰看瓜：

春兰娘又跟老驴头谈起种瓜的事。他家每年在房后头种上半亩瓜，倒是挺对春兰的脾气。夏天在园里搭上个小窝棚，她坐在窝棚上作针线，守着一只老母鸡，在斗子里孵着一窝小鸡。鸡娃出来了，有黑的、白的、芦花的……满世界乱跑，吱吱叫着，在瓜秧里啄食瓜子儿、油虫儿……真是美气。（第 54–55 页）

这段景物的描写，也实在是"美气"得很。这里不仅表现了这些优美的景色，而且也衬托了人物的那种生气勃勃的青春活力。

这些优美动人而又具有浓厚地方色彩的风俗习惯和景物描写，如果不是对他所写的地方极其熟悉和热爱，是写不出来的。只有对祖国和家乡的深切热爱，只有对家乡生活的深刻了解，才能以自己的革命激情写出这样美好的作品来。

## 三

文艺的民族风格和民族性格是分不开的。每个民族，不论大小，都有自己独特的不同于其他任何民族的性格。这种特性并不是像唯心主义者所说的那样由上帝赐予的，或者是天生如此；它是在一定的物质基础上和阶级斗争中产生的，是一种历史范畴，是千百年来民族所走过的特有的道路、特别是近代所走过的道路过程中形成的。

但是不同的阶级对民族性格的具体内容有不同的理解。一切反动统治阶级都把我们的民族性格加以歪曲，以宣传他们的民族自卑感，使中华民族永远拜倒在外国统治下，甘心作他们的奴才。

我们的中华民族几千年来沿着不同于其他民族的道路，在阶级斗争和自然斗争的烈火中，锤炼成富有革命精神、勇敢的这种性格，集中地表现在劳动人民身上。毛主席指出："中华民族不但以刻苦耐劳著称于世，同时又是酷爱自由、富于革命传统的民族。"（《毛泽东选集》第一版第二卷第 593 页）这种性格，在我国古代的优秀了光辉的表现。《水浒》中的李逵、武松、鲁智深等，是突出的例子。

梁斌同志在创作《红旗谱》时，吸收了古典文学中表现我们民族性格的优良传统，特别根据新的现实生活的要求和人民在新时代中所表现出来的新的特点，创造出许多足以表现新时代民族性格的成功形象。朱老忠这个形象，尤其光彩夺目。这个光辉的形象，可以说是梁斌同志对当代文学的一个重大贡献。

塑造足以表现我们伟大的民族性格的形象，特别是高大的英雄形象，是党对作家们提出的光荣而艰巨的任务。我们的许多作家在这方面也作了许多努力，创造出许多成功的英雄形象，而朱老忠在这些英雄群像中，又占有突出的地位。

梁斌同志塑造这个形象经过了二十多年的努力，才写出的。他在这部长篇小说以前，曾写过短篇和中篇，都表现过朱老忠。在写这部长篇小说时，作者更是有意识地要"写出中国农民高大的形象"。作者说过，"我认为对于中国农民英雄的典型的塑造，应该越完善越好，越理想越好！""我认为，即使现实生活中的英雄人物有些缺点，在文学作品中为了创造出一个更完美的英雄形象，写他没有缺点是可以被允许的，我想这不会妨碍塑造一个英雄人物的典型。"（《漫谈〈红旗谱〉的创作》）

作者正是根据这个原则来塑造朱老忠这个形象的。

右派分子和修正主义者尽力宣扬英雄人物也有犹豫动摇的一方，作家应该写他们的缺点，写他们的双重性格，否则就没有"人情味"。这种论调，正是他们要把自己的阴暗心理放到英雄人物身上的表现，是歪曲、丑化英雄人物的谬论。他们的所谓"人情味"，实际上是资产阶级的人情味。

梁斌同志以他所塑造的英雄群像，有力地驳斥了右派分子和修正主义者的论调。

作者在朱老忠身上，集中地表现了我国农民的优秀品质和斗争精神。在他身上，我们看到了那种对阶级敌人的强烈的阶级仇恨和英勇不屈的反抗精神，也看到了对阶级弟兄的强烈的友爱和互助的精神。从他身上，我们看到老一代农民在党的领导下，从自发到自觉对敌斗争的发展过程。

朱老忠，他家世世代代都受着地主阶级的压榨和迫害，他的父亲甚至被迫害致死。但是，他们世世代代都没有停止过对敌人的斗争。他父亲朱老巩对地主冯兰池的斗争，不仅鼓舞了锁井镇四十八村农民的斗志，在他们心中燃起了革命的火种，而且在朱老忠身上也留下了深刻的影响和巨大的力量。朱老巩对敌人的顽强不屈，英勇反抗，对阶级弟兄的义气等精神，都给了朱老忠以很大影响。

朱老忠出外的二十五年，对他的思想性格的锻炼，起了很大的作用。由于这种长期的社会生活的磨炼，使他在许多地方超过了他的父亲。例如朱老忠的对敌斗争就不是赤膊上阵式的，而是更为沉着老练了，他的谋略更多了。他有比校远大的眼光，知道和敌人硬拼是不能解决问题的，他采取的是韧性的战斗。“出水才看两腿泥”，正是他这种思想性格的说明。这是他的韧性斗争和革命乐观主义的具体表现。只有经过长期的锻炼，并对自己前途充满信心的人，才会具有这种特点。

朱老忠继承了我国劳动人民的阶级友爱的特点，而在新的形势下又有了新的发展，他这个性格具有鲜明的时代特点。他已不仅仅限于对他的好朋友之间的友爱互助，而是扩大到对整个被压迫阶级的互助友爱，并为他们的彻底解放而奋斗。这个特点，又是共产党领导的结果。

从朱老忠身上，我们看到了新旧两代农民所经历的不同的道路，从而形象地表明了，农民只有在共产党的领导下，才能得到彻底解放这一伟大真理。

和某些不正确地表现农民斗争的作品比较起来，就更可以看到《红旗谱》所塑造的农民形象的巨大意义。作者即使写落后的农民，也在他们身上看到本真的、美好的一面，看到他们的革命要求。如对老驴头，作者批评了他的狭隘、保守的一面，但也写出了他的热爱劳动、勤勤恳恳的一面。

关于这个问题，和作者对待群众的态度有密切的联系，对群众有满腔的热情，才能够把群众的阶级觉悟表现出来。

## 四

在艺术表现手法上，《红旗谱》也是继承了中国优秀的古典文学遗产而又有所发展。作者曾经说：“关于写人物，我想中国小说偏重于通过人物的行动来写人物性格，尤其通过人物的对话来写人物的性格，也是中国小说的传统手法，从《水浒》《红楼梦》《三国演义》都可以明显地看出这一点。……根据这些理解，我在《红旗谱》中，大量运用了通过人物行动，通过人物对话来刻画人物性格，有时是写对话的本人，有时通过两人的对话写另一个人的性格。"（《漫谈《红旗谱》的创作》）

《红旗谱》中的人物，不管是主要人物还是次要人物。他们的行动性都很强；而且因为人物的思想和性格的不同，他们的行动也就有很大的差异。如大贵被抓兵以后，大家都非常着急，但每个人的表现却极为不同。朱老忠的表现是这样：

> 运涛一溜烟儿跑回东锁井，把冯老兰抓兵的事跟忠大伯说了。一边说着，运涛想："他一定跳起脚来发雷霆。"其实相反，忠大伯越是到了这个节骨眼儿上，越显得镇静。他把烟袋锅插进荷包里，沉吟了老半天，才说："估摸老霸道要给咱过不去。"（第98–99页）

是朱老忠不着急吗？不是的。自己的儿子被抓去当兵他又怎么会不着急呢？只是他不比一般人那样急躁而已。因为他毕竟在外边闯荡了二十五年，经历的事情多，深知和冯老兰硬拼不行，因而才"从长里着想"。这是他的"出水才看两腿泥"性格的具体表现。拿他的这个行动和其他人物相比，他这个特点就更加突出。在这里，运涛表现得很着急，其他人也是这样：

> 伍老拔说："快去吧，去托个人情，叫他们把人撂下，花钱多少，咱大家伙儿兜着。"
>
> 朱老明抬起下巴，急得嘴唇打着哆嗦，说："咳！急死人啦！可怎么办哩，冯家大院里那么多年幼人们，天大的祸事落在咱朱家门里！"
>
> 严志和把烟袋叼在嘴里，吧咂吧咂一袋，吧咂吧咂一袋，不说什么。事情摆得明白，用不着再说。"（第99页）

他们都着急，都想为救出大贵而尽自己所有的力量。可是因为他们的性格不同，所以表现也就很不同。其中严志和的沉默寡言的特点，表现得尤为突出。实际上他比其他人还要着急，但是他越着急就越不愿意多讲话，而把自己的感情放在心里。

这种通过人物行动表现人物性格的手法，使人物特别鲜明、突出，形象化。《红旗谱》语言的性格化，是很突出的。朱老忠的话绝不能安在严志和身上，江涛说的话也不能派给张嘉庆，贵他娘的话不同于涛他娘，春兰的话也和严萍相差很远。江涛回家向乡亲们宣传割头税时，作品写了七八个人听了这个消息的反应，在这同一事件上，他们每个人的话都恰合自己的经历、身份和性格。同样赞成或反对的，他们的话都不相同。现举出大贵、朱老明、伍老拔的话来看一下。

大贵："左不过叫他们把咱欺侮成这个样子。江涛兄弟：你头里走，傻哥哥我后头跟着。"（第 240 页）

朱老明："冯老兰那小子毒啊：立在十字街上一跺脚，四街乱颤。谁敢吱个声？哎呀呀，过去就是迷糊，花了点子冤枉钱，来吧，咱听江涛的。看看怎么样？"（第 241 页）

伍老拔："对嘛，就是这么办，咱组织农会吧。反对割头税，打倒冯老兰！你不跟我说，我还想去找你们哩！（第 253 页）

他们三人都赞成反割头税，都对冯老兰恨之入骨，但大贵年轻性直，说干就干，毫不犹豫；朱老明曾吃过冯老兰的苦头，深知他的狠毒，所以就要费一番思量，而且因为找到这条道路而高兴；伍老拔因为参加过党所领导的秋收运动，对党所领导的运动有更明确的认识，觉悟较高，所以更积极主动一些。

作者自己曾引了下面的例子：

话音没落，门外有人搭讪。是一个尖脆的少女的声音："志和叔，运涛呢？"

严志和在门外问："清早立起，找他干吗？"

"有个事儿，问问他。"

严志和问："昨儿后晌，他不是到机房里去睡觉吗？"

"是呀，今儿一早他就跑啦！"

严志和说："许是下地了。"

那闺女笑了一声，说，"我来看看你们来的客人。"一边说着，一边跑，小跑路丢儿跑进来。

贵他娘一看，是谁家的姑娘：细身腰，黑脸盘儿，两只大眼睛，骨碌骨碌转着，就是脸盘长得长了一点儿。心上一喜，笑嘻嘻地问："谁家这么好的大闺女？"

涛他娘低声："老驴头家春兰。"

说着，春兰到了眼前。她说："看看你们来的客人！"

贵他娘闪开眼睛瞟着她，说："看吧，这不是。你来干吗？"

春兰说："找运涛。"

贵他娘问："找他干吗？他下地了。"

春兰说："找他问个字儿。"

贵他娘又问："你倒是问字儿，还是来看客人？"

春兰看这人新来乍到，倒不怯生，就说："都是。"

涛他娘嘟哝说："问什么字？成天在一块儿，也问不够？"

春兰乜斜眼睛瞄了瞄，见涛他娘不高兴，也不说什么，只是咯咯地笑。

涛他娘说："回来再问吧。"

春兰说："我得上你们屋里看看去。"

贵他娘："看去吧，门上又没有绊脚绳。"（第 49–50 页）

这一段对话，把这几个人的声音、笑貌、她们的性格和她们之间的关系，活生生地现在我们面前。在这里，我们看到她们之间的极为亲切的关系，也看到春兰和运涛的关系；同时，贵他娘的老练通达，春兰的活泼天真，涛他娘的老成持重的特点，都给我们很深的印象。

我国优秀的古典小说，很善于用简练的笔法，几笔就把人物的肖像写出来。如上面引的对春兰肖像的描写，又如对老套子的描写："酱色的脸，脸上皱起大深的纹路。纹路挺宽，弯弯曲曲像一条条的小河。一身老毛蓝粗布棉裤袄，穿了有十几年，边沿上绽出棉花套子来。他佝偻着背，对着江涛站着。脚跟登在鞋后跟上，棉套鞋，鞋尖翘起老高，像是一对小楼子船。”（第222页）

这里也不仅写出外貌和衣着，通过这些，更使我们看到一位受尽苦难，受尽折磨的善良的老人。

另外，《红旗谱》在描写人物时，吸取了中国小说和外国小说的特点，并把它们结合起来，形成一种比外国小说的描写粗些，比中国描写细些的形式，他也没有形式主义地运用中国古代的章回体，而是用了比较短的章节，使群众更容易接受。在处理故事情节时，作者也力求使作品的情节曲折，故事生动，来龙去脉都交代得很清楚，使广大读者都能看懂。

## 五

语言是文学作品的主要工具，文学作品只有通过语言，才能得到表现；而各个民族的语言，又都是有很大的差异。因此，语言就成了文学作品民族风格的重要标志之一，也成了作家们最注意的问题之一。每个作家都在努力追求语言的新风格，但所有的进步作家，特别是无产阶级的作家，都把语言的大众化和民族化作为自己努力的目标。因为只有这样，才能吸引和教育更多的读者，才能更有效地服务于社会主义建设事业，才能更有效地推动社会主义文学事业的发展。

梁斌同志在使用语言的时候，首先想到的是工农兵读者，因而在自己的作品中运用了从人民生活中选择，提炼出来的具有典型性的语言。《红旗谱》虽然有个别地方方言成分重了些，给读者增加了某些困难，但作品中突出的中华民族独具的语言风格却放射着逼人的光辉，令人赞叹。作者抓住了我国语言的那种明快、准确、生动、形象的特色，丝毫没有那种堆砌、浮夸、拖沓、芜杂、欧化的痕迹。

《红旗谱》的语言，没有什么华丽的辞藻，它把人民口头上的语言作了缜密的挑选和精心的锤炼。好像平常人在说话，但又抛弃了平常人说话中偶然的、含糊不清的杂质，达到鲜明、准确、形象的境地。在描写人物时，作者不是抽象地去讲述，而是用形象、准确的语言，把人物的特点表现出来。如严志和的沉默寡言，朱老忠就说他这个特点是“扎一锥子不冒血！”（第24页）严志和的母亲说他“自小儿肉死，成天价碌碡轧不出屁来！”（第43页）这样写，比许多抽象的形容词要有力得多。

《红旗谱》运用了许多生动的含义很深的成语。这些成语是劳动人民在长时期的生产劳动和阶级斗争过程中，逐渐熔铸起来的。这些简短的成语往往能表达一大篇文章所不能讲清的真理。如江涛向农民宣传团结的重要性时说：“……譬如高粱谷子，耩得密密实实，刮风下雨倒不了。耩得稀了，大风一刮，就闹个嘴啃地。”（第312页）江涛用农民最熟悉的事物和农民最容易理解的语言宣传革命道理，是他们最容易接受的。其他如“单丝不成线，孤树不成林。”（第28页）“金窝银窝不如咱自己的穷窝儿呀！”（第25页）“炕上有病人，地下有愁人。”（第13页）等，都是含义很深的生动语言。

作者运用这些语言，是和他的深厚的生活基础分不开的。如果没有这个基础，仅仅拿一个小本子去记录农民的某些语言，那样写到作品中也是生硬、呆板的，不能和整个作品形成一个浑然一体的统一体。《红旗谱》就丝毫没有这种情况。

有人认为我国的语言不善于抒情，这是极其错误的看法。在我国古代就产生过许多杰出的抒情诗篇；在人民群众的口头语言中，更是非常善于抒情。《红旗谱》无论写人写景，都有浓厚的抒情气氛。但这部作品的抒情不是孤立的抒发作者的感情，更没有那种软绵绵的感情；作品的抒情都表现了一种深沉雄伟的气魄，这种气魄又和整个作品的风格、人物性格紧密联结着。作品中有许多描写，都是极为优美的抒情散文诗。作品从“平地一声雷”开始，就以急风暴雨的气势展开了，使作品形成一种极其豪放的调子，但作者在作品中又经常以优美的笔来描写人物的优美性格和祖国美好的河山，使作品又形成一种优美动人的调子。

语言符合人物性格，每人都有他自己独特的语言，这是《红旗谱》语言的一个很大的特色。我们在前面已经举了不少例子，这里就不多说了。

总之，《红旗谱》在民族风格方面的成就是很突出的。它既没有仅仅在形式上打圈子，也没有矫揉造作的地方；它使人感到一种深沉浑厚而又自然的特点。作者在很多地方表现了他的独创精神。《红旗谱》在这方面所取得的成就，是很有借鉴作用的。

1960年10月于济南

《山东大学学报》中文版，1960年第3、4期

# 崇高的农民形象

## ——论《红旗谱》中的朱老忠

河北北京师范学院中文系四年级二大班文学评论组

梁斌同志的《红旗谱》是当前最受读者欢迎的优秀长篇小说，是我国当代文学中描写民主革命时期的中国农民生活与斗争的最出色的作品。它的最突出的贡献表现为作家选取了重大的社会主题，高度集中而概括地描写了在过去我国文学作品中还很少有所反映的一个处于伟大变革的历史时代的风貌。而且，作家十分成功地塑造了众多的人物形象，通过一些充分典型的形象，无可争辩地揭示了一条颠扑不破的真理：我国世代农民对地主阶级的斗争，只有在中国共产党领导下，才能取得彻底的胜利。这一深刻的社会主题，通过小说主人公朱老忠的英雄形象的塑造得到充分的体现。

《红旗谱》是一部革命现实主义和革命浪漫主义相结合的精心巨著，这一特点突出而集中地表现在对朱老忠这个典型的塑造上。作家出色地执行了毛主席的文艺路线，创造性地发展了我国古典文学在塑造人物形象上的传统艺术手法。梁斌说："开始创作的时候，我熟读了毛主席'在延安文艺座谈会上的讲话'，仔细研究了几部中国古典文学，……我时时刻刻心中在想念着，怎样才能遵照毛主席的指示，把那些伟大的品质写出来。"（"我为什么要写《红旗谱》"）今天，我们完全可以说，作家的努力获得了成功。显然，这种成功是毛泽东文艺思想的光辉胜利。

革命的现实主义与革命的浪漫主义相结合的艺术方法，要求作家站得高，看得远，以革命理想主义和革命乐观主义的精神将人物置身于矛盾斗争中，从而塑造无产阶级的革命理想人物。从大闹柳树林到保定二师学潮斗争，矛盾接连不断地出现，而且一个比一个尖锐、激烈，朱老忠一直是处在冲突的焦点上。在冲突的进行中，人物逐渐深化，终于形成了发散着耀眼光芒的高大形象。

朱老忠对敌人的刻骨的仇恨与对阶级兄弟的深厚的挚爱，是他战斗性格的两个主要方面。对敌人主张“出水才看两腿泥”，对穷兄弟信守“为朋友两肋插刀”。它们相辅相成地构成了朱老忠的传统性格。

朱老忠是在血泊恨海中成长起来的。自幼他就生活在雇农家庭里。恶霸地主冯兰池张着血盆大口，吞噬着贫苦农民的血肉，无数农民在贫困与死亡的边缘上挣扎着，朱家也正处在冯兰池的权势之下。那些经受世代残酷压迫的勤劳而善良的农民忍气吞声勉强熬下去，而继承农民强烈反抗的传统性格的朱老巩却有志气敲掉冯兰池的爪牙，为四十八村农民申冤除害，进行了大闹柳树林的斗争。十几岁时的朱老忠目睹了那个惊心动魄的场景，并且参与了那场斗争。在那场斗争中，已经初步显示出了朱老忠这一英雄性格的优美特质：勇敢、机智、刚强、果断，爱憎分明，舍己为人。虽然这场斗争失败了，但父亲的斗争精神熏染了这个十几岁的孩子的心灵。朱老忠的童年就是在这样多灾多难的环境中度过的。家庭的变故，二十五年走南闯北的异乡生活，更加深了他对地主阶级的仇恨，坚定了为穷人报仇的决心。

二十五年的闯荡生活，磨炼了朱老忠，极大地丰富了他的生活经验和斗争经验。二十五年后朱老忠就是带着复仇的决心，领着自己的妻儿，重新回到锁井镇来见世代深仇的老冤家冯兰池的。

作为朱老忠，他在《红旗谱》中一出现，就改变了全书的整个气氛，增添了乐观的色彩。此时，虽然由于历史的局限，他还没有受到党的教育与领导，还不能找到正确的斗争道路，但他的眼光已是直射前方了。可以说，朱老忠的时代是中国农民革命历史的转折点，像里程碑一样鲜明地指示了：中国农民革命的历史悲剧就在这里结束，而历史的新天地也就要由这一代人亲手开辟！

“出水才看两腿泥”：他完全相信“干得过”冯老兰。冯老兰一见到朱老忠，立刻使他感到办错了一件大事情：一只虎没杀绝，三只虎回来了！心里后悔：斩草没除根啊！在这样的老虎面前，吃人的豺狼也只得服服帖帖趴下来，瞪着黄眼珠子学猫叫。但是,地主跟农民始终是势不两立的,他越临近死亡,越挣扎得厉害,也就越狠毒。从朱老忠回乡的第一天起,冯老兰无时无刻不在盘算着朱家。因为卖鸟,大贵惹下奇祸,被冯老兰暗算抓了兵。朱老忠觉得这实在欺人太甚,于是又举起了铡刀。就在这一刹那,我们不是会当即想起大闹柳树林的场面吗?在这里,他表现得跟朱老巩一样的"坚"。但是,他毕竟比前代的朱老巩进步得多了。他终于放下了铡刀:"还是从长里想的好","人在矮檐下,怎敢不低头。逆来,顺受。"这不是庸人自慰,更不是妥协,而是他深深意识到,面对着这样暂时强大的敌人,决不能轻举妄动,暴露自己的力量,作无谓的牺牲。这又是从他对胜利的坚定信念出发的:"大丈夫报仇,十年不晚。""目前他在马上,咱在马下,早晚有他下马的一天。"冯老兰就是像一座石头大山,"也得揭他两过子!"这又突出地表现了朱老忠的"忍"。

对恶霸地主冯兰池这样久经政治斗争的凶狠狡猾的敌人,朱老忠的斗争比起朱老巩赤膊上阵和朱老明对簿公堂来已经是进了一大步。他不仅有决心、有胆识,而且还懂得策略。他凭着个人的经验出发,认为人没念过书是受欺侮的根苗,还应该有个拧枪杆的,为自己撑腰。因此,他便想拿"一文一武"来对付冯老兰。但是由于时代和阶级的局限,他凭着几十年的生活经验和斗争经验,花费了多半生的心血,所制定出来的斗争策略,仍然是不可能使他摆脱受剥削受压迫的命运。这是因为:当时在冀中一带还没有党的领导,他还不明白,这是阶级的对立;不是私仇。要打倒冯老兰,必须把刀把子握在自己手里,推翻现存的封建制度。但我们通过朱老忠的性格发展,可以坚信,当他一旦经过党的教育,觉悟过来,便会立即走上一条崭新的正确斗争道路。

朱老忠重义气,讲团结,敢于替穷人主事撑腰,帮助他们解决困难,穷哥儿们把他尊崇为兄长和头领。严志和感到斗不过冯老兰,又受不下他的压迫剥削,便决心要躲开这个愁根子,去闯关东。但是,朱老忠为了打倒冯老兰,从千里以外赶回老家,表现了义重如山的大丈夫气概和大无畏的战斗精神:"这天塌下来,我朱老忠接着,朱老忠穷了一辈子,也志气了一辈子,没有别的,咱为老朋友两肋插刀!"这大大地长了严志和的志气。从此,使严志和感到有了帮手与靠山。也就在这种共同的阶级仇恨与阶级友爱的基础上,发展了朱严两家牢不可破的传统友谊。但是，朱老忠绝不是只重个人情谊的人。他对所有的同命运共患难的穷哥儿们都是一样，他扶危济困，为了他们“割了脖子丧了命没有反悔”。他自己很穷，仍然对需要援助的朱老明伸出了慷慨无私的手，表现了农民的深厚无私的阶级感情。最叫人感动的却是朱严两家相依为命的战斗友谊。朱老忠做事大方，精明老练，有见识、善策划，为朋友赴汤蹈火在所不惜。为了帮助江涛上学，他卖掉了经心用意将养的小牛犊。“四一二”事变后，运涛被捕入狱，老奶奶受惊丧命，严志和遭了大难，去找朱老忠。这时，朱老忠就出头承担了朱严两家的生活担子，主持了严家的一切，出殡送葬，照管家务，并铤而走险，代替严志和到济南去探狱。去探狱，实际上就是入虎穴。朱老忠从不畏惧艰险，舍己为人，蔑视一切困难：“天塌了有地接着，有哥哥我呢，说什么时候走，咱提腿就走，这有什么遭难的？”

朱老忠绝不是那种有勇无谋的莽汉，而是一个真正的大智大勇者。他认识到了“现在革命形势不好”，因此，叫大家万事小心，“万一遇上什么事要三思而后行”。目前还碰不过敌人，决不可冒失招风，惹动他们。他这不是消极退守，而是要等待时机成熟后，再跟他们算总账。这里，作家采取了我国古典小说塑造人物的传统浪漫主义手法，表现了朱老忠富有传奇色彩的性格特征。探狱前，对穷朋友的谆谆嘱告，对家务的谨慎而周密的考虑与安排，他的无所畏惧，勇往直前的豪侠精神，他的高度的果断力，都似乎是集中了水浒英雄的优秀品格。但他的智慧和理想却远远超过了他们。去济南前的一系列的谈话，突出地表现了朱老忠的智谋高、见识广、高瞻远瞩、深谋远虑的宽阔的胸襟和浑厚的气魄。在这里，充分显示了作家在塑造人物形象上的高深的艺术造诣和惊人的熟练技巧。作家把历史传统、现实生活和理想目标自然地融合在一起，怀着崇高的敬意，满腔热情地歌颂了朱老忠。在去济南前的一段描写中，他把朱老忠性格的那些特点更加发扬光大，而且达到了理想的境地。作家采取了传统的浪漫主义手法，把朱老忠描绘成一个传奇人物，使这个典型性格带上了浓厚的理想主义色彩。并且进一步由一个普通的农民，一举而挺立起来了，成了一个巨人，成了一个异乎寻常的高大的农民英雄的典型。从这个时候起，朱老忠跟党领导的革命斗争发生了血肉关系，开始了朱老忠作为中国农民革命斗争转折点的标志的光辉的里程，最后，终于成了一个共产主义战士。

朱老忠的性格发展中，一条共产主义思想红线贯穿始终，而且，这条红线越来越鲜明，正因为他的品格中有这样极可宝贵的本质，所以他能够成为一个不平凡的人物，成为一个共产主义的战士和英雄。朱老忠很有见识，他凭着在关东的见闻体验，认为贾湘农是个“有根底”的人，“要是扑摸到这个靠山，一辈子算是有前程了”。探狱时，他在济南听到了人们传颂着运涛的英雄事迹。在狱中，他又亲眼看到了共产党员是怎样坚强不屈地对国民党反动派进行斗争。这一切大大地加深了他对共产党的认识。运涛是个忠厚老实的青年，他一不为砸明火，二不为断道，就是因为他要为穷人作“主心骨”，他是中国共产党的党员才被捕的。这使朱老忠开始认识到，压迫他们的绝不只是冯老兰，这是阶级的斗争，而阶级斗争是复杂而残酷的。他赞扬运涛是好样的，“有骨气”，绝不只是出于对后辈的夸奖，而且表示了他对党的深厚的感情和热爱。由这种崇高的信任出发，就是在革命失败，共产党遭到镇压后，他仍然坚信“共产党不算完”。他把自己的全部希望都寄托给党，他信赖党，所以他愿意跟着共产党走，渴望了解井冈山上的情形，要求参加革命。朱老忠的思想活动，概括而深刻地反映了大革命前后，我国革命农民群众的精神面貌。从朱老忠身上，我们看到了，在那革命遭受挫折的黑暗艰苦的年代里，我国人民就是迈着这样坚定的步伐，走过曲折险阻的道路，闯过重重难关，迎接新的战斗，争取光明前途的。他由自己的亲身体验认定：闹革命，“这是人心里的事儿”。平平常常一句话，却道出了多么深刻的道理，代表了多少人的心意。中国共产党正是及时地表达了几亿人民的愿望，领导人民进行了革命斗争，并引导他们走向胜利的。朱老忠决心闹革命，而且认识到了他的斗争跟南方的革命是密切相关的。共产党的“根在井冈山上”，可是还“要就地扎根”，运涛参加了共产党，江涛参加了共产党，还有多少人要参加，而朱老忠就是那无数的人中的一个。为了能够“熬成里边的人”，朱老忠积极参加了党所领导的反割头税运动，发动组织群众，散发传单，参加纠察队，保护了运动的领导者。在反割头税大会上，他喊出了富有号召力的口号：“抱团体，伸手干！”这是朱老忠多半生血泪斗争经验的结晶。在无数次斗争失败的教训中，他凭着切身的体验总结出：中国农民只有在共产党领导下，组织起来，团结起来，用自己的武装力量，摧毁封建政权，建立起自己的政权，才能获得彻底解放，中国革命才能获得最后胜利！到此，朱老忠的性格发展达到了高峰。也就是在这次运动后，朱老忠终于实现了自己的理想，光荣地成了中国共产党党员：这时朱老忠的性格已经是中华民族的传统优秀品格和共产主义精神的高度结合与统一。锁井镇时期朱老忠的历程，正是党领导农民群众进行革命，解放自己的全部过程的真实写照。锁井镇时期朱老忠性格的发展过程，正表现了党在农村中的力量由小到大，由弱到强的过程。朱老忠是革命斗争的历史传统和党的长期的阶级教育的完美结晶。没有党，他还只能是鲁智深、李逵或武松，再不然也仍就是柳林好汉朱老巩，而不会是共产主义者朱老忠！朱老忠具有高度的革命理想主义和革命乐观主义精神，他立足于农民革命斗争的现实，而又比现实站得更高、望得更远。他是"更典型，更理想，因此就更带普遍性"的农民革命英雄。

朱老忠的形象随着革命事件的展开，而不断得到深化。二师学潮发生后，他同严志和一起徒步到保定去援助被围学生，并参加了购面的斗争。在这场斗争中，表现了朱老忠超人的果断、坚强；对严志和的批评，表现了他的政治远见。他懂得"咱不是白人儿"了，"政治斗争，有胜就有败"的革命道理，显示了他朴实的高度党性原则，他已经明确认识到阶级斗争的残酷与曲折，革命有进攻与退守。最后，营救了张嘉庆，为后来的北方大风暴播下了革命的种子。如果说，到济南探狱是为朋友，参加反割头税还有点是为报世仇的话，那么，这次参加保定二师学潮斗争，千方百计地营救张嘉庆，则完全是为革命了。在这里，我们可以清楚地看到，朱老忠对党的无限忠诚与对共产主义事业的无比坚定。朱老忠的性格发展达到更高更深的阶段了。

朱老忠继承了我国祖祖辈辈革命农民的传统优秀品格，既具有浓厚的传统色彩，又具有鲜明的时代特征。他是跨越两个时代交替的人物。作为一个革命农民的英雄典型，他的一生经历，既总结了过去的农民革命史，又揭示了现代，并展望了未来。朱老忠的形象创造，在我国现代文学创作中是有着典范意义和重大社会意义的。朱老忠的形象是革命现实主义与革命浪漫主义相结合的典型产物。

《红旗谱》中的英雄形象的精神面貌充分体现了中华民族的俭朴、耐劳、富有传统的革命精神和见义勇为的豪侠气概。而朱老忠则是他们中最杰出最崇高的代表。

在我国的文学创作中,出现过不少不朽的典型形象,但是像朱老忠这样反映历史如此深广的历史传统和现实精神相统一的革命农民的英雄形象,在我国文学史上还是第一次出现。朱老忠作为中国劳动人民中父一辈革命英雄的代表,是十分典型的。作为一个理想的完美的艺术形象,朱老忠出现在我国社会主义文学大发展的初期,有着开辟道路的作用,它为作家创造新英雄人物提供了值得借鉴的范例。而且它将以老一辈革命农民在血泊恨海中同反动派斗争的悲壮历史教育广大的青年一代。

《光明日报》,1960 年 9 月 21 日

# 谈《红旗谱》

冯健男

《红旗谱》中的朱老忠是一个高大的、闪闪发光的英雄人物形象。这个人物体现出来的思想内容，是非常丰富和深刻的：中国历代农民起义英雄对于封建统治阶级传统的反抗精神和性格，农民革命在几千年的封建社会必不可免的悲剧性结局到它在无产阶级革命时代必然取得胜利这个伟大转变，在朱老忠这个典型形象上都有所体现。很显然，这样的一个高大的、丰满的、深刻的典型形象的形成，只能是在一定的历史背景、时代要求和在毛泽东文艺思想的培植下的产物，它是作者深入现实斗争，考察历史事件，作长期探索和艰苦创造的结果。

关于朱老忠这个人物的创造过程，作者梁斌同志在《漫谈〈红旗谱〉的创作》一文中作了生动的、耐人寻味的介绍。据作者说，远在一九四一年，他见到了“一位六十岁左右年纪的老人，个儿不高，额部很宽，鼻子尖尖的，三绺稀黄胡子，说话嗓音很大，腿脚矫健”，他的三个儿子都在革命斗争中牺牲了，“可是他的态度却表现得非常刚强，并不给人一种悲观绝望的印象。”作者说：“他的形象使我久久不忘。这就是我创造《红旗谱》中朱老忠这个形象的开始。”我们在《红旗谱》中可以看到，这个老人的形象所给予作者的“久久不忘”的印象，不但激发他“开始”了朱老忠这个人物的创造，而且影响到朱老忠的性格刻画，决定了朱老忠的外形描写。“他虽然上了几岁年纪，身子骨还结实，红脸膛，三绺小胡子，黑里带黄。小圆眼睛，目光炯炯。说起话来，语音很响亮，带着铜音。”这基本上就是作者在一九四一年见到的那位老人的形象。当然,更重要的还表现在精神面貌上,朱老忠这个人物形象,自始至终就正是给人"刚强"的、"矫健"的感觉,反映了那位可敬可爱的烈士的父亲的革命乐观主义、革命理想主义精神。

当然,那位烈士的爸爸给予作者的印象,还不是作者塑造朱老忠形象的唯一的生活依据。作者说:"要写所谓叛逆的性格, 写出中国农民高大的形象,在我思想上很早就有了这种理想,这是有很多因素促成的。"这"很多因素"就是作者在长期的革命斗争和农村生活中所接触到的革命家和农民"性格上的美""慷慨义气的色彩""朴素的阶级观点和阶级本能带来的反抗性"等等给予作者的强烈感染和深刻印象,同时,也还有作者自己的革命激情、革命理想和对于阶级斗争的深刻认识。作者说,"我熟悉农民的生活,我爱农民,对农民有一种特殊的亲切之感。于是我竭力想表现他们,想要创造高大的农民形象";"因为脑海里有那么许多忠厚善良的农民的形象,所以一见到开朗、乐观、身体矫健、两眼炯炯闪光的朱老忠(作者在"漫谈"自己的创作经过的时候, 不自觉地用小说中人物的名字称呼现实生活中的那位老人了——引者),立刻感到自己思想上的那些东西可以体现在他身上,这个人物应该成为我小说中的人物。"由此可见,朱老忠这个典型形象是现实生活中许多"因素"的高度概括和集中,而不是某一个人物的摹写。这是从现实生活的深处提炼出来的,又是从革命理想的高处概括而成的。

那么,作者是怎样塑造朱老忠这个形象的呢?

朱老忠的性格是豪迈的,行动(包括心理活动)是强烈的,作者也就给他安排了极富于戏剧性和传奇性的、有声有色的故事情节。小虎子——幼年的朱老忠,最初出场就是在"平地一声雷,震动了锁井镇一带四十八村……"的激烈的、你死我活的阶级斗争之中。作为小说的序幕,继"朱老巩大闹柳树林"的故事之后,朱老忠再度出场,已是二十五年以后的事情了。在这二十五年间,作者交代朱老忠一段"走南闯北"的生活经历,而在他回到故乡以后,锁井镇上的阶级斗争仍然在激烈地进行着。朱老忠永远是活跃在矛盾和斗争的尖端的英雄。严运涛作为国民革命军中的一个共产党人被反动派关进监牢,朱老忠带着"劫法场"的念头前往济南探监;在轰轰烈烈的反割头税斗争中,朱老忠担任斗争的领导人严江涛的"保镖",在敌人的刺刀威逼下向反动政权进行猛烈的、胜利的冲击；在保定二师学潮中，朱老忠在反动军队的严密封锁下为学生采购和运送粮食，最后，拉着洋车把负伤了的“张飞”同志从敌人的严密监视下营救出来：这些情节，都带着强烈的行动性和浓重的传奇色彩，表现了朱老忠豪迈、侠义、坚韧不拔的性格。通过济南探监的描写，不但生动有力地表现了朱老忠“为朋友两肋插刀”的凛然义气，而且也显示了他此后投身于无产阶级革命运动的必然趋向，因为，运涛的被捕不但是与朱老忠亲如兄弟的严志和家的大事，而且是又一次“震动了锁井镇一带四十八村”的“平地一声雷”，何况这一次的雷声比“大闹柳树林”的雷声更大、更响，有更为强烈和深远的政治意义和时代意义，朱老忠不避艰险，南下探监，是“为朋友”，也是进行了一次重大的政治活动，这个活动足以表现他的性格特色，正如作者所说，“这种人心地正义、光明，在旧社会来说，这样的人就容易靠近、奔向党的怀抱。”

那么，朱老忠这个英雄人物形象是不是只是通过重大事件来表现，是不是只是通过激烈的、与敌人面对面的阶级斗争来刻画的呢？不，不只是这样。细读《红旗谱》，我们就可以看到，朱老忠的英雄的性格，丰富的精神面貌，在反割头税斗争以前，在小说的第一卷中就大体上展现出来了。例如，朱老忠对于“脯红”事件的指点和态度，朱老忠对于大贵被抓去当兵事件的对策和态度，朱老忠资助严江涛上学、资助朱老明治眼；朱老忠代替严志和主持老奶奶的丧事，等等。作者对这些事件和日常生活现象作了深刻动人的描写，从而有力地表现了人物的性格。当然，关于这些事件和日常生活的描写，是紧密地环绕和体现着阶级斗争和作品的主题思想的，正因为如此，才能够通过这些描写，展现人物的英雄品质和他的性格的发展趋向，为他以后坚决地英勇地投身于党所领导的对敌斗争做好了准备。例如，在田野里捉到了“脯红”，这本来是朱严两家幼小一代的“日常生活”，但后来发展成为“事件”，就直接表现为阶级斗争。关于这个情节，作者作了多么深刻的而又富于想象的描写！朱老忠的“慷慨义气”（严志和这样想）和深谋远虑，在这一事件的描写中也得到了表现。最初，孩子们在鸟儿的所有权问题上有所争执，朱老忠叫运涛再去逮一只来。他说：“我就是不愿叫孩子们不高兴。一个槽头上拴不住两头叫驴；一只玉鸟，给了江涛，二贵不高兴；给了二贵，江涛心里也不舒坦。……这是写朱老忠和蔼可亲,性格开朗。到后来,冯老兰企图霸占"玉鸟",朱老忠一方面教育孩子们:"一个个要拿心记",一方面警告严志和:"你别看事由小,可能引出一场事来。"这是写朱老忠有识见,警惕性高,有阶级斗争经验。最后,大贵防护不严,"脯红"叫猫吃了,孩子们虽觉扫兴,但并不追究责任,表现了坚强的团结,朱老忠趁此教他们"和亲兄弟一样,做朋友要做个义气!"同时,他又想道:"鸟儿糟蹋了,打断了仇人的希望,可不一定能打断仇人的谋算!"这是进一步写朱老忠的识见。让我们再举关于大贵当兵一事的描写为例。这件事是紧接着"脯红"事件之后发生的,真是一波未平,一波又起,足见朱老忠的思虑没有错。在冯老兰的暗算和安排之下,大贵被抓去当兵了。朱老忠"一时气愤,心上急痒难耐,仇恨敲击着他的胸膛,走出走进,说什么也站不住脚。耳朵里像有老爹朱老巩的声音,在叫唤他。走到门道口,把手放在铡刀柄上,才说扯起来往外跑,他又犯了思量:'还是从长里着想的好!'又走进屋里,坐在炕沿上,抽起烟来。"经过思虑,他决定"逆来顺受",他认为让大贵"去持枪杆子""将来为咱穷人出力"。在送大贵远行的时候,朱老忠说:"我先说给你,大贵!咱当兵不像人家,不能抢抢夺夺,不能伤害人家性命。"作者关于朱老忠的这一节描写,是非常深刻动人的,通过具体的行动和思想活动,表现了朱老忠有勇有谋、既坚且韧的性格,我们从这个性格的闪光中可以看出:朱老忠从他的父亲朱老巩那里继承了对于阶级敌人的强烈仇恨心,也继承了对付阶级敌人的武器——铡刀,二十多年以前,朱老巩就是拿了铡刀"大闹柳树林",使得恶霸地主冯兰池丧胆的;但是,经过了一番"思量",朱老忠终于没有动用这把铡刀,他的斗争策略和方式比起朱老巩的赤膊上阵的战法来,有了很大的进步和提高。这是一方面。另一方面,朱老忠以"祸"为"福",让大贵"去持枪杆子",以便"将来为咱穷人出力"的设想,也多少透露出广大中国农民此后在共产党领导下广泛组织武装革命以反对武装的反革命的可能性和必然性。是的,朱老忠从中国农民起义的英雄行为和传统性格出发,已经走完了很长很长的路程。中国的农民革命快要进入在共产党领导下"拶枪杆子"的时代了。在还没有来得及制造和夺取大量的"枪杆子"的时候,朱老巩的遗产——"磨得刀锋雪亮"的铡刀也可以拿来使用,但使用者由于参加了有组织的群众斗争,那性格,那力量,都要发生质的变化了。我们由这个例子可以看出,达到了典型形象的高度的人物描写和性格刻画,可以而且必要揭示出极为巨大和深远的时代意义和政治内容,同时又必须符合于人物个性的发展。在这里,朱老忠“把手放在铡刀柄上”的行动,“去捋枪杆子”的谋算,“咱当兵不像人家,不能抢抢夺夺,不能伤害人家性命”的语言,就是起到了这样的作用。

为了突出朱老忠的性格,作者往往对他的心理活动和精神面貌作了响当当、热辣辣的细节描写。朱老忠和严志和在保定见面时的一段对话,就是一例。严志和向朱老忠陈述冯老兰霸道乡里、欺压农民的罪状。朱老忠一则是:“心窝里像有一股火气,向上拱了拱。抬起头,舒了一口长气,才忍住。”再则是:“心里那股火气,像火球一样在胸膛里乱滚。他攥紧拳头,在胸口上砸着……”三则是:“心里那个火球,一下子蹿上天灵盖,脸上腾地红起来。闪开怀襟,把茶碗在桌子上一顿。伸手拍拍头顶,倒背着手走来走去。”四则是:“一时气愤,浑身一颤,右大腿一抖,一下子碰着桌子掌儿。哗啦一声,把茶壶茶碗颠了老高,桌子上汤水横流。这时,朱老忠猛醒了过来,伸开胳膊搂住茶壶,不叫滚落地上。嘴上打着响舌儿说,‘啧,啧,失手了,失手了。’又笑嘻嘻找了块擦桌布来,擦干桌子上的茶水。”这是多么强烈的性格,多么急剧的活动啊!可是,“严志和并没有看出朱老忠心气不舒,心里想:‘这人儿,倒是山南海北的闯荡惯了,变得一点儿没有火性。’”朱老忠心里那个“火球”的活动虽然异常猛烈,但被他的形之于外的行动(如“舒了一口长气”“伸手拍拍头顶”“伸开胳膊搂住茶壶”“笑嘻嘻找了块擦桌布来,擦干桌子上的茶水”等)掩盖住了,这就突出地表现了这个人物的“坚”和“韧”。而在这以后,还有一段更响亮、更火爆的描写:

> 朱老忠抽着烟,闭上眼睛待了一会儿。猛然间放开铜嗓子说:“好!他更加厉害了。好,出水才看两腿泥!”一下子震得屋子里嗡嗡乱响。一说到锁井镇上的冯老兰,好像仇人见面,分外眼红。可是他不露声色,暗自思忖……

“仇人见面,分外眼红”“不露声色,暗自思忖”,这正是朱老忠性格中最重要的特点，所以作者对此做了大量的、反复的、声震屋宇而又细致入微的描写和刻画。请看，朱老忠的嗓子是“铜嗓子”，朱老忠的说话“震得屋子里嗡嗡乱响”；朱老忠一举手、一投足，甚至内心的每一活动，都是这样有声有色。这是作者塑造高大的、闪闪发光的英雄形象的一种革命浪漫主义的艺术手法。

在《红旗谱》中，除了朱老忠以外，作者还创造了一系列的中国农民的形象，这些人物都有其各自的性格特色和存在的意义，同时又都是朱老忠这个主要人物的对照、陪衬和补充。其中最重要并且和朱老忠的形象形成鲜明的对比的，是严志和的形象。要是说朱老忠主要是代表了中国农民的英勇、豪迈、坚韧不拔的一面，那么严志和主要是代表了中国农民的善良、勤劳、朴实和保守的一面。关于他们的不同性格，作者在小说中做了许多深刻动人的描写。例如，严运涛最初接受了当地第一个县委书记贾湘农的指示以后，向他的父亲严志和与他的忠大伯透露了消息，严志和说：“咱什么也别扑摸，低着脑袋过日子吧！”朱老忠的态度却大不相同，他欣然色喜地说：“你要是扑到这个靠山，一辈子算是有前程了！”在对待反动统治阶级加予他们和加予他们的儿子的迫害上，他们两人的表现也是不同的，严志和往往陷于痛苦和失望的深渊，朱老忠则总是充满了复仇的决心和高昂的斗志，并且用自己的义气、胆量和识见去扶起严志和，带领他追求正义和真理，创造革命的新天地。这两个人物的性格不同，作者用以塑造他们的手法也就不一样。在刻画严志和的形象时，作者更多地使用了现实主义的刻刀；在描绘朱老忠的形象时，作者更多地涂上了浪漫主义的色彩。朱老忠的形象因为有了严志和的形象的对照，又有了富于革命精神的朱老明、伍老拔和觉悟不高的老驴头、老套子等农民性格作为陪衬和补充，就更加显得高大和光彩夺目了。

通过各方面人物对于朱老忠的态度和评价，来渲染这个主要人物存在的意义来加强这个主要人物给人的印象，也有助于这个高大形象的树立。锁井镇周围的革命农民，总是把朱老忠作为自己中间的领袖人物，就是像老驴头、老套子这样的农民，也不能不认为、不能不感到朱老忠是有作为的、有心计的、可以信赖的人。贾湘农第一次来到锁井镇，第一次见到朱老忠，就感到这个人物有胆有识，则更是重要的评价。朱老忠这个人物的强大精神力量，在反动派那里也引起了强烈的反应。一别二十五年杳无音讯的朱虎子，忽然回到了锁井镇，这个消息传到了冯家大院，震动了冯老兰的罪恶的心灵，使他心神不定，坐立不安，“他不写账，也不打算盘，只是趴在桌子上发呆。”想起朱老巩大闹柳树林的往事，冯老兰真是谈虎色变。“剪草不除根，又带回两只虎犊儿！嗯！老虎，简直是三只老虎！”是的，对于反动派冯老兰，朱老忠是一只猛虎。特别是在共产党的领导之下，锁井镇周围四十八村农民展开了对反动统治阶级有组织的群众斗争之后，不但是冯老兰，就是朱老忠自己，也愈来愈明确地感到这种巨大的力量。“天爷！像是放虎归山呀！”这是朱老忠参与了保定学潮斗争后回农村时所说的一句话，《红旗谱》第一部的故事就在这句话中结束了。朱老忠说这句话时，“心里在憧憬着一个伟大的理想”。

是的，这个“伟大的理想”对于英雄人物来说，对于英雄人物形象的塑造者来说，都是非常重要的。周扬同志在《我国社会主义文学艺术的道路》一文中，谈到革命现实主义和革命浪漫主义的结合时，首先就强调革命理想对于社会主义文艺的重要性，他指出：“共产主义理想应当是我们文艺创作的灵魂。”朱老忠这个英雄人物形象的塑造之所以值得我们重视，首先是因为它在艺术方法上表现了革命浪漫主义精神。用梁斌同志自己的话来说，就是：“我认为对于中国农民英雄的典型的创造，应该越完善越好，越理想越好！”在朱老忠这个英雄人物形象的塑造中，革命浪漫主义——革命理想确实占主导地位。如果抽掉了这个“灵魂”，那就没有了这个典型，没有了这个创造。也许有人要说，朱老忠是一个农民英雄的典型，而且，在他生活和战斗的时候，马克思列宁主义刚刚开始在中国传播，为什么要站在共产主义理想的高度来塑造这个人物呢？要知道，马克思列宁主义是我们的文学艺术的思想基础，是我们分析和表现一切事物的指针，是照亮历史前进的航线的明灯。如果不站在马克思列宁主义和共产主义理想的高度，不但不能正确地观察和表现我们当前社会主义建设“大跃进”的生活，不能真实地创造社会主义建设时代的英雄人物形象，也不能正确地观察和表现民主革命时代以及任何历史时代的生活，不能真实地创造民主革命时代以至任何时代的英雄人物形象。是的，在《红旗谱》第一部中，朱老忠主要的是一个农民英雄（虽然他在反割头税斗争后加入了中国共产党），他是生活和战斗在二十世纪二十年代和三十年代的人物，他是继承了中国农民起义英雄传统性格并向无产阶级革命英雄性格发展的典型形象；作者在塑造这个人物的时候，并没有使人物脱离他的时代，脱离他生活的土壤，脱离他在当时所可能达到的思想水平，而恰恰是深入地把握了这个实际，真实地表现了这个人物性格的成长和发展，而这，正是作者站在我们这一时代最高理想的水平观察和表现当时生活的结果。所谓把朱老忠这个英雄人物创造得“越完善越好，越理想越好”，并不是说把这个英雄人物当时还不可能达到的高度共产主义思想水平强加到他身上，而是使他完善到、理想到他可以达到的境界，把他树立在他那一时代可能达到的最高理想的峰顶。这在《红旗谱》第一部中，如我们已经看到的，已经初步实现了。

我们说作者初步实现了这个理想，一方面是因为朱老忠这个人物性格至今还远远没有完成他的发展，在《红旗谱》的后几部中，朱老忠仍然是主要人物，他还要继续创造他的英雄事迹；另一方面，作者在小说的第一部中所取得的成就，固然是非常重大的，但也有不能使人满足之处。作为一个中国农民的典型性格，朱老忠的形象是塑造得成功的，但是，这个人物由一个农民发展成为一个无产阶级先锋队的战士，这个质的飞跃，在小说的第一部中还没有得到恰当的表现，作者还没有使人十分信服地描写出作为共产党员的朱老忠的性格成长和发展。在反割头税、保定学潮的斗争中，作者未能给予朱老忠以更多的行动和充分展示他的英雄性格发展的机会。就已经写到的一些来看，虽然有特色，有力量，但和前半部有关这个人物的描写比较起来，就不是那样的传神，不是那样的深入人物的内心世界而又有高度的概括力量。关于这个人物对敌冲锋陷阵、出奇制胜的强烈行动、传奇情节的描写，有时还不及小说前半部关于这个人物的日常生活和心理活动的描写那样有声有色和剖析入微。但是，虽然如此，我们再三地读《红旗谱》，每当掩卷的时候，总不能不感到朱老忠的高大形象在我们眼前树立起来了。作者的这个创造，为社会主义文学带来了新的贡献，提供了可贵的创作经验，《红旗谱》出版于“大跃进”的一九五八年年初；但是，这部长篇小说的创作，却是在这以前好几年开始的。而在写《红旗谱》以前的十几年当中，作者还写过好几个短篇小说、中篇小说和剧本，在这个漫长的创作过程中，朱老忠这个人物形象不断地在深化和理想化。作者说：“过去，对革命的现实主义和革命的浪漫主义相结合的认识不是很明确的，但我在写《红旗谱》时有一点是明确的，就是人物必须扎根于现实，然后，大胆的尽可能用理想和联想去加强和提高。”（《漫谈〈红旗谱〉的创作》）这虽然只是一位作家的自白，但也可以说明，毛泽东同志所提出的革命现实主义和革命浪漫主义相结合的艺术方法是如何地适应了、明确了和提高了作家的创作愿望和内心要求。到现在，经过了近年来的热烈讨论和努力实践，革命现实主义和革命浪漫主义相结合的艺术方法可以说已经深入人心，并已取得了一些经验和成就。这个讨论和这个实践还正在方兴未艾地向前发展中。我们希望，我们相信，在这种情况之下，《红旗谱》的全部巨大工程以更好地进行，朱老忠的英雄性格得以更充分、更完善地发展，在现有的基础上进一步发展成为历史的和时代的丰碑似的典型英雄形象，中国人民的传统革命历史，中国人民在共产党领导下所取得的新民主主义革命的伟大胜利的历史，都体现于这个光辉灿烂的典型形象之中。

一九六〇年十二月初稿

一九六一年一月修改

《文学评论》，1961年第1期

# 电影《红旗谱》观后琐谈

药　汀

电影《红旗谱》拍得成功。既忠实于原作，又在某些情节上发展了原作；并在电影艺术如何表现"中国作风和中国气派"这一问题上，提供了可贵的经验。另一方面，也还有美中不足之处。观感所及，"随笔"记之。

## 朱老忠抽鞭子及其他

朱老忠一下火车，憋不住的兴奋流露眉宇之间，欣喜地扫视故乡保定，给老婆孩子介绍保定特产，老练地交过车票……这一出场的许多动作细节，使人看到了朱老忠是一个在外闯荡多年，饱经风霜，但是没有被生活压倒的一条大汉。刚与韧的性格，给人留下了最初的印象。演员的内心表现，使人一下子就承认："这是朱老忠。"

朱老忠坐车路过冯家大院大抽响鞭这场戏，有人认为不符合朱老忠的性格，失去了"韧"的特点。我以为不然。不错，朱老忠在外闯荡了几十年，生活使他懂得了硬干不行，有了"出水还看两腿泥"的斗争思想，然而怎样"出水"？刚刚回乡的朱老忠并不很明确。一回来就从严志和嘴里知道了他走后冯老兰的霸道行为和姐姐的死，而路过冯家大院的时候，听说还要按老规矩下车，又恰遇冯老兰站在门口，这一切在此时此地的朱老忠心中必然烧起怒火，加上他那"这是民国了"的简单看法，所以乘车抽鞭的举动，正是朱老忠的性格在具体环境中的具体表现。"仇人见面，分外眼红"，但是，是乘车抽鞭，而不是下车动手。这一举动，很典型地表现了刚刚回乡的朱老忠刚中之韧，韧中之刚的性格特征。

这个情节安排得很巧妙。如前所述，它不仅揭示了刚刚回乡的朱老忠充满旧恨新仇的内心状态；而且打开了戏剧的帷幕，把朱老忠与冯老兰两种势力摆在观众眼前对立起来，预告了两种势力的矛盾即将发展，形成了“好戏还在后头”的预兆。应该说，这是电影《红旗谱》真正的开端。

朱老忠的性格，直到遇到了党之后才进一步发展了，才真正懂得了应该怎样斗争，他性格中的“韧”才有了明确的“谱”。这一变化，从他宣传反对苛捐杂税、支持运涛去黄埔军校、朱老明拦车大骂冯老兰，他劝说朱老明等情节中得到了说明。运涛坐监后，从朱老忠探监回来的言行中可看出，他的刚韧性格变得更深沉了，而在反割头税中达到了高峰。

所以总的说来，电影显示出来的是：朱老忠遇见党以前的刚韧性格，是阶级基础和生活经验使之形成的，尚处“自发”阶段。所以路过冯家大院乘车抽鞭；大贵被抓怒抄铡刀片(后放下了)等表现是完全可以理解的。与党接触后，朱老忠的性格里增加了无产阶级革命的思想，刚韧的反抗性进入了“自觉”的阶段。电影里朱老忠这个人物的成功，不仅是体现了原著的“中国作风和中国气派”，而且也巧妙、形象地表现了朱老忠性格发展上的“阶段性”(也可以说是思想发展的“阶段性”)。也正因此，才表现出了人物斗争的阶级特色和时代风貌。否则将不可理解。

## 朱老明扔棍子

朱老明这个形象写得好！演得好！剧本规定的戏并不多，但是他给观众留下了非常深刻的印象。

小说中的朱老明，是个串通对象与冯老兰打过三场官司的硬汉子。政治上、经济上输趴下了，眼睛也气瞎了，然而反抗精神并没趴下。电影通过他与朱老忠第一次见面那场动人的戏，充分地揭示了朱老明这种精神面貌。情节是这样：朱老明拄着棍子，激动地喊着虎子哥走到朱老忠面前，他那失明的两眼翻瞪着，枯瘦的双手捞摸着……这一切唤起了朱老忠对冯老兰的仇恨。

两个近景镜头，使朱老明与朱老忠内心里的千言万语融在了一起。当朱老忠说完“老明哥，没关系，冯兰池就是座大山，咱们也揭他个过儿，这仇咱得报呀！”这时，在特写镜头中，只见朱老明侧着脸，面部抽搐，老泪纵横，抓着朱老忠的手激动半晌，说：“我这心里痛快！”一时不知怎好（此时使人感到真是‘心潮逐浪高’），突然转身，把棍子一扔，扬起两臂向门口踉跄着冲出去，大喊：……大闹柳林朱老巩的后代，朱虎子回来了！”戏，不多，然而写得多有分量！演得多丰富！在这场戏里，朱老明多年的积郁倾泻出来了；多年的希望激涨了。准确感人的表情，传达了千言万语，而“我这心里痛快！”却又是这“千言万语”中最形象、最典型、最响亮的声音，是最能说明一切的语言。这句话与感情动作一起，揭示了朱老明的心境，刻画了朱老明的个性，表明了朱老明有过斗争和失败，而今又要再斗争。同时也自然地显示了“中国作风和中国气派”。可以看出，这一艺术效果不是一下子完成的。从朱老明进门捞摸朱老忠，到说“我这心里痛快”；从一时不知怎好，到扔棍子冲出门。感情一步步向前发展，最后达到了高潮。

另外，冯老兰逃跑，朱老明领群孩子大骂，也处理得很好。有的同志觉得朱老明领群孩子骂冯老兰的举动有些可笑，我不这样认为。如果说有“笑”可言，而“笑”里却使人含泪。试想，一个被冯老兰迫害瞎了的老人，当冯老兰逃往租界的时候，这种举动不是很自然的吗？这样处理不仅“解气”，更道出了许多隐痛。同时，这样处理也很富有生活气息，它不仅综合了由于被迫害而失明，因而一切不顾的一般的盲人特点，更表现出了是“这一个”盲人，是受冯老兰迫害，而今又站在了冯老兰面前的朱老明这一个盲人。

### 谈谈导演手法

从对朱老忠形象的塑造上，我想谈谈导演的手法。诚然，导演对朱老忠的刻画是成功的，但尚不细致。导演对朱老忠精神面貌的揭示，更多地借助了“特”“大特”等特写镜头（自然，从艺术效果看尚无可非议），而浓厚的生活气息则比较缺乏，所以朱老忠旷达的一面也就显得薄弱了。例如，朱老忠遇严志和这场戏处理得就有些单薄。试想，被逼出走而又回来的朱老忠，第一个见着的熟人又是被逼出走，此情此景，朱老忠该是多么难受！然而导演没有深刻地去揭示，就让他们坐上了回家的大车。车上询问了一些别后事，但显得很平淡。我认为删去客栈谈心那场戏有些可惜，如果保留这场戏，既可以深刻地揭示朱老忠的性格，又可以省略大车上的询问。路上，用几个镜头描写朱老忠对乡土风光的感情（小说有所描写），这样，刚刚回乡的朱老忠的形象恐怕会更丰满些。再如反割头税运动进入高潮那场戏，导演也只是更多地注意了场面，斗争的生活气息是不浓的。原著在这方面写得很成功，特别是闯衙门那个情节写得非常精彩，朱老忠充分地发挥了三截棍的作用，所以一方面增强了斗争的气氛；一方面突出地表现了朱老忠的英雄气概。而电影只用了几个近景，特写表现了一下朱老忠横眉怒目，三截棍也失去用武之地。此外，朱老忠探监、入党，也只是借助特写镜头表现了一下。总之，导演是有自己的风格的，而且表现在《红旗谱》的导演上，许多地方是成功的，但我觉得缺欠的地方就是：导演在处理内容与形式的关系问题上，还有片面着眼形式的痕迹，较多地注意了场面、气势，而与内容和人物性格有关的生活气息、细致的心理描绘还嫌不足。

## 土地问题及其他

三十年代，更多的大地主一方面进行残酷的土地剥削，一方面种植经济作物、设工厂、开买卖，弄得农村日益凋敝。小说中曾写了冯贵堂发展资本主义的计划和怀柔政策。影片却没有充分表现出来，似乎冯老兰包杀猪税也是个偶然打算，因而冯贵堂这方面的典型社会意义也就没能显示出来。尤其是土地问题——这个中国农民革命的主要问题，影片虽然在严志和卖宝地的情节中涉及到了，但不鲜明，就整体来说则更不鲜明。历史证明，小说也不同程度地表明：农民反对政治压迫，通常是与反对经济压迫连在一起的。朱老巩护钟，是与土地问题有关的；朱老明串通二十八家与冯老兰打官司，表面看来是摊款问题，其实是为农民的“庄园土地乱打哆嗦”的问题。如果把这条线或张或弛地放在朱老忠等人的斗争生活里，特别是在朱老忠等人接触党后的斗争生活中多一些，我想电影《红旗谱》的思想意义也许更高。此外是县长与地方绅士的关系(其实是政权与地主的关系)表现得也觉不够。在已拍出的电影来看,如果编剧、导演在这个问题的表现上再加强些,社会环境的典型意义可能会更突出,因而斗争的思想性也将会更强烈。

《北京文艺》,1961 年 8 月号

# 漫谈《红旗谱》的语言

## ——《红旗谱》探索之四

徐文斗

文学是语言的艺术，它是用语言来表现的。所有的大作家，都在语言方面下过苦功。我们常常称伟大的作家为语言大师，也就是这个意思。

文学作品的语言，就其本身来说，没有什么特殊的意义；它之所以重要，在于表达作者的思想感情，塑造鲜明的人物形象，给读者以不可泯灭的印象。

梁斌同志对语言的锤炼和运用是很成功的，在他的名著《红旗谱》里，给我们树立了榜样。

### 一

就《红旗谱》的整个艺术风格来讲，它的主调是磅礴高昂的，有如黄河的巨浪，汹涌澎湃，一泻千里；但在许多场合下，又有委婉清新的抒情气氛，如山涧的溪水，潺潺流下，清澈而幽远。写群众的激烈的阶级斗争，多用前一种笔法；写日常生活和人物的思想感情，又往往用后一种笔法。

《红旗谱》的语言也是和整个作品的艺术风格相适应的。它既有气势昂扬的粗线条勾勒，有如写意画的挥洒自如；也有精雕细琢的工笔描绘，有如雕刻家的鬼斧神工。在雄浑豪放的笔调下又瑰丽多彩，是《红旗谱》语言的一个重要特点。这个特点形成轻重疾徐、疏密不同的节奏，有一种优美动听的音乐美。

现实生活是丰富复杂而又瞬息万变的，它随时都有许多事情在发生发展。对于不同内容的事物和同一事物在不同条件下的变化，应有不同的写法。作家应该有几副笔墨，掌握几种写法。《红旗谱》的作者就是这样的。

朱老巩大闹柳树林、秋收运动、反割头税斗争、保二师学潮，作者以饱满的政治热情、酣畅的笔墨，写得淋漓尽致，虎虎有生气。朱老巩、朱老忠等英雄人物，不仅行动起来像老虎，声音像“打雷”，对敌人讲起话来，也经常是“瞪起眼睛，挺起胸膛”，“怒气冲冲，大声喊叫”。像朱老巩“气呼呼，血充满了眼睛，跺脚连声：“咱不跟他打官司，把我这罐子血倒给他！”(《红旗谱》5 页，人民文学出版社 1959 年版，下同)短短几十个字，既写出了他火爆的性子，又写出了他嫉恶如仇、誓死斗倒冯兰池的决心；既有激怒的表情，又有嘹亮的声音。这种行动，这种气势，除了朱老巩以外，别人是不可能有的。当时人山人海的情景，也渲染了斗争的气氛，烘托了朱老巩的形象。

写朱老忠，大体上也采用了这种笔法。只是朱老忠不像他父亲那样急躁，他有勇而又有谋，所以写他思想感情的活动，就比较细腻一些。

朱老忠刚从关东回来，在旅店里和严志和谈话的一段是很有代表性的。谈到地主的罪行时，朱老忠的火气逐渐上升，作者层层深入地把朱老忠的性格摆到读者面前。一开始是：“朱老忠一听，心窝里像有一股火气，向上拱了拱。”这时只是像一股火气稍微动了动，而且很快就忍住了。提到冯老兰，“朱老忠心里那股火气，像火球一样在胸膛里乱滚。他攥紧拳头，在胸口上砸着，问：“谁是冯老兰？”这时火气已变成“火球”，而且“乱滚”起来。当他知道冯老兰就是当年害死他父亲、迫他远走关东的冯兰池时，“朱老忠心里那个火球，一下子蹿上天灵盖，脸上腾地红起来。闪开怀襟，把茶碗在桌子上一顿。伸手拍拍头顶，倒背着手走来走去。又停住脚看看窗外，闭住嘴缄默了老半天。”到这时，已经接近爆发了，节奏逐渐快起来，正像上了弦的箭一样，即将发出。但是他却按住了心头火。继而得知冯兰池霸道得更加厉害，“朱老忠一时气愤，浑身一颤，右大腿一抖，一下子碰着桌子掌儿。哗啦一声，把茶壶茶碗颠了老高”。读者的心弦也随着朱老忠的行动而紧张起来。我们满以为这一次朱老忠一定要发作起来；可是事出意料，“这时，朱老忠猛醒了过来，伸开胳膊搂住茶壶，不叫滚落地上。嘴上打着响舌儿说：“啧，啧，失手了，失手了。又笑嘻嘻找了块擦桌布来，擦干桌子上的茶水。”作品的紧张调子突然松了下来，宛如狂风暴雨后突然放晴。读者总以为他们的谈话就会比较轻松愉快地下去了，可是作者的笔墨实在是奇异诡谲，变化多端。朱老忠待了一会儿，接着“猛然间放开铜嗓子说：‘好！他更厉害了。好，出水才看两腿泥！’一下子震得屋子里嗡嗡乱响。”调子又升上去了。但这次上升和前面的不同，前面是因敌人而引起的火山爆发似的气愤，这次则是因此而激发的激昂高亢的英雄气概。这种磅礴的语言，继续到他们谈话的终结，作品的节奏、语言的调子，也是一直处于紧张高昂的状态。朱老忠说朱老明“是个硬汉子！”要严志和“不走！”对他说：“这天塌下来，有我朱老忠接着。朱老忠穷了一辈子是真的，可是志气了一辈子。没有别的，咱为老朋友两肋插刀！有朱老忠的脑袋，就有你的脑袋，行吗？”又鼓了鼓劲说：“回去，跟他干！”“拉长线儿，古语说得好，大丈夫报仇，十年不晚。”（以上引文见 25-27 页）多么有气势，多么有力量：作者把作品的节奏和语言的调子同人物的性格配合得那样天衣无缝。读了这一段，真像亲眼看到了朱老忠的一切，亲耳听到他的声音。

写作品找几个响亮的句子是比较容易的，像这样结合作品思想和人物性格的发展而写出节奏这样鲜明的文字，那就需要作家的艰苦劳动了。

朱老忠到济南探监前，对严家的嘱咐，更是一篇血泪凝结成的文字。这一段充分表达了朱、严两家的阶级友爱，写出了朱老忠的轻生死、重承诺的为朋友两肋插刀的性格，也刻画了他考虑问题细致周密的机智特点。

大贵因为年轻，经历的事情少，修养也较差，没有朱老忠那样老练稳重，他更接近朱老巩的性格。他和刘二卯的“开火”，就写得热火朝天，充满欢乐气氛。周围的群众也是兴高采烈，喜气洋洋。

运涛和江涛比较稳重一些，他们对问题考虑得多些。作者对他们的描写一般是用比较清新的笔调，但有时也用激昂壮丽的笔法。例如，运涛在监狱里揭露国民党反动派的罪行，江涛在反割头税时的讲演和昂首挺胸冲向敌人的英勇姿态，都写得有声有色，气壮山河。对张嘉庆，就用了更多的粗犷语言。

这些激烈的斗争虽各有不同，但总的调子是悲壮、激昂的；过年、大贵杀猪，则明快、轻松；老驴头杀猪就有一定程度的喜剧性；扑鸟、劳动、过年、朱严两家的友谊，老奶奶、涛他娘、贵他娘对孩子们的疼爱，都亲切委婉，沁人心脾，感人至深；运涛、春兰的爱情纯朴天真，明晰可见；江涛、严萍的爱情则含蓄委婉，笔有藏锋。

同样的景色，在情势发生变化后，写法也随之改变。同是滹沱河，就随着人们思想感情的变化而呈现出不同的面貌。朱老巩大闹柳树林时，它“像一匹烈性的马”“要腾空飞蹿”“满地奔驰，涌起吓人的浪头”。(6–7 页)这既是形容滹沱河的汹涌湍急，也是烘托、象征朱老巩的性格。如果这时把滹沱河写成幽静的河流，就和整个斗争情况不合拍了。在砸掉古钟的当天晚上，朱老巩气病了，滹沱河里的水“静静流着”，大街上“死气沉沉”，人们说话也是“悄悄谈论”。(13 页)这和朱老巩的心情也是一致的。

朱老忠从关东回来，刚踏上故乡的土地，“像投进母亲的怀抱，说不出身上多么熨帖。”(32–33 页)“一股热烘烘的劲头，在血管里荡动。”(34 页)在这种愉快的心情下，“朱老忠老远望见千里堤上，大杨树的枝干在太阳下闪着白光。天气暖乎乎的，桃李树正是放花季节，映着夕阳放散香气。有的梨树嫩枝条上长出绿叶，生了茸细的白毛。黑色的棉花虫儿在树枝间飞舞。”(34 页)此情此景，不仅使朱老忠身上热烘烘的，更使他心里热烘烘的。这时的心，就像那棉花虫一样在暖暖的阳光下飞翔。

严志和卖掉“宝地”以后，“滹沱河里的水，豁啷啷响得厉害。大杨树上的叶子哗啦啦叫着。归巢的乌鸦，一阵阵叫着。”(183 页)春兰在深夜思念运涛时，“她正静静待着，也好像是睡着了，猛然一声，听得千里堤外，冰河乍裂，遥遥地传来，像一种什么力量敲击她的胸膛。”(323 页)他们的心，正像滹沱河里的冰块一样裂开了。

这些描绘，都贯注着作者深厚的阶级感情。否则就不会用那样欢快明朗的笔调去歌颂劳动人民，也不会用暴露讽刺的笔法去写阶级敌人。像冯老兰住的那座不见天日的阴沉沉的宅子，不正是他阴险狠毒的写照吗？对刘二卯、冯登龙等，就用了一定程度的漫画手法。

《红旗谱》语言的节奏感和音乐美除了从人物思想感情的变化中看出来以外，人物讲话时，也经常流露出来。朱老明破产后，朱老忠说他“闹成个稀里哗啦”。(59 页)说运涛的干活好，是“放下叉耙拿扫帚”。(71 页)朱老忠对他的老伴有这样的看法：“睡在她身边呀，不穿棉袄过得了冬，不振蒲扇过得了夏。忘了饥，忘了饿。”(104–105 页)运涛要看春兰的手，她自己说：“俺晨挑菜,夜看瓜。春种谷,夏收麻。长着什么好手呢?”(124 页)这些都是响当当的语言。

叠字的运用,也在一定程度上加强了语言的音乐美。

## 二

《红旗谱》语言的第二个特点是准确、贴切。作者善于把人物语言个性化、典型化,使每个人物都有他自己独特的语言。

在现实生活中,人们的思想、性格、经历、文化教养、爱好、年龄等各方面的差异,使得他们的语言也不完全相同。这主要表现在词句的选择运用、表达方式、讲话的多少快慢等方面的不同,而不是同一个词句有不同的含义,更不是作者去生造一些别人不懂的语言。否则就势必要破坏文学语言的美,造成混乱状态。

《红旗谱》的人物语言是非常个性化的,但它又没有生造的词句,都是活在人民口头上的语言。

这个特点最明显地表现在人物对同一事物的看法。人们从不同的角度出发,对同一事物会有不同的看法,也会用不同的语言来表达。在对待抗捐抗税这件事情上,老套子、严志和、朱老忠、朱老明、大贵、朱老星、伍老拔等人就各用了自己独特的语言。他们虽然都是贫苦农民,但反应很不相同。当江涛把这件事情一一告诉他们以后,老套子这样说:“看你说的:自古以来,就是这个则例。不给利钱,算是借账?没有交情,人家还不借给你!私凭文书官凭印,文书上就得盖官家的印。盖印,就得拿印钱。地是人家苦耪苦业,省吃俭用,经心用意挣来的,不给人家租钱,行吗?人家不租给你!人家贩来的盐嘛,当然要加个价呀,谁不想多赚个钱儿?车船脚价,越来越高,水涨船高嘛!”(224-225 页)

这位受了几十年剥削压榨的贫苦老农,正统观念对他的影响是太深了。这种影响使他对很多问题认识不清楚。他认为统治阶级的苛捐杂税,地主的剥削压榨都是天经地义、不容怀疑的。他不知道他们的劳动果实哪里去了,也不清楚地主阶级为什么会富起来。这种沉重的思想负担,使他一时不能马上参加反割头税斗争。从他身上我们看到统治阶级的思想对劳动人民的侵蚀。他讲的话和他的性格一样，也是那样有板有眼。

严志和听到这个消息后，“吊着眼珠停了半天”，才慢吞吞地说：“抗捐抗税，哼，早就该抗了。这年头，人们还能活吗？三天两头打仗，不是要这个捐，就是要那个税的。咱那“宝地也丢了，剩下几亩沙土岗，打的粮食不够交公款。就靠着咱这点手艺，要不还不撤了狗牙？怎么活下去呀！”(234 页)

严志和遭受的苦难太重了，一连串的不幸事件加在他身上，使他再也不能忍受下去。特别是他们的“宝地”卖出以后，更使他过不下去。在这种情况下，他很同意抗捐抗税，特别是听到江涛说能收回“宝地”，他的劲头就大起来。但进一步清楚了闹起来又要跟冯老兰干一场的时候，他“又心思绵软起来”，说：“吞了这口气吧！过个庄稼日子，什么也别扑摸了。即便有点希望，又在哪个驴年马月呢？”(237 页)至此，他甚至不愿再谈下去，“下窨鼓捣梨去了。”

一方面，严酷的生活使他忍受不下去，想摆脱这种生活，更急切地想收回他们的“宝地”，报仇；但另一方面，几次打官司失败的教训，运涛的入狱，使他不敢轻举妄动。因此，他要“安分守己”地过下去，免得江涛再出什么问题，也保存住他们最后一点儿微薄的家产。

朱老忠就不同了。他不但很同意江涛的办法，而且马上去找朱老明商量怎样进行。朱老明并不是那样绵软的人，可是三场官司输下来，弄得他倾家荡产，自己也气瞎了眼睛。他很同意和冯老兰干下去，但他考虑得更周密一些，他说：“思摸思摸吧！干是要干，看看怎么干法？”(239 页)当他听说这个斗争只要组织、发动群众就行。“他就咬紧牙根，恨恨地说：干！割了脖子上了吊也得干！老了老了，走走这条道路！”(242 页)他是既坚强又细致的。

大贵年轻火气爆，碰到什么问题是说干就干，毫不含糊；但也不多考虑。他“一只脚蹬在炕沿上，揎起袖子抡着小烟袋”。说：“左不过叫他们把咱欺侮成这个样子。江涛兄弟！你头里走，傻哥哥我后头跟着。”(240 页)积极勇敢，坚决而又义气的性格，一下子就写出来了。

朱老星也表示要“跟着走”，但他就不像大贵那样毛手毛脚。伍老拔因为曾和张嘉庆一起闹过“秋收运动”，对党的认识更清楚，觉悟更高些。他听到这件事，就“把屁股蛋子一拍”，说：“对嘛，就是这么办，咱组织农会吧。反对割头税，打倒冯老兰。你不跟我说，我还想去找你们哩！”（253 页）在这些人里面，他是最干脆、最积极的了。

大贵被抓兵以后，他们所表现的行动和讲的话，同样也能生动地表现他们每个人的特点。

从上面的例子可以看出，人物独特的语言除了人物的思想、性格、经历、文化教养、年龄等各方面的条件外，还要看他所处的具体情况。客观情况发生了变化，一个人的语言也不尽相同。如上引严志和的两段话语气就不完全一样。由此可见，即使同一个人物，语言也不能完全相同，也应有适当的变化。其次，写人物的语言应紧密配合他的内心活动和外部行动，这样才更有力，更鲜明，更生动。上面几个人物在讲话前大都有个与之相对应的动作，就是这个原因。

贵他娘和涛他娘的年龄相近，但贵他娘说话干脆利落，不拖泥带水。她第一次见到春兰，就和她开玩笑，显得特别豁达。涛他娘说话就柔和一些，有时像严志和说的，有点“哝哝唧唧”。老奶奶比涛他娘更好嘟哝，她老人家一天到晚不住地嘟念，而且是讲同一件事情。她们的话甚至和她们的外形都配合得很好。春兰也很干脆，但又不同于贵他娘，她有更多的青春朝气。严萍就有较多的知识分子味。

冯老兰和他儿子冯贵堂是不同类型的地主。冯老兰是一个封建地主，讲起话来就有点文绉绉的。冯贵堂受到一些资产阶级教育，他不满足于单凭土地去剥削农民，想用更多的办法去榨取农民更多的血汗，但表面上还要让农民感激他。他讲起来就满口“自由”“民主”之类的新名词，使冯老兰听了头痛。

劳动人民长期的劳动生活，使他们的语言丰富生动，不像知识分子那样干巴巴的。他们说话经常使用形象的语言。朱全富劝朱老巩不要惹冯家，他不抽象地说冯家厉害，只是说：“天爷！你捅那个马蜂窝干吗？我知道你爹和你爷爷，几辈子都是窝着脖子活过来的，躲还躲不及，能惹是生非；哪有摁着脑袋望火里钻的？”（6 页）用马蜂窝来形容冯家，既说明了他的狠毒，也表现了他家的势力之大。“捅”字也极为有力。“窝着脖子”比“低着头”等字眼要生动得多。“摁着脑袋”“望火里钻”也表示出了这件事情的危险。

老奶奶一天到晚想念外出的人，她这样说：“这些年，不论黑天白日，一想起老巩兄弟，就像摘我的心！为了想念出外的人们呀，这些年来，像熬灯油一样，把我老婆子的心血都熬干了。”（42页）朱老巩、严老祥的出走，苦难的生活，每一件都使老人家牵肠挂肚，熬尽心血。她的生命之火像熬干的油灯一样逐渐暗淡下去。

人物本身的语言性格化，介绍人物时用的语言也是性格化了的，也都浸润着作者的阶级感情。对严志和的性格，有过几次介绍，一是朱老忠说他是“扎一锥子不冒血”（24页）老奶奶说他“自小儿肉死，成天价碌碡轧不出屁来！”（43页）江涛说“他呀，你要是不跟他说话，他就一天不开口。你要是不叫他吃饭，他就低下头做一天活儿。我娘要是不说给他洗衣裳，他就一年到头穿着那个破褂子。”（35页）大贵是“一根筋的脾气”。（88页）这些都是活在劳动人民口头上的语言。

反割头税胜利后，江涛和严萍在林子里谈心，他们的“思想，如同一匹脱了缰的、刚扎牙的小马。伸开四蹄，奔驰在祖国的大地上。两人共同绘下了多少理想的图画。画上，又撕碎。撕碎了，又画上。年轻、旺盛的血液，在胸膛里鼓荡，开始感到革命给予青年人的自由和幸福。”（317–318页）

他们刚刚取得对敌斗争的胜利，又是刚刚尝到爱情的滋味，那种幸福心情是无法抑制的。在这种青春的年代，遇上这样的事情，思想的驰骋是无所拘束的。用“脱了缰的、刚扎牙的小马”来形容，再贴切不过了。

春兰听了运涛的宣传后，“像春天的苇笋注上大地的血浆，长出绿色小叶，精神旺盛，永不疲倦。又像春天的紫杨柳，才生出绿色的嫩叶，一经风吹就会摇摇摆摆，向人们显示：只有她是值得骄傲的！”（115页）

这段文字同样是值得骄傲的！

写冯老兰就完全不同了，他“是个老封建疙瘩，盘丝头，钢镐劈不开的家伙。”（212页）“他自小里是个吃饭黑心，放屁咬牙，拉屎攥拳头的“‘狠’家伙！”（299页）冯老兰的吝啬、狠毒、顽固等特点，跃然纸上。

语言是思想的外衣，对人物独特语言的运用，是建筑在作家分明的阶级感情和对人物深刻理解的基础上的。作家只有熟悉人物，深邃地掌握了各种人物的特点，才能清楚不同人物所用的不同语言，同一人物在不同情况下的不同语言，对不同人物用不同的语言去表现。

## 三

《红旗谱》语言的第三个特点是大众化,民族化。整个作品除了极个别的方言土语不易理解外,一般读者都是可以理解的,不识字的人也可以听得懂。

语言的大众化、民族化问题,既和作者的生活基础、文学修养有关,也和作者的写作态度有关。如果没有长期的群众生活基础,对群众的语言和文学名著的语言不是很熟悉,就不能运用大众化、民族化的语言。只凭记录的少数词句,是不能解决问题的。作者有了这些基础以后,还要有为广大群众服务的决心,写出作品来给广大群众读。如果只是给少数知识分子读,那就难以达到大众化、民族化的程度。

《红旗谱》的语言都是在群众中经常使用的口语,但作者不是毫无选择地照搬,而是经过了精细的选择、加工、提炼。因而它既有群众口语的通俗易懂,又比一般口语精炼、准确,没有那种含糊不清或不合语法的语言。作品中不论是写景、抒情,或是叙述、议论,还是对话,都是这样的。即使是写到知识分子,作者也不用那种过于知识分子腔或欧化的语言。

写景、抒情、对话等方面的语言,上面已谈到了。这里再来看一下《红旗谱》里叙述和议论方面的语言。

在这方面做到大众化、民族化,困难更多些,作家要下更大的功夫。因为在这方面往往会写得枯燥无味,知识分子腔也最容易流露出来。但《红旗谱》没有这个毛病。作品开始时,作者从小虎子的行动里,把锁井镇上的大体情况介绍出来:"那时,小虎子才十几岁,听说镇上人们为这座古钟议论纷纷,从家里走出来。宅院后头,不远,有一条弯弯曲曲的长堤,是千里堤。堤上有座河神庙,庙台上有两棵古柏树。这座铜钟就在柏树底下,立在地上,有两人高。伸拳一敲,嗡嗡地响,用臂膀一撞,纹丝不动。"(3 页)这一小段文字就非常简洁、清楚地把千里堤附近的景物告诉了读者。这个介绍,是跟着小虎子的行动从他的眼睛中看出来的,这就更增加了作品各个部分的有机联系。作者在这里并没有用很多的笔墨去描写千里堤,因为从一个小孩子的眼中,不能看得过于精细。另外的一些景色,留到以后逐渐写出来,也会使作品更加丰富多彩。下面紧接着的对古钟的描写，也是这样的。

江涛宣传反割头税，有这样几小段：

“地租和高利贷是抽筋，地丁银附加税是拔骨，割头税比刮皮还疼……

“我们就像牛、像马，成天价在泥里、水里、风里、火里，滚来滚去……

“我们耪起地来，两手攥着锄钩，把腰一弯，像个罗圈，太阳晒得脊梁上冒出黑油儿。自春忙到秋，把租一交完蛋。寒衣节过去，身上还没有遮凉的衣裳。冬季里，漫天大雪，天黑了，灶筒里还冒不出烟来。使了账，三年本利停，“现出利”“利滚利”“驴打滚”，利息越来越重！

“新年一到，要账的挤破了门框。起了五更，还没有下锅的饺子……

“一千斤的大铁枷，加在农民身上，我们种地人好苦啊！”（311 页）

下面朱老忠接上说他们应该“抱团体，伸手干”以后，江涛接着说：

“对呀：譬如高粱谷子，耩得密密实实，刮风下雨倒不了。耩得稀了，大风一刮，就闹个嘴啃地。大家抱团体，人多势力大！现在我们提出，反对割头税，打倒冯老兰，大家同意不同意？”（312 页）

这些话，都是道理，而且是由知识分子讲的。可是我们丝毫不觉得他是在讲什么大“道理”，毫不感到枯燥深奥。他的话有这样几个特点：一、语言是群众的语言，没有知识分子腔；二、比喻都是和群众生活有紧密关系、群众所经常接触到的；三、讲的都是群众切身的利益，都是他们深有体会的。这样讲群众自然就易于理解，肯于接受。如果滔滔不绝地向群众硬灌一些抽象的概念，他们是不会理你那一套的。

《红旗谱》还经常运用一些精粹的成语来加强作品的语势和民族风格。成语是劳动人民在长期的生产和斗争中逐渐熔铸起来的。在这个过程中，劳动人民把那些含混不清的、啰唆的语言剔去，提炼成为简短有力而含义很深的语言。这些成语用得恰当，可以抵得上许多语言的力量，起到以一当十的作用。

严老祥在劝朱老巩好好保重身体时，这样说："留得青山在，不怕没柴烧。"(13页)这就是说，只要留得人在，不怕没有报仇的机会。这是从劳动经验中得来的。朱老巩死后，严老祥觉得失去一条膀臂，自己的处境是"单丝不成线，孤树不成林。"(28页)这一方面表现了他当时的孤独处境，一方面说明了团结的重要性。不团结起来，就如同"单丝""孤树"一样，干不成大事。这是劳动和斗争的综合经验。严老祥要到关外去，老套子劝他说："金窝银窝不如咱自己的穷窝儿呀。"(30页)这种比喻是很有力的。伍老拔曾说过这样一句话："虱子多了不痒，账多了不愁。"(252页)这一句很生动地表现了伍老拔的乐观主义的精神。冯登龙用过这样一个成语："瘦死的骆驼比马大。"(357页)冯登龙的地主父亲和另一个地主打官司失败了，几乎倾家荡产，但他仍然雇着两个长工，喂着两个大牲口，冯登龙说他父亲还是个财主，比一般农民的东西还多些，用了这个成语来作比。一方面表现了他自己的狂傲，同时也说明了地主和农民的经济地位的悬殊。

这种生动的成语在《红旗谱》里是俯拾即是的。

《红旗谱》还运用了一些方言土语。在初版本的《红旗谱》中，有一些方言土语不易懂，因此，在一种版本里不得不作很长的注释。作者注意到这种情况后，在再版本里作了较大的修改。就修改本来看，难懂的方言土语已基本消除了。

在作品里是否可以运用方言土语，有过一些不同的意见。有的认为方言土语太生僻，局限性太大，不易为广大群众接受，因而主张不用或尽量少用；有的认为方言土语可以使作品更大众化、民族化，不但不会妨碍广大群众的阅读，反而会为更多的群众所接受，因而主张使用方言土语，甚至还可以多用一些。其实，这两种意见是可以统一的。我们认为在文学作品中适当地运用一些方言土语是可以的。只要善于选择和运用得当，它的确可以使作品更加大众化和民族化，可以吸引更多的读者。但这些方言土语应该有选择地使用，而且也要经过作者的加工提炼。如果使用了过多的方言土语，会增加外地读者的阅读难度。《红旗谱》是运用得比较恰当的。

1961年12月于济南

《文史哲》，1962年第4期

# 刻骨的仇恨，韧性的战斗

阎 纲

血沃中原肥劲草，寒凝大地发春华。

——鲁迅

读过《红旗谱》的同志都会记得，朱老巩大闹柳树林，朱虎子掉泪下关东，朱老明打官司倾家荡产，一直到朱老忠大反割头税，江涛参加保定二师学潮……这一系列艰苦卓绝、惊心动魄的阶级斗争，在作者梁斌同志的笔下，曾做了何等出色的表现！这三十年代北方如火如荼的农民革命运动，这伟大的历史时代的激流，使我们的心灵受到了好大的震动！《红旗谱》以保定二师学潮的失败而告终，但斗争却远远没有结束，从当时无产阶级登上历史舞台、农民运动有了明确的方向上看，再从多卷集的史诗式的结构上看，《红旗谱》里展开的，仅仅不过是当年紧张激烈的阶级斗争的序幕，它预示着一场规模更大的群众斗争必不可免，正像《红旗谱》全书最后一段话所说的："在冀中平原上，将要掀起壮阔的风暴啊！"风暴起来了，大火点燃了，武器的批判开始了，这就是以一九三二年著名的高蠡暴动为主要内容的《播火记》的问世。

在《漫谈〈红旗谱〉的创作》一文中，梁斌同志曾经说过："我考虑，阶级斗争的主题是富于党性、阶级性和人民性的。"《红旗谱》写了这个主题，《播火记》同样延续了这个主题的描写，而且把它推向武装反抗的高峰。这是铁和血的斗争，是打碎国家机器的斗争，因而是决定阶级命运的斗争，劳动农民和封建地主两大阶级的生死搏斗，在作者满带血泪的笔下，得到了雄浑激越的显现。高蠡暴动的历史的风雷，也必然引起社会各阶层心理的复杂变化，作者反映了这些变化，特别是饱含热情地反映了农民反抗斗争中的阶级友情和他们相依为命的团结一致等传统的美德，而且被反映得那么深沉，那么富有农民阶级的人情味，从而蛮有说服力地显示出革命的农民阶级强大的生命力和终将胜利的历史前途。

《播火记》深深地打动了我、教育了我，它通过血的事实告诉我，劳动农民与封建地主的矛盾是当时中国社会的基本矛盾，是一场不可避免的你死我活的阶级斗争；地主阶级必须打倒，而且能够打倒；不怕道路险阻，不怕流血牺牲，前仆后继、百折不挠，决心要“把这个旧世界，打它个稀里哗啦！”（朱老忠语）这是历史上农民运动从所未有的伟大壮举，其原因是中国的农民革命已经和中国的无产阶级革命会合起来。《播火记》里提出来的，仍然是严重的农民问题。

## 一、风暴起来了

在《红旗谱》里，矛盾的主线是以朱、严两家为代表的农民阶级同冯家大院为首的地主阶级的矛盾。无产阶级领导的新民主主义革命，实质上是农民的革命，主要解决的是土地问题。冯老兰的砸钟灭口，朱老巩的赤膊上阵，朱、严两家的破产，严老祥、朱虎子的下关东，严志和的卖“宝地”……无不深刻地反映出以土地问题为中心的农民革命的严重意义。正由于此，《红旗谱》就正面地接触到时代社会的本质问题；它形象而又概括地反映了这些问题，就使得这部作品收到了史诗性的艺术效果。《播火记》里矛盾的主线没有变，阶级斗争的性质、对立双方的主将也没有变，不同的只是朱老巩当年的铡刀换上了朱大贵手里的机枪，个人无力的硬拼汇集成整个阶级的反抗，赤手空拳的搏斗发展为声势浩大的武装暴动：斗争的方式变了，阶级矛盾更加尖锐化、深刻化了。

反割头税的斗争对锁井镇一带的农民来说，是前所未有的胜利，但由于敌人的强大，胜利的本身又蕴藏着危险的火星，反革命势力在重新聚集力量准备反扑。接着是保定二师学潮失败，江涛被捕，很快地，白色恐怖来到了。

就在这血腥、窒息、可怕的环境气氛中，作者拉开了《播火记》时代的帷幕。

白色恐怖笼罩着冀中平原的上空，却不能压倒农民阶级不共戴天的阶级仇恨，更不能扑灭革命阶级斗争的烈火。在黑暗的日子里，锁井镇的农民不但有苦难、有仇恨，而且有反抗——世世代代的反抗，只不过反抗的怒火有时在地下运行罢了。狗腿子李德才不许春兰在堤上放牧，拉坏了牛鼻子，掀起了风波，打破令人窒息的相对平静的局面，地主阶级的横行霸道，重新点燃起农民久积心头的仇恨，就是连老驴头也忍无可忍，冲出家门向着冯家大院骂阵了。老驴头是个狭隘的、封建观念极深的中农，他不愿求助别人，不多与人往来，自食其力、闭关自守、自给自足。但是这样的人也不得安生。牛鼻子坏了，起初他"一声声大哭"，随后，"嗤的一声把纽子扯开，脱了个大光膀子，跑到屋里扯出一把切菜刀来"，破门而出，指名道姓地骂："我日你八辈子血姥姥！""李德才！你小子有骨头站出来！"后来竟然敢和李德才扭打起来。在老驴头来说，这样怒不可遏地出而应战还是破天荒第一次。像老驴头这样一个"安分守己"的中农，都遭到冯家大院如此公然的侮辱和打击，像这样一个"与世无争"的糊涂人，也竟然扯起菜刀干起来，难道不正说明阶级斗争在继续地发展和深化吗？要知道，中农的向背是革命胜利的基本因素，在《播火记》里，作者首先让老驴头这个可笑的、又值得同情的角色登台表演这出武剧，揭开大风暴的序幕，是意味深长的。

当然，冯家大院对农民阶级的仇恨，集中地表现在如何对付朱、严两家上，因而当冯老兰弄清楚珍儿在朱老忠家时，弄清楚李德才是被大贵、二贵扔进水潭时，他首先想到的是"跟穷小子们要账！"因为"他们跟朱老忠是一个窝里的泥鳅，他们几条腿穿一条裤子，一个鼻孔里出气"。实际上，是要对朱老忠进行迂回战术，釜底抽薪，动摇其基础。然后，想出十分恶毒的计策，把矛头直接对准朱老忠的胸膛，命令差点淹死的李德才道："去，你死在朱老忠家门上去。看我叫他好好埋葬你。这样，一下子就坑了他的家了。"凡此等等，都预示了反割头税以后锁井镇阶级斗争情况的复杂。正在这紧张危险的关头，朱老忠回到锁井镇来了。朱老忠当机立断、斩钉截铁地定下缓兵之计，表现了他出众的勇气和才干，这是他几经战斗后长期磨炼的结果，它和《红旗谱》的英雄性格一脉相承。因而举足轻重的朱老忠的出场，就引起我们极大的关注。

朱老忠带来了保定二师学潮失败的消息，同时带来了准备武装暴动的指令。“咱把镰刀斧头一举，就红军万岁了”，千难万难，“红军一起手，什么问题都解决了”。

武装暴动的消息振作起人们的精神，鼓舞了人们的斗志，打开了一条冲破黑暗的生路，他们继承从朱老巩以来的农民反抗的斗争传统，那就是：当自己的阶级求生不得，忍无可忍的时候，他们最终要拿起武器和地主阶级决一死战，哪怕血染黄沙！果然，在年轻的中国共产党的直接号召下，一呼百应，怒火如焚的农民们举起了大刀长矛，扛起了土炮洋枪，爆发了震惊华北平原的高蠡暴动。

## 二、两个阶级的殊死搏斗

《播火记》集中表现的是劳动农民和封建地主间艰苦激烈的阶级斗争，而其中我以为表现得最强烈、最激动人心的是敌我斗争的不可调和，以及在这种你死我活的决斗中敌我双方绝对不能平息的阶级仇恨。

武装斗争是流血的政治斗争，是夺取政权强有力的行动。农民们和地主阶级都清楚地认识到这次不寻常的交手的严重后果。所以在生死攸关时刻，对垒的双方都不能掉以轻心。你看，两大阶级在怎样紧张地聚集力量，而其他阶级和阶层又在怎样毅然决然地选择自己的去从，真是壁垒分明，真是严阵以待！冯家大院当然也不会忘记他们的阶级传统，他们决心“给咱祖爷争口气”死心塌地要顽抗到底。他们立即进城，到处奔波，纠合四乡士绅，办民团，搬救兵，准备一举“剿灭共党”。敌人内部并不是没有矛盾的，冯家大院比谁都清楚自己堡垒的内幕。请兵吗?那些警察保安队“光是成天价逛窑子、打麻将”“见鸡吃鸡，见狗打狗”“人吃马嚼，这一路糟销，咱就受不了啊！”怎么办？干脆自己买枪买炮，“他们武装工农，咱们武装地主”。但是最后，反动势力之间还是勾结起来共同对付农民阶级。大敌当前，冯老兰也顾不得心疼几个贿赂钱了：“到衙门口里去，宁自把家业花在衙门口里，也不能叫他们共了去！”

怒火同时在农民阶级心中燃烧。看看农民兄弟从军别家的动人情景吧。

亲人要离去了，贵他娘的心像刀子一样剐着，但是几辈人不能咽下的深仇大恨，把她的离愁别绪荡涤殆尽：“贵他爹！你忍下心，放下家去吧！去铲除那些贪官污吏，打倒那些土豪劣绅们。不然的话，即便有这点血汗财帛，也是给他们守着。”听说严志和要出征打仗，涛他娘心里犯了嘀咕，可是，一想到江涛陷在监狱里，她就狠下心说，“去吧，去冲锋陷阵，夺回江涛他们，我不拉你！”大贵和金华一对新婚夫妇的告别，却是另外一番情景，这完全不是《新婚别》的气氛，在革命理想主义的渲染下，他们的爱情变得越发纯洁和真挚了。严志和临行时看了看死在关东的老父亲留下的犁、耙、镰、刀，伍老拔临行时看看他四四方方的小院和房子里的碌碡、木锨、斧锯。农民们在万分痛苦中不得不同自己的田地和农具告别，而又自觉地、满怀信心地同自己的田地和农具告别，那是多么深沉、动人的感情啊！农民们理解这次同地主阶级的决斗意味着什么，理解这次决斗和他们命运的联系，所以他们甘心情愿迈出家门、踏上征途。

马克思说过，阶级斗争是无产阶级盛大的节日，同样的，无产阶级领导下的农民革命战争，也是农民阶级盛大的节日。因而，尽管不可避免地产生出惜别之情，但阶级的仇恨，革命的决心，眼前农民兄弟前所未有的威势，终究为这次梦寐以求的壮举笼罩上一层欢快热烈的节日气氛。这种气氛被作者表现得浓郁极了。为了“迎接好日子”，农民战士们一扫心头的离愁别绪，他们穿上浆洗过的紫花裤褂，蹬上新鞋，剃了头，刮了脸，堂堂正正、体体面面地和骑在他们头上几千年的封建地主阶级决一死战。

读了《播火记》，我们不能忘记十恶不赦的冯老兰一系列的罪恶活动。冯老兰对农民的反抗斗争是恨之入骨的。作者梁斌同志从鲜明的阶级观点出发，把冯老兰刻骨的阶级仇恨从他的灵魂深处挖掘出来，通过一系列难忘的画面微妙地表现出来，竟然达到如此令人发指的艺术效果，以致使这个典型的地主恶狼的面目淋漓尽致地暴露出来。

在农民起义震慑力量面前，冯老兰不像其他地主那样惊慌失措、杀猪宰羊、大吃大喝、等待着难免的厄运的到来。冯老兰是恶绅地主们中间最积极，最有成算，因而是最反动的家伙。在这些“目不识丁”、水里出泥里入的“穷小子们”面前被拉下马来，在他看来，是离经叛道的强盗行为；从此丢掉祖宗的基业，在他看来，是不可容忍的奇耻大辱，所以他誓死要与农民军为敌到底。这是个封建地主阶级坚决卫道者的形象，是反革命阵营的谋士和勇将的形象，自然也就成了锁井镇农民阶级的死对头。平时冯老兰爱财如命，一个小钱不花，但一听到朱老忠要起事，他就不疼惜大堆大堆白花花的银钱了，要“拿洋钱打通一条道路”。他老了，身子骨硬了，“糊涂了”，但却不甘心在战斗中仅仅作一个指挥官，而且要以一名有力的射手的身份参加战斗。虽然在深夜里，他竟自翻出盒子枪，摩弄它，看着它，将愤怒依托于它，不禁“把右手里的枪抛上天去，用左手接住，两脚再一跳，再把左手里的枪抛上天去，又用右手接住”，练起手脚来了。这还不算，兴奋过度，反而不能入睡，不知什么在折磨着他，听得第一声鸡叫，就赶忙敲敲马棚的门，“快套小车子，贵堂进城！”瞧瞧，作者犀利的笔锋简直探进反动地主可怕的心灵深处去了。

充满了火药味的严阵对峙的局面，通过作者对敌我双方精神动向的细致描绘，简直被烘托得一触即发。看样子，两个阶级的一场大战不但不可避免，而且将十分激烈。显然，农民阶级此刻居于进攻的地位。在农民军大量集结、争夺政权的红旗高高挂起，合围之势已成的时候，冯老兰情愿退出他所盘踞的政治舞台呢，还是不甘退出？回答是很干脆的：不。“祖爷置下的家业，我要用我这身老骨头卫护它。我要‘封建’到底，死不回头。我要提起我的枪，和红军打对台仗！”

高蠡暴动打响了，来势凶猛的农民队伍，像一群雄狮那样冲向冯家大院。这时的冯老兰和平时悠然自得的神情完全两样，他穿上寿衣，穿上缎子靴，戴上红疙瘩的帽盔，手提盒子枪，两条子弹带就挎在这身寿衣上，自我完成了一幅奇特的肖像画儿，和朱老忠他们剃了头、刮了脸、穿上浆洗过的衣服的形象，恰好形成一个非常有趣的对比。这一切难道不可以说明，即使用武装斗争把地主阶级赶向穷途末路，反动的阶级本性也会驱使他们破釜沉舟地背水一战，以至于负隅顽抗吗？果不其然，当农民军攻破家门、冯贵堂跪下流着泪劝亲爹快快撤走、不得已命令家丁“架着他，快跑”的时候，冯老兰竟然躺在地上乱打滚儿，鼻涕眼泪直流，手脚四肢打着拨拉，坚决地说：“不，不走！我还有两颗子弹，一颗打死朱老忠，一颗留着打死我自己！……”他不服输，他要和农民军同归于尽。

就整部《播火记》来说，冯老兰的性格得到较大程度的发展和深化，使这个反面形象变成相当突出。也许由于在《播火记》里冯老兰要走到他一生的尽头，作者不得不最后完成这个人物的刻画。但不管怎样，艺术的冯老兰站立了起来。在对反动的冯老兰的塑造上，梁斌同志的笔墨极少与《红旗谱》重复，冯老兰一系列的言谈举止看来是那么新鲜，却又都实实在在是冯老兰这个老辣险恶的地主身上的东西。此外，在表现冯老兰在高蠡暴动前夕和战斗之中的心理活动上，作者显然下了不少的功夫。梁斌同志极力避免西欧式的、易于使紧张激烈的事变进展长久停顿的单纯的心理描写，但冯老兰恶毒而复杂的灵魂却终被作者置于光天化日之下。这里，我们看到梁斌同志艺术方法上的一个显著的特点，那就是：作者较多地使用了行动性强和富于表现力的对话这种近似戏剧性的手法。作者刻画人物时，最看重的是形象化的东西，他极少由作品的叙述者直接解释人物的心灵世界，除非万不得已，他总是将人物的性格特点，心理活动甚至作品的故事情节的发展一概都掺进人物的言语举止的描写，从中，我们看到了我国古典小说《三国演义》《水浒传》等优秀传统的艺术方法的继承和发扬，看到作者梁斌同志已经形成了自己得心应手的、又为群众喜闻乐见的民族风格。

高尔基说过："人——同志，被描绘得那么光耀夺目，已经使人完全看不见他；而人——敌人，通常是用单一的黑色勾画出来的，几乎永远被描写成浑蛋。我不认为，这样做是正确的。那里是两个彼此交锋的敌对者，那里也是两个英雄。"（《文学论文选》十五页，本处采用另一译文）这话说得极有道理。历史上的反动派都不是纸扎的。中国的封建制度延宕几千年之久，形成了一整套完备而坚固的秩序和法权，造就了自己阶级各个时期的"英雄"人物。和这些封建主义的孝子贤孙们斗，直至斗倒他们，革命的农民群众就不能不在战术上重视他们，而对斗争的艰苦性保有清醒的头脑。从这个意义上说，梁斌同志成功地创造出冯老兰的形象，就有它不可低估的认识作用和现实意义。

## 三、燕赵多慷慨悲歌之士

冯老兰长期残酷的封建压迫，欠下了血债，种下了仇恨，也锻炼出一批农民革命的勇敢战士。他们苦大仇深,他们要生存,要温饱,要发展,因而不能不被逼上梁山,聚众起义,而和当时最先进、最有革命前途的共产主义革命潮流汇合起来。在高蠡暴动中,农民阶级的矛头准确而集中地指向封建统治阶级的代表人物冯老兰们,他们知道只有首先打倒顽固不化的反动地主阶级,才能有效地进行抗日民族斗争。在这场来势凶猛的革命风暴中,朱老忠冲锋陷阵的英雄姿态不用说是可以想见的,即使是“软善”的严志和,也变成了坚强勇敢的阶级战士,伍老拔、朱老星同样不甘示弱。

在《播火记》里,这些农民英雄的深仇大恨,他们的满腔怒火和冒着敌人炮火前进、前进的牺牲精神,得到了充分的表现。要是说《红旗谱》里的斗争是一座饱含着仇恨的火山的话,那么《播火记》里的高蠡暴动,就是火山的爆发。这个火山爆发式的阶级斗争,最集中地表现在攻打冯家大院的战斗上。冯老兰是锁井镇当地农民最凶恶的阶级敌人,是众矢之的,所以农民军满怀阶级仇恨向冯家大院重兵压来,不惜艰苦反复,不惜流血牺牲,终于攻破厚壁高垒,活捉冯老兰,为高蠡暴动举行一个有声有色、威武雄壮的奠基礼。

活捉冯老兰的场面,是一个激动人心的场面。双手沾满鲜血、压迫了农民多少年、广大群众恨不得食其肉寝其皮的冯老兰,今天落到人民的手里,成为阶下囚。这是多么大快人心的事!高高在上的地主老爷,竟然也有今天!仇人见面,分外眼红,看看朱老忠不可遏止的万丈怒火:

> ……冯老兰哪里是朱老忠的对手!朱老忠一个箭步跳过去,抓住冯老兰的领口子。按理说,朱老忠想叫冯老兰立时死在他的面前,并不费难。只要两手抓起冯老兰向高处一举,向房下一推,管保他的脑浆迸裂,老命就完了。可是他不,他下定决心,要仔细摆布他。两手抓住冯老兰,想把他扳倒在房上。冯老兰也不示弱,下死力挣扎,两只手搂住朱老忠的胳膊不放。朱老忠东一摇西一摆,怎么也按不倒冯老兰,他一时怒火冲头,握起拳头,在冯老兰身上没头没脑地乱捶。多少年的冤屈一下子冒出来,大声叫着:“冯老兰哪,冯老兰!你还我们祖辈几代的命来!”喊着,一个飞腿,把冯老兰拨倒。

面对着几代的仇人，严志和却是另一种表现。看见冯老兰，严志和气得直打哆嗦，历数自己的苦难，竟大声哭了出来。这虽然表现了严志和“软善”的性格，但一生埋藏在心头的阶级仇恨，却同样表现得深沉和强烈。

暴动打倒了冯老兰，暴动分得了粮食，暴动也夺回了土地。土地是农民的命根子，是阶级斗争在这一时期矛盾的焦点，因而当严志和收回了“宝地”的红契文书时，他欣喜若狂，不由自主地和涛他娘走到“宝地”里去，伸手掂起谷穗儿，满怀深情地看看郁香的泥土，大声喊道：“宝地！宝地！你到底是严家的土地呀！”也不由自主地，老夫老妻“牵着手儿”来回地走着。这块“宝地”的经历，引起了我们多么丰富的联想和满腹的辛酸啊！

但是，辛庄一战，为期十数天的高蠡暴动惨重地失败了！

在敌人四面合击的形势下，起义的队伍溃不成军；经过浴血战斗，好容易杀出重围，但却只剩下些散兵游勇。多数同志牺牲了，他们的头，被血淋淋地挂满会战的村庄。活着的人也经历了不同情况的困苦磨难，有的甚至重新罹险而壮烈牺牲。伍老拔面对敌人，破口大骂，慷慨就义，尸体被冲进大河。朱老星宁死不屈，高呼“中国共产党万岁”，躺在敌人铡刀底下，鲜血染红了黄沙。勇武过人的绿林好汉李霜泗，同样临危不惧，在绞刑架下饮恨终身，被敌人暴尸示众。但是，他们死得光荣，即使在牺牲前的一刹那，他们也决不抱怨这次暴动的粗疏轻心，更不反悔自己投入这殊死斗争的激流。他们怒火中烧、死而无怨，他们昂首挺胸地和自己苦难的一生、和自己挣扎在温饱线上的妻儿老小、和自己心爱的农具诀别。伍老拔说得好：“爷们闹过秋收斗争，反过割头税，杀过土豪，分过粮食，为劳动人民争天下，于心无愧！”他想到一生中受尽了折磨苦难，最后参加游击战争，杀了对头冯老兰，报了几辈子的血仇，所以即便死了，也不枉革命一场！严志和两次重伤，正像朱老忠形容的：“天底下的灾难，都落在志和一家人身上啊！”但就是这样的，身受连续不断沉重打击的“软善”的农民，也从未对革命丧失过必胜的信心。他不能忘记父亲严老祥是怎样死的，不能忘记仅有的两个儿子是怎样入狱的，不能忘记他的家里是怎样破产的，更不能忘记周围无数苦难的农民弟兄是怎样被投进水深火热之中，总之，他不能忘记过去。他忍受着刺骨的疼痛，抱着斗争再起的渴望，吃一口草，喝一口水，夜以继日地爬呀爬的，向着革命的基地锁井镇匍匐前进,“就是死了,也要死在家里!”

农民军所剩无几了,但是心上的红旗并没有倒下。我忘不了作品第四十四章的深刻动人的描写。暴动惨败了,他们不得不准备着战略的退却,但走革命这条道却是终生走定了,决不气馁。朱老忠说:“我朱老忠死不了就灰不了心,早晚在党的面前见!”贾湘农、朱老忠、朱大贵等为数极少的战士,却像一支不灭的铁流那样,要坚持,要运动,要革命,永不消亡。他们重新谋虑着前进的道路:他们在万分沉痛中总结了失败的教训,他们在戎马倥偬的刹那间迅速部署了“各奔前程”的退却计划,他们挺直了疲劳的身子“向党、向红旗行最后的敬礼”,他们在“不久的将来,我们后会有期”的无限深情中握手告别,他们眼含泪,心衔恨,藏起了红旗、插起了枪,等待着“好日子”的再来……悲壮啊,农民阶级的革命精神!

暴动被镇压,队伍被打散,迎接朱老忠他们的,是加在头上的、比以往任何时期更为浓厚的白色恐怖,是冯贵堂复仇的眼睛,满门抄斩的屠刀和为死鬼冯老兰堂前祭灵用的钢铡!严酷的日子将进一步考验以朱老忠为首的锁井镇的农民兄弟。可是朱老忠说得好:“失败了,得了教训。流了血,种下仇恨!”“大丈夫报仇,十年不晚!”仇恨的种子,终究要生根、发芽、开花,梁斌同志的第三部《战寇图》,肯定会对这个问题作出鲜明有力的答复。

根据毛主席游击战争的战略思想,在平原地带,即使在京、津、保三角形强大的包围圈内,暴动也不是注定要失败的。但是也正如毛主席所指出的,必须要对形势有全面准确的判断,军事上有灵活机动的指挥,并留有游击力量的回旋余地。可是高蠡暴动没有具备这些条件,敌人的力量相对地还很强大,因而很快就失败了。但人民不甘于封建地主的压迫,听无产阶级的话,拿起武器,投入战斗,离乡背井,洒热血、抛头颅,这无论如何是伟大的革命创举,对于农民阶级自觉地联合无产阶级,并充分认识到武装斗争的必要性、革命牺牲精神高扬等重要方面,难道不值得满腔热情地歌颂?难道不值得像一八七一年巴黎的工人阶级起义已成事实时,马克思热情洋溢地盛赞巴黎工人阶级一样歌颂冀中平原的慷慨悲歌之士?《播火记》这样做了,它鼓励人们接上志士们革命的传统。这是一大功绩。

在中国革命历史上,黄巾起义失败了,宋江起义失败了,李自成起义失败了，太平天国起义失败了，为什么在中国共产党的领导下，北方的阜平起义到高蠡起义同样遭到失败了呢？而毛主席领导开辟的井冈山地区的红色政权却稳固地建立起来了？从朱老巩手执铡刀，到朱大贵的机枪射击，从“为朋友两肋插刀”、报祖祖辈辈的“这份血仇”，到为整个农民阶级冲锋陷阵，这中间标志着一个多么不同的历史进程？为什么几经失败的、以朱老忠为代表的农民阶级的革命精神却始终压不下去呢？为什么此后民族战争期间冀中人民的抗日热情那么高涨、为中国人民的抗日战争的胜利立下不朽的功勋呢？高蠡暴动和我们今天的革命斗争究竟有什么密切的联系呢？读了《播火记》，这一系列的问题在我的脑中反复地回旋。《播火记》能够启发人们思考这些重大的问题，并深刻地暗示出这些问题的答案，就使得它成为当前阶级教育的一本好书。

在《红旗谱》里，朱老忠是梁斌同志塑造的出色的人物形象，这个形象达到了典型的程度，以致把中国农民历史传统的革命精神和新民主主义革命精神高度融合、凝练为一体。在新的斗争形势下，朱老忠自觉地而又艰苦地寻求着反对敌人的有效的道路，因为敌人太强大了，血的教训太惨痛了，个人反抗的办法，赤膊上阵的办法，打官司告状的办法，一概都行不通。正由于此，朱老忠的形象不但概括了中国农民的历史斗争，而且概括了中国新民主主义革命斗争，深刻地提出了农民问题的重要性。也就是说，朱老忠的形象高度地概括了中国农民革命转换时期广泛的时代本质和深刻的历史意义，以致使朱老忠的性格达到典型的高度，成为开国以来文学史上第一个出现的典型人物。主人公塑造上获得这样巨大的成就，从而也使《红旗谱》的思想内容深化到这样的程度：中国农民世世代代的越积越深的阶级仇恨所激起的反抗斗争，不但从不停息，而且在无产阶级登上历史舞台以后，中国农民运动就和无产阶级的革命斗争汇合起来，并成为后者最可靠的同盟军，前仆后继，将新民主主义革命进行到底。这是作者梁斌同志出色的创作成绩。在《播火记》里，朱老忠同样是主要人物，而且同样被刻画得“力拔山兮气盖世”，勇武过人，敢以天下为己任，泰山崩于前而色不变。作者显然计划继续让朱老忠的形象概括民族敌人打进来以后这一新的历史时期的时代精神面貌。但是，我认为作者更多地表现了朱老忠的“勇”，较少地表现出他的“谋”，朱老忠富于深刻社会意义的、闪耀出时代光芒的作为少了些，他的精神活动似也单纯了些。

至于在艺术刻画方面的进展，我觉得《播火记》的成绩是显著的。总的印象是：艺术描写细致了，注意抒情笔法的使用和景物描写的映衬了，情节结构上严密起来了。《播火记》刻画细致了，但没有改变作者一贯特长的浑厚、豪放和遒劲的风格。作品里出现了许多动人的章节和画面，例如对春兰和严萍这两个未婚儿媳在园中帮助为革命献出唯有的一对孩子、自己经年含辛茹苦的涛他娘干活的心境的描写；对朱老明深沉的阶级感情的一系列描写；对老驴头的自私、保守和动摇的喜剧性的描写；《绿林行》中对李霜泗粗犷、豪爽、疾恶如仇而识大体的性格的描写，以及对朱老忠驯马时的神奇的英雄风姿的描写，等等，都相当出色。梁斌同志那样热爱滹沱河两岸的风光，那样地激赞劳动的美，那样热心于农民的土地问题，那样不遗余力地歌颂中国农民阶级传统的美德，他的语言是那样本色、那样响当当掷地有声而又富于表现力量，他结构的故事那样引人入胜、那样紧凑而又舒卷自如，因而，读来才这样亲切有味、这样投合我们的民族心理习惯。总之，作者的气质和心思，通过古典小说的笔法和西洋小说的笔法的荟萃和运用，在《播火记》里达到了协调、圆融的地步，而又不失为地地道道的民族气派和民族风格。

梁斌同志在民族化、群众化方面（尤其是语言方面）的成就是十分突出的，为我国小说创作的民族形式的探索上作出了不小的贡献，限于篇幅，这里不便多讲。但我迫切希望有人好好研究一下作者这方面的成就，总结经验，以广来者。

和广大的珍爱《红旗谱》的读者一样，我热烈地欢迎《播火记》的出版，并急切地等待着《战寇图》的早日问世。

一九六三年十二月京郊

原载《新港》1964年3期

# 《红旗谱》新旧版本的比较

郭文静

作家梁斌创作态度十分严谨，特别强调对作品的反复修改。他说："艺术没有止境，修改必须不厌其烦。反复修改加工，是文学作品逐步提高的过程。"(《复读者来信》)他的《红旗谱》是新中国成立以来有广泛影响的优秀长篇。据作家说，在"文化大革命"前它已有三个版本(1957 年、1960 年、1962 年)一九七七年再版时，又做了修改。为了具体了解作家在艺术上的刻意追求，笔者对这几种版本做了比较，发现一九七七年新版本改动最大。从人物形象到情节安排，细节描写乃至文字语言、标点符号都有不少改动。其中对于朱老忠、严志和、小魏和二师学潮的描写最为突出。总的说来，这些修改是成功的，艺术上更加精湛了。但有些地方的修改，也未必妥当，还可以进一步商榷。下面笔者以一九五七年最早的版本和一九七七年出的最新版本进行比较，把重要修改的地方，整理出来，供读者研究时参考。

## 关于朱老忠的描写

首先是改动了朱老忠从关东回来的时间。旧本(以中国青年出版社一九五七年版为准，下同)写朱老忠的年龄一共有三个地方。第一节一开始写道："那时小虎子才十几岁，听说镇上人们为这座古钟议论纷纷，从家里走出来……"第二节开头写朱老忠二十五年以后从关东回来："二十五年以后的一个春天，从关东开进一一二次列车，直向保定驰来。"第七节写朱老忠从关东回来后探望朱老明，哥儿俩叙旧时，朱老忠自我介绍说已经是四十五岁的人了，这三个数字连在一起是有矛盾的，如果朱老忠从关东回来已是四十五岁的话，往后退二十五年，正好是二十岁，显然与小虎子第一次出场十几岁发生矛盾。新版（以中国青年出版社 1978 年版本为准，下同）纠正了这个失误。在第二节把二十五年以后的一个春天改为“三十年以后，在一年的春天，从关东开进第一一二次列车，直向保定驰来。”与此相联系的是，在第一节由原来的“小虎子才十几岁”改为“小虎子才十五岁”。这样就避免了人物出场的年龄矛盾。

其次鸟儿事件激化了阶级矛盾，冯老兰借机抓大贵当兵，进行阶级报复。旧版本在第 13 节曾这样描写朱老忠的心情：

> 朱老忠觉得这些人未免欺人太甚，一时气愤，心上急痒难忍，仇恨敲击着他的胸膛，走出走进，说什么也站不住脚。……抽了一袋，又一袋，沉思默想了老半天，把拳头一伸，说：“好！咱就是这个脾气，人在矮檐下，怎敢不低头。逆来，顺受。……”

新版本删去了上面引文中的“人在矮檐下，怎敢不低头。逆来、顺受”的话，把它改写为：“好！目前事情既然落在咱的头上，也无别的办法了，也许坏事变成了好事，去吧，去当几年兵吧，在他们认为是‘祸’的，在咱也许认为是‘福’”。

作家这样改动是有道理的。朱老忠具有强烈的反抗性格，而且由于他独特的生活经历，使他不仅具有父辈的勇往直前的斗争精神，而且还比父辈具有更多的智慧和胆识。“人在矮檐下，怎敢不低头。逆来，顺受”从这个人物口中说出，显然是不符合朱老忠英雄性格的。“也许坏事变成了好事”，表现了走南闯北的朱老忠的宽广胸襟和真知灼见。

第三，运涛在一个偶然机会接触到当时中共县委领导人贾湘农，受到革命的启蒙教育，回家后想得到家庭支持，并向朱老忠叙说了见到贾湘农的经过。旧版虽然写了朱老忠的欣喜和支持，但还有些不放心，所以最后他还嘱咐运涛：“去吧！可是你去了，也要慢慢扑摸着看。”新版本却删去了这些，改写为：

朱老忠扬起下巴，呵呵笑着说："去吧！去吧！放心大胆地去吧！"说着立起身来，打了个舒展说："好！看样子，咱种庄稼的人们也有前途、有希望了！"

朱老忠见识广，加之固有的阶级地位使他与党的感情有种天然联系。正如作者说："这种人心地正义，光明，在旧社会来说，这样的人就容易靠近党、奔向党的怀抱。"所以，朱老忠说出这样一番话是很符合情理的。

第四，在发动反割头税运动时，朱老忠与朱老明这一对阶级兄弟，曾推心置腹地交谈了个人对运动、对党的认识。

朱老明说："按人说都是正支正派，可也要问清楚，咱心里才有底。"

朱老忠说："不用问，问，他也不说。……反正他们办的是咱们穷人的事。"

接着，新版本增加了这样一段话：

说到这里，他又停住，眼睛看着远处老半天，把嘴凑在朱老明的耳朵上，低声说："大哥！这些年来，我老是这么想：没有共产党的领导，要想打倒冯老兰，是万万不能的。运涛那时候，我后悔咱没有找到这个门路，如今江涛可是共产党的人，咱们不能放过了，说干就是干！

朱老忠说这样的话是在济南之行以后，也是在听了江涛关于发动群众闹斗争的道理之后，很符合他的思想发展逻辑。这段补写对于表现朱老忠的性格发展，深化主题都是很重要的一笔。正是基于上述认识，他积极参加党领导的反割头税斗争，之后又加入了党的队伍，完成了跨越两个时代的历史性的转变。

第五，保二师学潮经过十余天的艰苦斗争，最后遭到国民党反动派的血腥镇压。事件发生后的次日，朱老忠同严志和一块儿去二师打听江涛的下落。不料途中正遇上敌人追捕张嘉庆，张中弹负伤，"一个筋斗倒在地上，鲜血渗透殷红的土地”。旧本在第56节是这样写这个情景的：

朱老忠一看，手脚战栗个不停，心里抖啊，抖得厉害，不敢去救张嘉庆，偷偷站在一边看着。吃顿饭工夫，有人把他（按：指张嘉庆）抬走了。两人（按：指朱老忠严志和）踩着敌人拉倒的豁口墙走进去，北操场上一洼一洼的鲜血里躺着尸首。听得有人喊：“大伯！救救我！”朱老忠看是一个学生，身上带着血，颤着抬起半个身子，想爬起来。朱老忠说：“好！我……”正说着，士兵走过来，楞眉横眼说：“滚开吧！漫地里教学，管这干吗？”朱老忠嘴唇打着战，说不出话来。……

这段文字显然是作者在刻画朱老忠方面的一个失误，面对敌人对自己同志的血腥镇压，朱老忠没有愤怒，“心里抖啊，抖得厉害”。这种懦弱的表现与朱老忠一贯英勇豪迈的侠义性格是不统一的。当然，我们并不要求在强大的敌人面前，朱老忠采取鲁莽的蛮干，但朱老忠当时的心理状态与整个人物性格是不协调的，有损于这个光辉形象。在新版本中，作者纠正了这个失误，把那段文字改为：

朱老忠一看，一时气血上冲，气愤起来。心里抖啊，抖得厉害。他不能去救张嘉庆，偷偷站在一旁看着。有一顿饭工夫，有人把他抬走了。朱老忠和严志和，两个人踩墙豁口走进去，北操场一洼一洼的鲜血里躺着尸首。朱老忠嘴唇打着战，说不出话来。……

在这里，既表现了朱老忠对敌人的暴行所燃烧起来的愤怒火焰，又表现了他善于观察形势、不莽撞、不蛮干、冷静沉着的韧性精神。从而使朱老忠久经锻炼的深沉个性得到丰满的体现。

总的说来，以上修改是成功的。提高了朱老忠的思想境界，突出了他的英雄性格。但不可否认，也有些地方的修改未必如此，如在第二节，写朱老忠由关东回家途中，他在车厢里不由得回忆起几十年前的往事。旧版在叙述他闯东关的际遇之后写道：

受了多少年的苦，落下几个钱，娶下媳妇，生了孩子，才像一家子人家了。可是，他一想起家乡，心上就像辘轳一样，搅动不安。说："回去！回到家乡去！他拿铜铡铡我三截，也得回去报这血仇！"

新版本却把最后一句改写成：

"他拿铜铡铡我三截，我也要回去为咱四十八村的人报这血仇！"

第七节，写朱老忠探望朱老明，听老明诉说与冯老兰对簿公堂的惨痛结局时，旧本写道：

朱老忠听到这儿，直着眼睛，愣了一刻说："不要着急，慢慢来，我就是为这个回来的。"

新版本却把朱老忠的话改为：

"不要着急，慢慢来吧，我就是为咱穷哥们回来的，不是的话我还不回来呢！"

作者改动的目的，很显然是想要把朱老忠的性格再提高一步，使这个形象更加完美。但是，这里面有两个问题：其一，朱老忠在接触共产党以前，思想起点已经很高，他似乎已经很明确要为四十八村的人复仇了。但是，从人物思想发展脉络来看，他由个人复仇到为整个阶级而斗争经历了一个过程，反割头税运动才使他完成了这个转变。因之，新版改动令人感到不够真实。其二，与整个描写氛围不够协调。前面引文中，开始是写朱老忠回忆个人家庭的不幸遭遇，而后面却加上："为咱四十八村的人报这血仇"，既不连贯，也不合情理。

与此相联系的是，在第一节写朱老巩死前对小虎子姐弟的嘱咐，旧本这样写道：

“……咳！我这一代又完了！要记着，你久后一日，只要有一口气，就要为我报仇……”

新版本在“就要为我报仇”的后面，又加了这样一段话：

“告诉人们说，我朱老巩不是为自己死去！是为四十八村人的利益死去的！”

如果把上述两段引文加以对照，就可发现新版增写的那段文字并无必要，有画蛇添足之嫌。作为淳厚、豪爽、富有正义感的朱老巩，继承了中国农民的传统美德。他的扶危济困、路见不平拔刀相助都是为正义而斗争。而让他临死前说出上面的话，是与人物整个思想性格不统一的。

## 关于严志和的描写

对于严志和的描写有些改动是很成功的。如在第23节，写运涛被捕入狱，严志和向冯老兰借债，冯乘机要夺严家的宝地，拒不借钱，旧本是这样写的：

严志和一听，碰了硬钉子，合上眼睛，头上忽忽悠悠晕眩起来。使不到钱，去不了济南，营救不了运涛。运涛那孩子在监狱里受罪哩！他闭着眼待了一会儿，才睁开，说：“你跟老人家说说，帮补俺这一步儿。”

“……别跟俺穷人一样，他的新房都是我垒的。”

新版本删去了严志和向冯老兰屈膝乞求：“你跟老人家说说”别跟俺穷人一样”的话，改写为：“你给说说，帮补俺这一步儿吧！他的新房都是我垒的。”

这样一改动，严志和的阶级意识和硬骨头精神更鲜明了。

另外，对严志和描写的改动，集中在第57节江涛被捕入狱以后。这是新版本变化最大的地方之一。旧本写严志和目睹二师学潮失败，江涛被捕，悲痛欲绝，陷于无限忧伤之中，以致达到想自杀的境地，新本基本上删去了这方面的描写。如旧本写严志和打算跳河自杀的心理活动是这样的：

他想："算了，也算活到头儿！跳吧……"

可是他又觉得，这一生活得实在不容易，如今身上更是沉重，死了倒也干净！他心里气闷，伸起脖子吐了口长气，拍拍胸脯，叹声说："唉！我严志和也该轻松轻松了！对着黑暗的天空笑了两声，把小褂子脱下来，拎在手里看了看，放在地上。他想："也许有一个没有衣裳穿的人，会拾了去。"

望天上伸了伸手，慢吞吞迈下河坡，他想就向下跳，又想到他会游水，怕一下子淹不死。背过身子，想倒仰跤下去。停了一刻，他又走上坡来，解下裤带，把手绑上。一步一步走下河岸去，才说背过脸向下仰，两个年轻轻的、惨白的人脸，四只大眼睛，忽闪着长眼睫毛在看着他。他又觉得舍不得孩子们，运涛和江涛为革命被关在监狱里，他想，也许他们不会死去。自己死在水里，涛他娘性子软，也活不下去，谁给孩子们上监狱里送衣服、送饭哩？他思想上解决不了这个问题，又走上河坡来，解开手腕上的腰带，摘下烟袋抽烟。

新本在删去以上文字的同时，某些地方作了完全相反的改动，严志和的性格也随之发生变化。为了说明这个问题，试举一例：

旧本：

严志和说："关起我的运涛，拿了我的'宝地'，如今又要关起我的江涛……"他又站起身，张开两只手，拍着他的长瓜脑门，说："他们不叫我活啦！"

朱老忠说："我们为什么不活？常说'手眼为活'。有嘴，能说；有手，能打;有腿,能走。就能挣扎,就能活下去。”

严志和搓着手说:“我们没有路儿走啦!”

朱老忠说:“有路儿走!”

严志和又摇摇头:“没,没路可走!”又站起身,张开胳膊,睁着大眼睛看看前面。说:“无路可走,我要……”还没说完,一下子倒下去,斜在炕沿上。

朱老忠急忙走过去,说:“兄弟!你想干什么,几十岁的人了,怎么撑不住骨头?又把嘴对在严志和耳朵上说:“兄弟!咱不是白人儿呀!你想想吧!”

严志和一听,伸起长胳膊在空中一划一划地说:“我……我要……”

“杀”字没说出口,朱老忠走过去捂上他的嘴。严志和气愤鼓动着胸脯瑟瑟打抖,埋藏了几十年的郁积的心情,在肚子里翻腾起来。弯下腰,两只手拄着膝盖,摇了摇胸膛,说:“咳!我们活得好苦呀!”

正在这刻上,店掌柜推门进来,看看朱老忠,又看看严志和。

严志和凝着眼神一步一步迈过去,说:“老朋友!我、我……我活不成啦!”一下子扑在店掌柜身上,跪倒下去。

朱老忠走过去,拍着他说:“志和!志和!你这是干什么?”上面一段引文,新版本是这样改动的:

严志和说:“我总是想,我们是不会当亡国奴的!”

朱老忠说:“当然不会,回去我们就要宣传发动群众起来打鬼子!”

严志和搓着手:“好!你这么一说,我们又有路走了!”

朱老忠说:“当然有路走!”

严志和又摇摇头说:“反动派决心当卖国贼了,我们还是要打日本!”

朱老忠说:“当然是,打不败日本鬼子决不罢休!”

严志和一听,伸起长胳膊在空中一划一划的,大笑一声,说:“好!我们就是这么办!”

严志和气愤鼓动着胸脯,瑟瑟打抖,埋藏了几十年的仇恨,在肚子里翻腾起来。他弯下腰,两只手拉着膝盖,摇摇胸膛,说:“我们赶快拿起枪吧!”

正在这刻上，店掌柜推门进来，看看朱老忠，又看看严志和。严志和凝着眼神一步一步迈过去，说："你也别开这个店了，咱们一块儿去打日本鬼子吧！"

店掌柜说："小心，四邻民宅，如今爱国犯私，不要难过，事情摆着哩，看看怎么办吧！"

严志和抬起脸，忽闪着长眼睫毛，老半天才说："怎么办？"又摇摇头，反复地说："就这么失败了！失败了！"

从新版本的一删和一改中，可以看出作者的一个总的倾向：就是力求提高严志和的思想境界，加强他的斗争精神，去掉他是"中间人物活标本"(《河北日报》)1970年3月31日，工师文的文章)之嫌。然而却忽视了这样一个基本事实：严志和是"作为一个地道农民来写的"，他与朱老忠从不同方面概括了农民的性格特点，"他没有朱老忠那样明朗、豪迈、勇于斗争的气魄。"《漫谈〈红旗谱〉的创作》

第一段引文旧版对于严志和想自杀细致入微的描写是很真实的，是符合这个勤劳、朴实、软善的农民性格特点的。江涛兄弟先后被捕入狱，接二连三的不幸遭遇，对于严志和的打击确实太大了，他一时承受不了，暂时产生悲观甚至想自杀的念头是可以理解的。不然，他就不是严志和'这个'人物了。删去这些描写，对于多方面揭示人物复杂性格，突出人物个性是没有好处的。

第二段引文中，新本对旧本的改动，斧凿之处更为明显。人物对话概念化，缺乏鲜明的个性，同时也出现前后矛盾。引文的前部分似乎是要表现严志和的坚强性格。二师学潮失败，江涛被捕，虽然是很大的不幸，然而他并不悲伤，他要投身于伟大抗日民族斗争洪流中去。就在他刚刚动员店掌柜"去打日本鬼子"之后，作品却突然来一个一百八十度的转弯，店掌柜却劝慰起严志和来，而严志和也突然悲观起来。这样的改动，是很令人费解的。

## 关于小魏的描写

新本对这个人物的改动很大。旧本是把他作为动摇分子的代表来写的，新本则是把他作为有觉悟的群众来写的。通过对小魏的描写，表现了二师学潮的群众基础和时代特点。下面谈一下具体描写的改动。

(1)先改动了这个人物的家庭状况。旧本是这样介绍他的家庭的：

他父亲当团长，母亲是女子高小的校长。有这种方便，他就娶了一个高小毕业的爱人。爱人儿娇娇滴滴，挺漂亮。他就时刻不愿离开她，离开一天就写信，成了有名的爱睡老婆的。

新本是这样改动的：

父亲是中学教员，母亲是女子高小学堂的校长。因为有这种方便，他就娶了一个高小毕业的爱人。爱人长得挺漂亮，思想也挺进步。每次假期，上午放假，下午就回家，两个人并肩作战，在乡村里开展工作；她在戏台上演讲妇女放足的好处，脱了袜子伸出脚叫人们看她的天足做起活儿有多么得劲，又多么舒服；秘密发展农民协会，妇女协会，直到开课的那一天才回来。

这样，小魏的家庭由原来落后的官僚家庭改为进步的知识分子家庭。这种改动是为了适应小魏性格的变化。

(2)新本删去了有关小魏热恋个人舒适小家庭，逃避斗争的描写。

如旧本第46节写小魏与张嘉庆的一段对话：“今日个‘CP’，明日格‘CY’，一连几年闹学潮，回家算啦，受这个洋罪！”

第53节，二师被围，面临饥饿和死亡威胁，旧本这样写他：

几天来小魏又想起家，一合眼就做梦，不是梦见爱人，就是梦见母亲，梦见了就想得哭，呜呜地哭，一直哭湿了枕头。

一看见在墙下站岗的人们，就把脸掉开，他认为那是“苦刑”，站一次岗，等于受一次“苦刑”，心里烦得要命。

(他)自言自语：“哎呀！士兵们已经透露了消息呀，当局决心用武力解决二师学潮。早走，走得脱；晚走，就走不脱了！”

诸如以上引文新本一概删去。与此同时，新本增写了他对盲动思想的抵制和斗争。如第53节这样写道：

（张嘉庆）眼睛盯着小魏，说：“怎么样？有什么事情吗？”

小魏说：“饿得心口里直痛，肚子里热乎乎的。我想，我们应该转变个斗争方式，回到农村去。发动农民起来抗日，不能光是认准了这里！”

张嘉庆说：“你愿回乡村，我也想到这个问题了，就是去不了！”

小魏说：“在目前来说，在乡村里发动抗日更方便，暑假里学生们都回家歇伏天，先和他们进行谈话，再约他们一同向农民进行工作，把日寇占了东北以后，东北同胞们受的痛苦告诉他们，唤醒他们起来抗日救亡。

再如新版把原来的“越发觉得心里空得难受”改为：“他下定决心；到乡村去工作。”

把原来的“一门里叹气：‘咳！学校成了什么了！’”改为：“一直叹气！‘咳！还是到乡村去工作好！”

把原来的：“当他睡着的时候，就又做起梦来，回到家乡去了。他带了一本诗经，走到瓜园里，躺在高窝铺上。……”

把后一句改为：

“他带着一群青年农民，走到瓜园里，在高窝铺上开起会来，讲着抗日的道理而且津津有味。”

随着小魏性格的变化，小魏的结局，两个版本也有了很大变化。旧本写他逃离学校跳入水中被白军击毙：

不料想，他的头露出水面，半截身子探上河岸的时候，一声枪响，像有巨石击中他的头，猛然推了一下他的膀子，倒下去了。鲜血染红了河岸，血星溅到河水上。

新本写他逃出这个恐怖的城市，到广阔的农村去了：

他手疾脚快，两腿在河底上一蹬，一下子蹿上河岸，跑进园子里。钻进玉蜀黍地里，又蹿过一片高粱地，一片谷子地。毕竟，他逃出这个恐怖的城市，到广阔的农村去了。由于小魏的影响，陆续有不少同学通过士兵关系，到农村去进行抗日救亡的工作。

## 关于"二师学潮"的描写

梁斌同志在《〈播火记〉再版后记》里指出："我为了熟悉事件与生活，用'二师学潮'和'高蠡暴动'概括了这个时代，表现了广大工农群众、学生和革命的知识分子如火如荼的抗日救亡运动。当然，一九三一年的九月，到一九三二年的九月，也在'王明路线'占统治地位的日程之内，但是我并未写'王明路线'。我歌颂的是广大工农群众，青年学生，革命知识分子轰轰烈烈的抗日救亡运动，歌颂他们针锋相对地反对蒋介石反动派投降卖国政策的英勇斗争。这样庞大的群众运动，自发性很大，免不了会有缺点、错误，但广大群众是英勇的，他们的斗争是可歌可泣的。"

基于以上考虑，作者在新本中删去了旧本中所提到的"路线问题"。同时增强了对群众抗日救亡英勇斗争的歌颂，和对群众运动中盲动思想的批判。

旧本在第 54 节，曾有几处提到路线问题，这几处是这样写的：

江涛朝老夏瞧了一眼，心上生出异常矛盾的心情。对老夏的为人，江涛一向是尊重的……可是到了目前，敌人在策略上有了新的变化，他还是停留在旧的路线上，不能往前跃进一步。想起路线问题，江涛又后悔，在反对"左倾盲动"的时候，他们并没有领会新的精神，没有清除那种急于求成的急躁思想。直到如今，新的思想并没有和同志们的智慧结合起来，使斗争走到目前的困境！

江涛看见嘉庆激愤的样子，他明白：旧路线的时代虽然过去，旧思想一时还转不过来。

他(江涛)转过身来,一字一句儿,说:“新的路线,我们应该按照新的精神考虑问题嘛!”

引文第一段,把“可是他还是停留在旧的路线上”改为“可是他还是停留在旧的观念上。”把“不能往前跃进一步”以下的引文全部删去。

第二、三段引文,新版已经删除。

新本这样改动是十分必要的。因为上面引文中提到的“左倾盲动”“旧路线”“旧思想”“新的路线”“新的精神”“新的思想”等等究竟是什么含义,模糊不清。如果说“新路线”是指毛主席的正确路线。旧路线是指王明路线,显然是不符合实际情况的。因为“二师学潮”正发生在王明路线占统治地位的一九三二年七月,江涛不可能超越时代的限制,早在那时就批判起王明路线来。这样,上面引文就可以引出许多不能自圆其说的麻烦来。把它删去,更圆满了,同时更符合作者这样的创作意图:“我根本没有想过要从路线斗争的角度去表现和塑造人物。”(《〈播火记〉再版后记》

新本对于“二师学潮”盲动思想加强批判,主要通过以下三个方面:对小魏描写的改动;对江涛描写的改动;作者直抒胸臆。对于小魏描写的改动,前面已述。现在分别谈一下后两个方面。

## 对江涛的描写

旧本中的江涛,是正确领导的代表。他与夏应图、张嘉庆的盲动相对立。新本除保留了原来的有关描写外,还增补了一些内容。如在第44节,学潮一开始,就出现两种对立的意见,老夏主张要召回在乡同学开展护校运动。新本增写下面一段:

江涛要把人们分散到乡村去,号召广大农民起来抗日。议论纷纷,得不到一致。老夏最后发言,为了保卫“抗日堡垒”,决定召回在乡同学,开展护校运动。

当老夏对形势估计不足,“觉得当局不一定那样残忍”“胜利是没有问题！”时,新本增写了江涛对老夏的批评:

“你看得太轻飘了！你对敌人估计不足！不能把反动派看得那样善良……

“我看,这些反动派是要逮捕我们的。”他伸手指着老夏说:“你还有什么幻想？”……

二师被围紧张关头,江涛接受任务出来和学联研究怎样向外转移问题。新本增写了两段,一是江涛见到严知孝。

严知孝道:“你们死守校园,终非长计啊！嗯,究竟你们打算怎么个了局？”

江涛一时心情激动起来,两手抖颤着,两眼瞅着严萍说:“这可好了,我把老夏和嘉庆的盲动劲头说转了。决定转移到乡村去开展广大农民的抗日救亡运动。”严萍听了,由不得眼睛湿润了。这样一来,不只江涛和嘉庆脱离了险境,而且广大同学也逃离了虎口。

增写的另一段是:

忠大伯一手抓住江涛问:“你,你们怎么闹的？成了这个样子！”

江涛说:“都是盲动思想闹的,进行了一场严重的争论,才扭转过来了。”

## 作者直抒胸臆,批判盲动思想

新版在第 54 节一开始,作者在热烈颂扬青年学生英勇斗争精神的同时,增写了对他们盲动思想的批判,这段文字是这样的:

但是，他们都是一些十六七岁到廿二三岁的青年学生，他们还没有离开学校，还没有进入社会，他们在社会科学的书本上学到一点儿东西，还不真正了解阶级斗争的残酷和复杂。革命的狂热，像一杯醇酒陶醉着他们，形成一种盲动思想。这种思想支配着他们不能确切明白，这抗日的堡垒，这青年人的乐园还处在荒山上。

新本在第 54 节还写道：

第二师范在革命中写下了辉煌的一页，因为盲动思想的蒙蔽，如今陷在灾难中。

早在一九五八年，有的同志曾提出《红旗谱》的不足时，指出它没有表现党的策略的严重错误："保定学生和国民党重兵对抗，陷入重围，最后遭到杀伤和逮捕，表现了英勇不屈的斗争精神，这就学生本身来说，是值得大力歌颂的事情（作者这样做了），但是，就党的策略来说，却犯了严重的错误，其实质是受到"左"倾机会主义侵袭的结果，这是需要加以分析和批判的（作者没有这样做）。由于作者回避了这一点，就不能不影响他所描绘的画面的真实性，人物的性格发展也就受到了局限，人物的思想行动就不免有不足以使人信服的地方。"（冯健男：《论〈红旗谱〉》）。而新本把二师学潮的失败归于盲动，而这种盲动又是由青年人缺乏斗争经验，被胜利冲昏头脑所造成的，这是庞大群众运动难免的。新本这样改动我认为是有道理的。因为对一种题材的处理，作家可以根据自己对生活的体验选取不同的角度。作者不从路线斗争的角度去表现和塑造人物，着力表现在民族民主运动高涨下广大群众的爱国热忱和英勇斗争精神应该是肯定的。在"文化大革命"中江青一伙儿诬称《红旗谱》"为王明树碑立传""歌颂王明路线"，则是地道的文化专制主义，不是我们要讨论的学术问题。关于这一点，梁斌同志在《〈播火记〉再版后记》中做了有力的批驳。

## 关于细节描写的修改

梁斌同志一丝不苟，在艺术上精益求精，在新本中斟字酌句，做了认真的推敲，许多细节作了修改。其特点，一是删繁就简，“删去一些芜杂的东西，删去比较冗长的地方，使它更加精炼”；二是力求细节的准确性；三是力求细节的生动性，现在分别举例说明。

（1）第 55 节，贾湘农设法动用武装营救二师学生，旧本写他与江涛述说这一设想时，还详细谈了发动高蠡游击战争，建立河北红军的计划。新本对此作了大量的删节，简写成这样的：

> 江涛一觉睡到下午，醒来的时候，贾老师已经回来，一个人坐在椅子上静静歇着，眨巴着眼睛考虑问题。
>
> 江涛一下子笑了，说：“照这个计划进行，我们就可以活命了。”
>
> 贾老师说：“活命是一个问题，开展偌大地区的抗日救亡运动，还等着你们！”

当时情况危急，迫在眉睫的问题是救出被围的学生。建立河北红军，发动高蠡暴动不是也不应该是当时要研究的问题，新本一概删去这方面的细节描写，使情节更紧凑、精炼，而且更合情理了。

（2）细节描写应该准确，而旧本有些细节描写是经不起推敲的，新本纠正了这一点。如：

> 旧本：李德才看严志和在他跟前，哭得两只眼睛像猴儿屁股。
>
> 新本：把“猴儿屁股”改为“桃儿”。
>
> 旧本：（写朱老忠济南探监时的一段心理活动）
>
> 朱老忠觉得心慌意乱，朋友情分，还是不忍回去，他又坐下打火抽烟，想：“运涛这孩子……他扔下受苦的爹娘……睡安生觉去了……”
>
> 新本：把“朋友”改为“亲子”，把“睡安生觉去了”改为“他要长期过

着监狱生沾了”。

(3)新本在旧本基础上,进一步追求细节的生动性,如第16节写运涛与春兰在瓜园小窝棚里谈心,其中有个细节,在旧本里是这样写的:

“运涛攥起春兰手儿,两个人在小窝铺上,说话答理,说笑着玩……”

新本这样改动:

当运涛要握起春兰的手的时候,春兰一阵羞红扑在脸颊上,运涛的两只手也打着抖缩回去。两个人坐在小窝铺上说话答理,说不完心里话。

改动后的描写,就把一对恋人那种爱慕、羞怯、激动的复杂情绪逼真地表现出来了。

类似以上的改动,在新本不胜枚举。从这些改动里,读者可以捉摸出人物在特定环境里的神态、心理。在我国古代,不少文学大家为了推敲一个字,往往呕心沥血,至今传为佳话。梁斌又何尝不如此呢!从新本的许多改动中,可以清楚地看到作家的艺术匠心。

梁斌同志曾根据自己的创作实践指出:“修改是为了提高,好的、闪光的地方,要展开来写。缺乏生活的地方,写也写不好,要逐渐压缩。删去繁文缛节,才会使好的章节更加突出。和主题、人物、故事游离的东西,一定把它删去。好的东西逐渐写进去,加以发展、补充、站立起来。无用的东西,加以压缩,或是删去,文章就提炼、升华了。这样,一遍、两遍、三遍地修改下去,文章渐次起着蜕变,新陈代谢。每修改一次,使它褪去一层腐皮,生长着新肌,文章会更显得新鲜。”(《复读者来信》载《春朝集》)这是很有见地的经验之谈。从《红旗谱》新旧两个版本比较来看,新本确实提高了、升华了。它又“褪去一层腐皮,生长着新肌”,显得更新鲜了。

《河北大学学报(哲学社会科学版)》,1980年第3期

# 试论梁斌的艺术观

郭文静

梁斌是当代著名作家,几十年来他辛勤耕耘,艰苦创作,果实丰硕,他的《红旗谱》等作品,在国内外享有盛誉。在长期的创作生活中,梁斌积累了丰富的创作经验,而他又把这些经验上升到理论高度。在文论集《春朝集》和散见报刊的文艺论文中,可以见到梁斌对文学创作的许多精辟见解,本文拟从两个主要方面进行初步探讨,以求教于专家和广大读者。

## 梁斌关于文艺典型的观点

典型是文学创作的中心问题。典型塑造成为衡量一部作品的主要标志。梁斌同志在典型问题上没有撰写过专门文章,但他在介绍自己创作经验的文章里,有不少地方实际上涉及对典型问题的见解,特别是他丰富的创作实践给我们提供了有益的启示,因而,探讨梁斌的典型观是很有意义的。

作家的生活是塑造典型的基础。文学典型是来源于社会生活,还是作家主观想象的产物,这是历来在典型问题上尖锐对立的两种观点。梁斌从自己的创作切身体会中,一再强调典型来源于生活,作家的生活是塑造典型的基础。他说:“我很早就有一种理想,要写出所谓古老的封建社会的叛逆的性格,写出中国农民的高大的形象。这是有很多因素促成的”。这“很多因素”,概括说来:其一,作者生长在冀中平原一个偏僻农村,“曾经经历了旧中国广大劳动人民所经历过的苦难:那种悲愁和辛酸,那种痛苦和折磨”。其二,作者在自己故乡，接触过许多革命农民和革命知识分子，在性格上都带有“燕赵多慷慨悲歌之士”的特点。“脑子里积蓄了很多醇厚善良的农民形象”，其三，从二十年代开始，在党的领导下，冀中平原不断掀起革命风暴，梁斌是这些革命运动的直接参加者和目睹者。“在这个时代中，一连串的事件感动了我，烈士们英勇的形象激动了我。”如果没有这些因素，《红旗谱》中的典型是不可能诞生的。人们从《红旗谱》等长篇中，可以找到典型形象的生活依据，深深植根于生活的沃土中，这是梁斌塑造的典型具有强大艺术生命力的根本原因。鲁迅先生历来主张写生活中已有之典型。他在探讨典型问题时，首先注意的是艺术典型与现实生活的关系。他说：“天才们无论怎样说大话，归根结底，还是不能凭空创造。描神画鬼，毫无对证，本可以专靠了神思，所谓‘天马行空’似的挥写了，然而他们写出来的，也不过是三只眼、长颈子，就是在常见的人体上，增加了眼睛一只，增长了颈子二三尺而已。这算什么本领，这算什么创造？”可见，一切艺术形象的塑造都必须以社会生活为依据，作家绝不能凭空捏造。在这个问题上，梁斌与鲁迅先生的观点是相通的，体现出梁斌对于现实主义典型原则的深刻理解。

写出典型人物产生和活动的典型环境。马克思主义典型学说，根据辩证唯物主义反映论，十分重视典型环境的作用。恩格斯曾提出著名的“典型环境中的典型人物”的命题。从中外文学史上看，大凡成功的作品都比较好地处理了典型环境与典型人物的关系。梁斌根据自己的创作实践，曾提出这方面的精辟见解。他说：“我感到写真人真事还比较容易，要根据现实生活中的人物加以综合、提高，使人物站立起来，就比较困难了。我觉得通过人物的生活、经历，通过人物的活动来刻画人物的性格，也许是一条可行的道路。一个人物性格的形成，和他的生活经历是分不开的，这是唯物主义。”又说：“要把人物放在一定的环境中，通过生活细节，通过故事的纠葛，人物的性格才会突出。”在这里，梁斌提出的“人物的生活、经历”“一定的环境”是什么呢？参照他在其他地方的论述，可以看出有两方面的含意；一是要写出大的时代特点，把人物放在能反映一定时代本质特点和历史发展趋势的环境中；二是要写出环绕人物活动的具体的艺术环境。

梁斌认为，典型环境必须具有“鲜明的时代特点”，而要能体现这一点，必须研究一定历史时期的阶级关系和阶级斗争形势。他曾指出:“《红旗谱》《播火记》所反映的历史内容,是从一九三一年‘九一八’事变到一九三六年的‘西安事变’这一个历史时期。虽然仅仅是五六年时间,却是翻天覆地的年头。这个时期的历史特征是,中国共产党及其领导下的人民群众,开始了保家卫国的抗日救亡运动,全国广大人民群众既要抗击日本法西斯的侵略,又要反击蒋介石反动派的围剿和镇压,不得不两面作战。”“文学作品应该正确地反映那个时代的面貌。”在现实生活中,作家会遇到多种多样的生活事件,要善于从中选择和提炼富有时代特点的事件,是一项很艰苦的典型化过程。梁斌在丰富生活的基础上,经过思考和提炼,选择了“二师学潮”和“高蠡暴动”作为贯穿《红旗谱》《播火记》的主要生活事件。他说:“我之所以要写‘二师学潮’和‘高蠡暴动’,一方面是由于革命经历在冲动我,另一方面是由于这两个事件,在当时的政治斗争和武装斗争上,带有鲜明的时代特点。我要在这两个典型环境中塑造代表广大农民群众和广大青年知识分子,以及站在他们的对立面的地主阶级的典型性格。”又说:“为了把贾湘农、朱老忠、严志和……塑造得更高大,达到典型化,我把他们放进“高蠡暴动”这一农民的武装抗日救亡运动里,使他们得到锻炼。”梁斌这些论述在于说明,塑造典型必须把典型放在具有时代特征的重大矛盾冲突中进行刻画,才能写出人物的性格来。梁斌这种观点是符合马克思主义典型观的。恩格斯批评《城市姑娘》不是充分的现实主义,就是因为它对十九世纪八十年代美国工人阶级和资产阶级冲突的描写是缺乏真实性的。“环绕着这些人物并促使他们行动的环境”是不典型的。这就从根本上影响了作品主人公典型性格的塑造。

梁斌认为典型环境必须具有“鲜明的时代特点”与著名作家柳青所说:“按照一定历史时期的广阔历史背景创造的环境就是作品的典型环境”和他又把典型环境解释为“典型冲突”,其实质是一样的。都在于强调作品要写出“能够充分反映一个历史时期社会生活本质面貌的矛盾冲突。”

从中外文学史上看,凡是成功的艺术典型,都是直接或间接表现了“时代特色”。列宁称列夫·托尔斯泰的作品是俄国革命的一面镜子。俄国十九世纪的社会矛盾在《安娜·卡列尼娜》和《复活》中得到了充分反映,安娜和聂赫留朵夫成为时代的典型。批判现实主义大师巴尔扎克笔下一系列典型形象,也都有着巨大的社会意义，反映了一定历史时期的生活真实。鲁迅先生所创造的阿Q典型形象，高度概括了半封建半殖民地社会条件下生长的一种畸形的精神状态。这些典型，之所以有如此巨大的概括生活的能力，就因为促使他们行动的动机，不是从琐碎的个人欲望里，而是从历史潮流里吸取来的。他们的性格，折射出他们所处的特定时代的社会面貌。一个典型形象就是一面镜子。没有脱离社会的人，也没有脱离典型环境的典型人物。人物的典型性和环境的典型性是密切相关的。

梁斌认为典型环境的内涵，除了具有鲜明的时代特色外，还必须对典型人物生活的具体环境进行高度的艺术概括，使生活环境成为艺术环境。他说："把要写的人物放到生活里，放到一定的生活环境中去写，就容易写得丰满。"梁斌以《播火记》中的李霜泗为例，说道："李霜泗不是白洋淀人，他是在蠡县北辛庄起义的（本名叫李双四）。写时就让他搬了家。因为白洋淀苇塘大，地形复杂，容易存在这样的人物，写起来也比较可信。另一方面，白洋淀自然环境好，有苇丛、柳堤、荷塘、菱花……有东西可写，能够写得丰富。"在谈到朱老忠形象时，他说："因为一个人的性格受到生活的灌溉，朱老忠所以聪明、智慧、有胆识、有革命的乐观主义，是因为他走南闯北，经过生活的磨炼，才成长出这样的性格来。""一个人物性格的形成，和他的生活经历是分不开的，这是唯物主义。"

马克思主义认为："人的本质……在其现实性上，它是一切社会关系的总和。"任何性格，都是一定历史时代、一定社会关系的产物，都是依附于一定社会生活的土壤之上，并这样或那样地受一定社会条件所制约的。因此，要揭示人物性格内在意义，就要求作家把性格和环境联系起来，历史地去考察这些性格产生的现实基础，深入地揭示出这些性格所蕴含的社会内容。

朱老忠典型的塑造成功，为梁斌上述艺术见解作了有力的证明。诚然，这一典型的光彩照人的原因是多方面的，而其典型环境的正确描写是其重要原因之一。《红旗谱》全书所展现的波澜壮阔的农民革命运动，如北伐战争、反割头税斗争、"保二师"学潮、"高蠡暴动"，冀中革命根据地的艰苦创建，都准确地表现了人物的历史环境，体现出鲜明的时代特色。朱老忠性格的发展、形成，正是由这样的时代所决定的。朱老忠正是先进农民的阶级感情，反帝反封建的政治倾向，无产阶级世界革命的时代精神和革命思想的艺术结晶体。他的行动和动机正是从他所处的历史潮流中得来的。伟大的时代造就了朱老忠这个典型，作家不过是顺应历史潮流和反映着生活的真实来进行创造罢了。

写出典型人物的个性。典型的个性化是典型化中的重要问题。离开个性化的典型，只能是没有血肉的概念化人物。“个性是典型的心脏和血液，是典型的生命。”“梁斌一贯重视典型的个性化，他曾指出：“历史的、思想的、性格的等等特点这就是个性，同时也体现了他们的共性。……但由于家庭出身、思想修养不同，也都有其鲜明的个性。性格特点不是千篇一律的。”在这里，梁斌深入浅出地说明了个性和共性的关系，共性寓于个性之中，作老只有牢牢地把握住人物个性特点，才会把人物写好。他曾告诫人们：“作者不能放松，也不能离开人物的性格特点，只要把握住人物的强烈的性格特点，沿着这条线写下去，就会写出有鲜明个性的人物形象。”《红旗谱》中众多典型的塑造就是这样。同是革命农民，“他们具有勤劳、善良的共同性格”，然而他们的个性却是千差万别的：作家把“朱、严两家写成古老的中国封建势力压迫之下的中国农民的代表家族，使他们具有一定的典型。”但是“严志和一家和朱老忠一家在性格上有强弱之分，这个概念，在开始塑造人物的时候是明确的”。严志和‘软善’，他没有朱老忠的明朗、豪迈、勇于斗争的气魄。朱老星的既慷慨又糊涂，伍老拔的“乐天派”，老驴头和老套子的狭隘性和正统观念，都写得栩栩如生。

怎样才能突出人物的个性特征呢，梁斌主张“形神俱似”。他认为“写时先有个模特儿比较好”，有了模特儿，一方面依据生活原型，赋予典型某些外部特征，另一方面再根据作者的理想，突出人物性格的那个方面。朱老忠的外形基本上是那个革命老人的外形；“个儿不高，额部很宽，三绺稀黄胡子，说话嗓音很大，腿脚矫健，给人的印象是精干又智慧。”他那英勇豪迈，义气深重渗透着作家炽热的理想。在“形神俱似”中，梁斌尤其强调“神似”，他在谈到张庆田的短篇小说时说：“我体会到，传统文学和水墨画一样，讲求‘传神’，不以‘形似’取胜。在用‘传神’方法塑造形象时，一般的采用了粗笔勾勒的方法。”生活原型与典型的关系，如“水中之月，镜中之像”。既有原型的某些特点，又比原型具备更丰富的艺术意味，关键在于对典型的精神世界进行深刻的开掘。

要使英雄典型理想化。在典型观中，梁斌还提出了一个重要问题，即英雄典型的理想化问题。他在谈到朱老忠典型塑造时说："因为中国自古以来就有勤劳、俭朴、勇敢、善良的崇高品质，几千年来，在中国革命的历史上，涌现了许多有勇有谋的农民英雄，我认为对于中国农民英雄的典型的塑造，应该越完善越好，越理想越好。"这段话十分明确地说明了这样的观点：英雄典型应该高度的理想化，但必须有现实和历史的依据，不能违背生活真实性任意拔高英雄人物，导致典型的片面化和绝对化，换言之，典型的理想化必须以真实性为基础。

作家在典型化的过程中，处理好理想与现实的关系是十分重要的，如果在典型概括中，不能充分展示革命理想，揭示生活发展方向，这个典型很难树立起来，也就失去了鼓舞人们前进的力量。反过来，如果艺术典型的理想脱离了现实生活，这个"典型"也会失去艺术生命力。鲁迅先生十分注意艺术典型的理想化，但又认为必须建立在生活真实的基础上，他历来主张文学创作所抒写的"不必是曾有的实事，但必须是会有的实情。"这"会有的实情"，便是作家在革命理想照耀下，所展示的符合社会发展规律的生活真实。他还主张典型塑造要摆脱绝对化的毛病，他反对某些作品"描写过实。写好的人，简直一点儿坏处都没有；而写不好的人，又是一点儿好处都没有。"鲁迅先生所要求的是，按照生活发展逻辑来写，不要将英雄典型神化。可见梁斌的观点与鲁迅先生的精辟论述是一致的。

梁斌关于英雄典型理想化的艺术见解，是他艺术实践的高度概括。朱老忠作为农民英雄典型，无疑是十分高大的、完美的，但又是十分可信的。正如有的同志所指出的那样："我们在《红旗谱》里看到，作者正是用'英雄的语言'来写英雄的事业和英雄的典型的，正是从生活和思想的'高处'来观察生活，并对他作了适当的和精确的描写的。作者极力把朱老忠的形象写得'高大'，但并没有把他所不能达到的思想高度强加于他，而是表现了他所能达到的'完善'境地，令人感到真实可信。"在朱老忠身上，一方面集中了农民英雄的智慧、胆识和优秀品质，另一方面在革命斗争中他不断克服自身的思想局限，性格不断发展，从而使朱老忠成为扎根生活土壤之上，站在时代高峰，具有高度理想化的英雄典型。

写出典型的丰富感情。在创造艺术典型的过程中，既坚持阶级观点反对超阶级的人性论，又敢于揭示典型人物丰富的感情，这是关系典型成败的大问题。文学的特征之一在于以情动人，典型人物的感情世界描写得越充分，典型也就越丰满，越能够激动人心。梁斌不论在理论上或在创作实践中却十分注意这个问题，为我们积累了可贵的艺术经验。

《红旗谱》中的典型人物取得举世瞩目的成就，其奥秘之一，就在于梁斌大胆地描写了农民英雄的人情美和人性美。他在介绍创作经验时说："在旧社会，他们（按：指朱老忠们）灵魂的深处，是伟大的、朴素的阶级观点。他们敢说敢笑、敢打敢骂、敢于在祖国的土地上行走，在那个时代，在他们之间存在真正的爱情：父子之爱、夫妇之爱、母子之爱。在他们之间存在着伟大的友情、敦厚的友谊。当我发现了旧中国时代这些宝贵的东西，我不禁为之钦仰，深受感动，流下了眼泪。"又说："怎样使朱老忠这个形象更加生动，甚至在他身上发出光来呢？我觉得通过农民内部的团结和相互之间深挚的友情来写，可以收到这方面的效果。"作家把上述对生活的体验和艺术见解，化为作品的生动细节，收到良好的艺术效果。

在朱老忠身上，凝聚着农民阶级淳朴而高尚的情操。"为朋友两肋插刀"突出体现了他的性格特征。资助贫病交加的朱老明，向亲同手足的严志和一次又一次地伸出友情之手（如送江涛上学、主持老奶奶丧事，济南探监等等），成为这部小说最动人的章节，也是表现朱老忠性格最富艺术魅力的地方。小说中的严志和、朱老明乃至老套子、老驴头等，都充满着对阶级兄弟的深厚感情，作家写得出神入化，感人至深。

朱老忠们还有着深厚而淳朴的夫妻之情、父子之情。朱老忠对贵他娘情深意切，患难与共，对孩子们开朗豁达，体贴入微，可亲可敬。

梁斌怀着无限激情，有声有色地描绘了农民的爱乡之情：当年的朱虎子、经过三十年的颠沛流离，重又踏上故乡土地，投向故乡的怀抱，那种不可抑制的欣喜和悲愤，跃然纸上；运涛、江涛、大贵、二贵追赶玉鸟时，作者对冀中平原充满诗情画意的出色描写；"宝地"被冯老兰夺走以后，严志和匍匐在这块肥厚的土地上，张开大嘴，啃着泥土，都是催人泪下的篇章。

实践证明，多方面的揭示人物的丰富的感情世界，是塑造英雄典型不可缺少的重要因素。

但是，在一个长时期，对于典型的上述描写，却成为禁区，被指责为“人性论”“人情论”。早在六十年代初，周恩来同志曾针对文艺界“左”的倾向，批驳了这些论调。他说：“共产党人是有感情的，但感情是受理智支配的。问题是要看在什么时间、什么场合、什么对象。临危的时候似乎只能喊‘共产党万岁’，别的都不能讲，否则就是动摇，这种说法是奇怪的。”又说：“革命者是有人情的，是革命的人情。为什么不要这样优秀品质呢？”可见，马克思主义者从来十分重视对“人情”的描写，从当代成功的人物画廊中可以看到，鲜明的阶级倾向和高尚的人情美的结合，是其共同点。朱老忠是这样，而江姐、许云峰、沈振新、梁生宝又何尝不是如此呢？江姐被公认为是当代最成功的艺术典型之一，这不仅因为作者用大量笔墨描写了她在人间魔窟不屈不挠的英勇斗争，还由于作者深刻地揭示了她崇高而丰富的感情世界。她对同志循循善诱、亲切和蔼，对孩子慈祥抚爱，对丈夫温存体贴。坚强的革命战士，可亲可敬的大姐，慈爱的母亲、温良的妻子是那样完美而和谐地统一在她身上。当代农民创业英雄梁生宝，对事业兢兢业业，对他的继父梁三老汉充满着满腔深情，互助组丰收以后，他办的第一件事就是为继父做一件三面新的棉袄，为老人圆梦，多么感人的父子之情啊！纵观新中国成立以来的文学创作，大凡成功的艺术典型，作家都了大胆地描写人物的感情，这无疑为梁斌上述观点提供了无可辩驳的论据。

## 梁斌关于文学民族化的观点

文学艺术应该是民族化的，人们对于这个命题并不陌生，许多马克思主义经典作家都精辟论述过这个问题。毛泽东同志在《新民主主义论》中曾明确指出：“中国文学应有自己的形式，这就是民族形式。”并且号召文艺工作者创造出“为中国老百姓所喜闻乐见的中国作风和中国气派”的优秀作品。在中国新文学作家当中，不少人在文学民族化方面都进行了可贵的探索，并取得了重大成就。而梁斌就是其中最突出的一个。他十分重视文学的民族化。他说:“我们社会主义文学艺术事业越是发展,也就更加迫切地要求文学作品的民族化。只有这样,文学作品才能成为新鲜活泼的,为广大群众喜闻乐见的东西。我国文学艺术事业,几千年来积累了丰富的创作经验,形成了自己特有的民族形式。社会主义文学应该继承民族传统,创造适应社会主义内容的新的民族形式。”在这里,梁斌精辟地论述了继承和发展民族传统的原因及重要性,而他的小说创作就是在此理论指导下的艺术实践。

民族化首先是作品的内容问题。梁斌认为,文学民族化不单纯是一个艺术形式问题。他说:“想完成一部具有民族风格的小说,首先是小说的主题思想。在我来说,主题思想又是和小说的内容同时形成的”这个观点是符合辩证唯物主义的。众所周知,文学作品是一定社会生活在作家头脑中反映的产物。文学离不开生活,而这种生活又必须与特定的民族社会生活相联系着,只有写好特定的民族生活,才能体现着民族特色,所以强调从生活着眼,是抓住了民族化的根本。《红旗谱》等小说强烈的民族风格首先表现在他所描写的一系列生活事件带有鲜明的时代特点和民族特征。构成《红旗谱》三部书的基本情节:“反割头税”“二师学潮”“高蠡暴动”等都是作者故乡发生的,而且是自己亲身经历的,它既与中国历史上发生的农民革命有血肉联系,又有新时代的民族特点。正如作家所说:“毛泽东同志把马克思主义与中国革命的具体实践相结合,使革命具有了鲜明的民族气魄与民族特点。我想如果深刻地反映中国革命斗争生活,这个革命是在马列主义、毛泽东思想普遍真理指导之下的,就会透露出中国的历史特点和民族特点。”这是很有道理的。

文学作品内容民族化不仅指构成作品的基本情节,而且关系到人物的性格,作品的细节描写等。梁斌说:“文学作品的民族化问题,不仅是语言问题,人物的精神面貌、气质、生活方式上的民族特色,会直接透露在形式上。因此,反映在文学作品里,也便成为构成民族化的重要因素。”《红旗谱》所塑造的朱、严两家三代农民英雄,都是植根于冀中土地上,继承了“燕赵多慷慨悲歌之士”的民族传统精神。他们与历史上的鲁智深、李逵、武松等人物,在精神上是相通的。在他们身上,充分表现了中国人民吃苦耐劳、酷爱自由、敢于斗争、敢于胜利的伟大民族英雄性格，可以看到我们伟大民族的感情情、气质乃至整个精神面貌。由此可见，选取故乡发生的重大历史事件，刻画“慷慨悲歌”的农民英雄，是梁斌小说民族风格在内容上十分突出的特点。

诚然，作品内容固然对民族化起着至关重要的作用，但并不意味着可以忽视作品形式的作用。他认为作品的语言、表现方法、章法结构也是与民族化紧紧相连的重要问题。而“民族形式的主要问题是语言问题，其次是章法和结构。”这因为文学是语言的艺术，它最能透露出民族特点。为了使自己语言民族化，梁斌苦心磨炼，取得了显著成效。

“地方色彩浓厚，就会透露民族气魄”怎样把具有民族内容和民族形式的东西反映在作品里，使之具有鲜明的民族特点呢？梁斌认为必须使自己的作品具有强烈的地方性。他说：“想要完成一部有民族气魄的小说，我首先想的是要做到深入地概括一个地区的人民生活。地方色彩浓厚，就会透露民族气魄。”又说：“如果一部书深入地概括了一个地区的人民生活，地方色彩浓厚了，民族风格、民族气魄就容易形成。”

为什么这样呢？概括梁斌的观点有二。

其一，民族性与地方性的关系，实际上是共性与个性的关系。艺术的民族性寓于民族的地方性之中。离开地方个性的民族性，是一种抽象的空洞无物的民族性。梁斌指出：“拿中华民族来说，分布的地区这样广，每个地方的民俗、生活方式、生活习惯都不一样，作家只能是尽可能地概括，也不可能全部概括起来。鲁迅先生的小说主要是写绍兴家乡一带的人民生活，赵树理同志的小说，也是写他家乡一带的人民生活，但他们的小说都具有民族风格和民族气魄。”在文学史上，许多有成就的作家，大都是通过一定地区的生活风貌的描写反映出民族特点。鲁迅、赵树理是这样，周立波、柳青，乃至当前的刘绍棠、高晓声、贾平凹、路遥等人又何尝不是如此呢？古典名著《水浒传》《红楼梦》是文学民族化的典范，而前者是用山东话写成，概括了中国北方人民的生活风习，后者是用北京话写成，并深入地描写了北京的中国贵族的生活风习。类似这样的例子，不胜枚举，这些都充分说明了，通过地方色彩表现民族风格是被文学史证明了的成功的艺术经验。

第二，文学的地方性可以增强真实性，使作品的民族风格更鲜明，更强烈。

文学必须反映一定时代、一定民族的社会生活，而这都脱离不开具体的特定的地理环境，特定的土壤里成长起来的人物。作家的生活都受一定的局限性，只能从最熟悉的生活、人物和风土人情写起。其中作家的家乡、童年和青少年时代的生活，对于其创作影响是很大的，梁斌曾深有感触地说："直到现在，我写起作品来，还是向往儿童时代在家乡的情景：村边树林，苇塘荒冢，小桥流水，枣林瓜圃。家乡、童年和少年时代的生活像母亲的乳汁一般哺育着我。"正因此，作家才可能在他的小说中，为我们展示出一幅幅充满冀中泥土气息的风景画和风俗画。

民族形式不是僵死的，而是在发展。梁斌十分重视对民族传统的继承和发展。他说："我国文学艺术事业，几千年来积累了丰富的创作经验，形成了自己特有的民族形式。社会主义文学应该继承民族传统，创造适应社会主义内容的新的民族形式。"他不仅强调继承民族传统，同时也注意吸收外来的经验。他说："只要对我们有益的，能帮助我们更好地反映社会主义现实生活的东西，我们都可以学习，取长补短，以丰富和提高我们的社会主义文学"。继承和借鉴的目的在于发展，所以梁斌又强调必须发展民族传统。他认为民族形式不应该是凝固的、僵死的，而应该是发展的。这因为文学是反映生活的形式，形式会随着社会生活的发展而发展。"同时，还因为广大群众的欣赏水平是在逐渐提高，如果抱着传统的东西停滞不前，就会形成公式比、概念化。这样，梁斌从辩证唯物主义出发，既反对对民族传统的虚无主义态度，又反对对民族传统的保守主义态度，坚持了既继承又发展的正确原则。

梁斌不仅在理论上提倡发展民族形式，而且在创作实践中身体力行。他在《红旗谱》中力求在继承民族传统和吸收外来经验的基础上有所创新，创造了一种"比西洋小说写法略粗一些，但比中国古典小说要细一些。"的新的民族形式，这种形式已博得广大读者的赞赏。

《河北大学学报(哲学社会科学版)》，1985 年第 3 期

# 《红旗谱》构思过程中的表象运动

周海波　唐文斌

在民主革命时期，在枪林弹雨的年月里，在漂泊不定的生活中，梁斌坚持不懈地努力，试图从不同的角度探索文学之谜，写下了几十万字的作品，表达出自己对革命的一腔热情。但是，特定的历史条件，艰苦的生活环境，以及其他一些原因，翻腾、跳跃在梁斌心胸中的一个强烈的欲望，始终不能得到实现。长篇小说的创作计划，一再拾起，一再被打乱。

1953年夏天，梁斌住进了北京碧云寺。生活为他提供了比较优越、安宁的创作条件。碧云寺山水清幽，林木苍翠，招来无数慕名而来的游人。然而，已在休假的梁斌，身在此地却无心游览名胜古迹。淙淙有声的泉水，不但没有使他潜心避暑，吃茶养性，反而更掀起他心中的波澜。生活平静了，但是战争年代的一幕幕，又浮现在他脑海里。它们使他激动，兴奋，使他难以压抑埋藏已久的创作欲望。

于是，他拿起了笔。

梁斌曾不无激动地说过："我长期做着地方工作，也有几年未写文章，但这些人物并未离开过我，我常被我所熟悉的这些人物和故事所激动。于是我下了决心，从一九五三年起，开始写这部长篇。"[1] 可以看出，激励梁斌创作《红旗谱》的原因，不是灵感，不是一时的冲动，而是长期的革命斗争生活在他心中几十年的酝酿，是那些令人激动的人物和故事在他心中形成的一种强烈的创作冲动。艺术创作是一项复杂的心理活动。这种心理活动的最大特点，在于它始终离不开表象和自觉的表象运动。表象不像感觉、知觉那样随着客观事物脱离感知范围而消失，它可以长久地保存在大脑之中。梁斌说战争年代留给他深刻印象的一些人物，“并未离开过我”，实际上就是指这些人物在他大脑中所形成的表象，具有一定的稳定性与鲜明性。因此，无论梁斌创作《红旗谱》时所处的环境是多么幽静、恬淡，当他一旦进入创作构思活动时，原有的表象便立刻在他的头脑中活跃了起来。表象运动在梁斌的《红旗谱》创作构思活动中，起到了重要的作用。

《红旗谱》的创作，不同于一般现实生活题材的创作。作者所经历感受到的事物，随着二十几年的风风雨雨，已经淡远了。然而，往日的生活为什么依然能够唤起梁斌强烈的创作欲望，使他寝食不安，激动不已，并且成为他创作的主要源泉呢？看来，我们需要来解释《红旗谱》的作者有关创作的心理活动之谜。

首先，我们注意到，生活中许多具体的人物和事件，常常会在作家的头脑中留下相应的表象；随着作家生活阅历的不断丰富，原有的表象也会不断地丰富、发展，并且以一种稳定的形态储存在作家的记忆中。在梁斌的生活经历中，我们可以清楚地看到这种关于《红旗谱》的表象是如何发生、发展，并且稳定下来，成为他构思过程中的主要媒介和依据的。

梁斌回忆触发自己创作《红旗谱》的动机的事件时说：

有人问我，是什么事物触动你的意念，使你想起要写《红旗谱》这样的一部书。那就是，还在我少年的时代，曾经经历了旧中国广大劳动人民所经历过的苦难：那种悲愁和辛酸，那种痛苦和折磨，在我少年的心灵上打下了深刻的烙印。[2] 这种“深刻的烙印”，就是梁斌《红旗谱》构思之前的表象。这种表象运动，成为他创作的最初动因。但是，这种表象毕竟是零乱的、不完整的、粗糙的，还不能构成梁斌所说的触动他进行创作的直接的“意念”。构成《红旗谱》中主要人物形象的各种表象材料，是在梁斌以后的革命活动中，逐渐形成的。根据作者为我们提供的传记材料来看，最初感动梁斌，且促使他拿起笔来进行创作的是“四·一二”反革命政变中他亲眼看到的一件事情：

“四·一二”反革命政变，像一棵荆棘刺痛我的心……我亲眼见看一位母亲，儿子出走后投奔了“革命军”，她日夜不眠地在想念。“革命军”北伐了，她在盼望,希望革命军胜利之后,能够见到她的儿子。但是“四·一二”反革命政变打破了她的理想,儿子在广州暴动中被反动派杀害了。于是这位母亲由于爱儿心切,几乎疯了,不想吃,不想睡,头发也都脱光了。当时我是多么同情与愤懑啊。由于这个事件的启示,我要写出“四·一二”反革命政变带给广大人民的灾难。从那时起,运涛这个人物开始在我的脑子里成长了。[3]应该说,梁斌亲眼看到的这一事件,在他大脑中所形成的表象是鲜明的、具体的,是作者进行创作的动因之一。从这个表象可以看出,梁斌最早起意创作《红旗谱》,是因为被“运涛”这一类青年所感动。但是,梁斌在这里所获得的这一事件还是单一的、孤立的。如果没有深厚的生活基础,仅仅就此一件事情,作者是很难自由地驰骋想象,写出更感人的真实的运涛形象来的。

不过,这个在作者“脑子里成长”起来的运涛,毕竟已经作为最初表象存在于梁斌的记忆之中。当他在生活中再次遇到类似人物时,他会不断地更新、修改、补充已有的表象,强化“脑子里成长”的关于“运涛”这一形象的记忆。梁斌这样说过:

以后,我在共青团,在“左联”中,在文学研究会中,在飞行集会上,遇到不少像江涛、严萍、张嘉庆这样的人物,我与他们一起工作,增长友情,成了亲密的战友。直到如今,我还常在梦中看见他们。[4]

这些材料,一方面使梁斌产生了新的人物的表象运动,另一方面又加深了他对运涛这一形象的再认识。在获得这些材料的同时,作家毫不犹豫地把这些感性认识与自己已经获得的关于“运涛”的表象联系在一起。旧的记忆因重复出现而得到强化,新的生活又给已有的表象注入了新的生命而使之升华。

可以这样说,属于内向型性格的梁斌,缺乏对事物的机智和敏感。他的才华不外露,也不格外表现,在生活面前,他总是保持着自己一定程度的缄默。正是由于这种性格特征,决定了梁斌在进行鸿篇巨制的构思过程中,不可能因一时冲动或少量的生活,便进行想象,进行创作。他必须反复地体验生活,反复地感受生活,并默默地记在心里,进行一次次的琢磨、思考。这样,梁斌在长篇小说,特别是第一部长篇创作时,就占有了不可多得的优厚条件。表象运动的不断重复,并且逐渐深刻、全面、鲜明起来,最后就会在他的大脑中，形成一种超稳定的表象。这种情况下，时间对于梁斌来说，就是特别优惠的了。生活中所获得的表象，在大脑中保存的时间越长，也就越被时间诗意化了，转化为一个实际上已经经过作家再创造的表象。于是，当梁斌1953年提笔创作《红旗谱》时，那种激动的心情，伴随着活跃的思绪，促使他将自己发酵多年的生活一倾而出，爆发而为人们所瞩目的《红旗谱》。

第二，某些具有强烈刺激意味的事件，对梁斌产生了巨大的影响，使他难以忘怀。所以，当他一旦获得创作条件，便首先想到表现自己对这些事件的亲身体会和感受。关于这一点，梁斌曾经这样说过：

自入团以来，"四·一二"反革命政变，是刺在我心上的第一棵荆棘。二师"七·六"惨案是刺在我心上的第二棵荆棘。"高蠡暴动"是刺在我心上的第三棵荆棘，自此以后，我下定决心，挥动笔杆做刀枪。含着一生的辛酸向敌人斗争。[5]

刺在梁斌心上的这三根荆棘，无疑是他生活过程中，特别是他踏上生活征途之初，感受最强烈、最深刻的事件。这些事件对于梁斌的强烈震撼，唤起了他对社会、对生活的深入思考，并成为他从事创作活动的重要契机。

当然，我们必须充分认识到这些事件带来的种种条件和可能性。在这里，这些事件无论是梁斌亲身经历过的，还是耳闻目睹过的，都难以构成梁斌关于《红旗谱》创作的表象运动。它们往往是庞杂的、笼统的，而非具体的个别的形象。所以，这些事件对于梁斌创作的意义，只能是一个刺激，即在这些惨不忍睹的惨案震惊下，梁斌找到了文学创作这条道路。在这时，梁斌既有可能创作以这些事件为题材的作品，又有可能创作以其他生活为题材的作品，只要能够发泄自己内心的愤懑之情即可。实际上就给我们提出了这样的问题：这些事件与《红旗谱》的构思到底有什么关系？

季莫菲耶夫认为，艺术构思是"一种最初的表象，这种表象应当包含未来的作品，用普希金的话来说，艺术家此时还没有清晰地看出自己作品的目标"[6]。刺在梁斌心中的三根荆棘，在他大脑中产生的表象虽然是笼统的，但是那种强烈的刺激性，使作家首先立意要表现出这些事件中英雄人物可歌可泣的事迹。这种心理活动一经在作家心中形成，就成为抹不掉的"意念"。所以，尽管当时梁斌还无力写出表现如此大规模事件的作品，但他在以后的生活中，却往往以这种强刺激的感受去体验那些人物、事件，也就是说，《红旗谱》创作中的一种不自觉的构思活动已经在他的大脑中开始了。

同时，由于这些事件对梁斌的刺激太强烈，留给梁斌的印象太深刻，所以，当现在他拿起笔来要进行创作时，那种早年获得的印象仍然是深刻的、鲜明的，往事历历在目，激励着他去写作。这样，那种比较笼统的、不具体的表象与梁斌所获得的其他具体的表象，诸如关于运涛、江涛、朱老忠、朱老明等形象融合在一起，就成为《红旗谱》的主要内容了，在这里，刺在梁斌心中的三根荆棘，成为梁斌构思活动中的主体结构性的事件，在作品由充当了联结甚至容纳形形色色的人物和各种各样事件的庞大“块状结构”了。这时，早先的不自觉的构思活动逐渐变成自觉的表象运动，进而成为主动性的构思活动。

第三，表象一旦在作家大脑中形成，就会影响着作家的艺术活动，但它并不是固定不变的。相反，它具有极大的变异性和可塑性。换句话说，表象运动的过程，是一个不断分化、变异的过程。在这个过程中，作家原来所获得表象的某一些特点，随着时间不断流逝，而逐渐地弱化，以至在作家大脑中消失，另一些特点，会在作家的自觉不自觉的主观加工改造中，改变了它原有的模样。当然，在这个过程中，作为表象的基本形态和主要特征，被作家比较完整地保留下来了，而另一部分的弱化或变异，只是在突出主要特征的同时，对这个表象进行补充、修改，以使其更充实、更完整、更符合作家的审美理想而已。梁斌创作《红旗谱》的艺术构思活动同样具有这方面的特点。

朱老忠这个形象，是梁斌在《红旗谱》中着力刻画的一个人物。据作者所描述的构思过程来看，梁斌从最初获得这个人物的有关表象，到最终完成这个形象的塑造，经历了一个多层次的分化、变异过程。在他的记忆中，邻居梁老宠无疑是最鲜明的一个。这个梁老宠“长得高个子，挺腰板，很有气魄”，是梁斌“遇到的最聪明、最智慧的农民”[7]。梁斌关于这个人物的描述，无疑在很大程度上是他创作《红旗谱》时的认识状况，但我们可以肯定地说，作者在这个人物身上获得了最初的有关“朱老忠”这一形象的素材，“朱老忠”这一表象实际上已经不自觉地在他脑海中形成。当然，这是一个杂乱的不明晰的形体，而不能成为作者创作中的艺术形象。

1941年，梁斌在傅铎同志家中遇到一位三个儿子都在革命斗争中牺牲了的老人。这位老人给梁斌的印象是“精干而又智慧”“表现得非常刚强，不给人一种悲观的印象”。梁斌讲：“这就是我创造《红旗谱》里朱老忠这个性格的开始。”严格地说，这应该是梁斌自觉的艺术构思活动的开始，也是他最初那种不自觉的表象运动的一种变异、发展。他头脑中原有的朦胧的表象在眼前这位革命老人身上得到了确认，变得具体、明晰起来。适合于这个革命老人性格的，已经被融合在老人身上；与之相异的，则或被淡化，或被扬弃，从而构成了新的关于“朱老忠”的表象。不过，当作者以这个人物为模特儿，创作短篇小说《三个布尔什维克的爸爸》和中篇小说《父亲》时，原有的表象又再次发生变异。作者根据自己的理解力和想象力，保留了“朱老忠”这个形象的农民特点，吸取了这个革命老人乐观、坚强的性格特点，又构想了他曾下过关东，参加过高蠡起义等事件，组成了一个新的人物形象。从此，梁斌的长篇小说的构思活动中，朱老忠的形象，进入了一个更高层次的表象运动，向着成熟与脱胎的方向发展。

1953年，当梁斌开始创作《红旗谱》时，经过近20年时间的冲洗，原来在他脑海中的朱老忠的形象，必然又发生了一次深刻的变化。我们从《红旗谱》中可以看出，作者又赋予朱老忠一种“为朋友两肋插刀”的正义感，扬弃了朱老忠身上那种暴躁的脾性等。这时，作者脑海中的表象，经过分化、变异，已经失去它们本来的样子，成为经过作者加工、改造过的表象；无论梁老宠，还是“三个布尔什维克的爸爸”，都已退居艺术构思的次要地位，而一个崭新的艺术形象——朱老忠的形象则在作家的头脑中最终孕育成熟了。创作，到了不可不为的时刻。

在构思《红旗谱》的表象运动中，我们还需注意一种情况，那就是潜意识的作用。由于梁斌内向型的精神气质，生活中的一些弱刺激事物，进入到他的脑海中之后，往往会成为一种潜意识而储存起来。一旦作家进入表象运动的活跃时期，这些潜意识就会在无形中影响以至左右作家的创作，作家本人却往往对此无所觉察。例如，梁斌少年时代与邻家女孩云英曾有过一段青梅竹马的生活。这段生活在作家以后的记忆中渐渐淡化了，显意识转化为潜意识。但这个转化过程并不是简单的遗忘，而是一个自我意识的沉淀过程。实际上，这段生活已经转化成作家的血和肉，成为《红旗谱》爱情描写的主要支撑力之一了。再如，关于严萍的描写，梁斌曾经说过："原来我想把严萍写成是在革命中动摇的小资产阶级知识分子，因为我喜欢这个人物，读者也喜欢这个人物，写来写去，越写越觉得没有办法使她动摇，下意识地愿叫她走向革命，不愿叫她离开革命。"在严萍身上，作者较多地运用了自己早年求学时的一段经历，正是从自己的经历出发，他不愿让严萍离开革命。这说明，梁斌所说的"下意识"，并不是作者的主观臆想，而是他早年生活中所储存起来的一种潜意识，正是受这种潜意识的制约，梁斌在创作中不自觉地还原了生活中的真实。

无论何种情况，梁斌在生活中所获取的表象，在分化、转化、弱化，乃至于消失的同时，又都在创造着新的形象。这种表象运动的过程发展到创作《红旗谱》的时候，各种形象自然就趋于成熟了。

上述情况表明，梁斌几十年的革命斗争生活，固然是他创作《红旗谱》的真正源泉，但是生活并不等于创作，更不能代替创作，在生活和创作之间，还有相当漫长的路程。作家所描写的只能是那部分被自己的心灵反复体验和浸润过的生活。在这当中，表象运动的作用就是不可忽视的了，正如梁斌所说："书中的故事即使有现实依据，也决不等于生活中原来事件的再现。书中写的一个事件、一个人物，都是从许多事件和许多人物中一星星、一点点地集中起来的，经过集中、概括、突出和提高了的。"[8] 正因为如此，我们对作家在创作构思过程中，这种奇妙的心理活动的内容和规律才应当予以格外的重视，而对表象运动的认识和理解，显然是有益于我们揭示这种心理活动规律的。

《河北师范大学学报(社会科学版)》，1987 年第 4 期

注释

1.《漫谈〈红旗谱〉的创作》。

2.《我怎样创作了〈红旗谱〉》。
3.《我怎样创作了〈红旗谱〉》。
4.《我怎样创作了〈红旗谱〉》。
5.《初出之犊(续)》。
6.季莫菲耶夫《文学原理》,转引自《文艺创作心理学》第147页。
7.《漫谈〈红旗谱〉的创作》。
8.《漫谈〈红旗谱〉的创作》。

# 重读《红旗谱》

金　梅

今年4月，是著名作家梁斌同志80华诞。从其30年代前期在北平参加左联开始发表文章，梁老从事文学活动已经60年有余。这都是值得庆贺与称道的。

从50年代过来的文学爱好者，大都会记得，梁斌的代表作《红旗谱》，于1957年年末出版后，震动了中国文坛。1958年，报刊上发表了大量评论，探讨这部小说的思想艺术成就。其规模，其声势，为新中国成立后八九年间中国文学界所少见。可以毫不夸张地说，那一年，是中国文坛的"《红旗谱》年"。及至目前，《红旗谱》一书，单是中国青年出版社，已经再版了24次，印数达170多万册。作为一部纯文学品类的长篇小说，《红旗谱》能获得这样众多的读者，确是罕见的文学现象。

这是一部描写中国贫苦农民反抗斗争的小说，其题旨，本来与所写历史时期的党内路线斗争，并无多大关系（便是有些关系的地方，小说也是从批判"左"倾盲动主义着笔的），但在"文革"中间，在"四人帮"推行的极"左"思潮及其形而上学的逻辑推理下面，被当作歌颂错误路线的作品受到批判。（批判者所持的逻辑是：凡是描写党内错误路线统治时期斗争生活的作品，一律属于歌颂错误路线之列。）现在，历史已经为《红旗谱》做出了公正的评价。

在中国文学史上，第一次较大规模地正面描写和歌颂农民反抗斗争的长篇小说，是《水浒传》。但这部小说中的主要英雄人物，并非地道的农民，而是在宦途上受挫失意的中下层官吏出身的那类人物。即使如此吧，梁山泊的斗争精神，数百年来，安慰了广大的中国农民，也鼓舞着他们对周围环境进行或大或小的斗争。（《红旗谱》中就多次写到这一点。）然而，施耐庵歌颂农民反抗斗争的创作思想，并没有代代相沿下来。当然，农民的情况是很复杂的。他们在封建压迫面前，既有反抗的一面，也有隐忍的一面，文学作品也可以从不同的侧面去加以描写；但一个有革命责任感的作家，应该通过自己的独特视角的描写，收到鼓舞农民为改变自身处境进行反抗斗争的艺术效果。鲁迅是关注农民生存状况和精神面貌的伟大作家。他在20世纪20年代初创作的《阿Q正传》，对于阿Q这样一个农民，在“哀其不幸”的同时，表达了“怒其不争”的心情。“怒其不争”这个创作思想，我们以为包含着两层意思：一是鲁迅热切地希望广大的中国农民，从传统的、负面的精神状态中摆脱出来，振奋起与封建势力抗争的信心与勇气；二是提醒描写农民的作家们，对于旧时代农民的那种安于现状、不争不斗，或者像阿Q似的对待生存处境的情形，不能采取罗列展览，甚至欣赏玩味的态度。这就是说，在当时，鲁迅是希望在现实生活中和文学作品中，能够看到敢于争斗反抗的农民形象出现。在鲁迅创作《阿Q正传》不久，中国农民在中国共产党的领导之下，反帝反封建的斗争精神逐渐焕发和高涨起来。这种情形，对于文学家鲁迅来说，是十分欣慰的。他也曾经有过表现新型农民反抗斗争的创作设想（只是由于主客观条件限制而未能如愿）。但遗憾的是，贯串于《阿Q正传》中的，“怒其不争”这一创作思想，并没有被文学家们所真正理解。在很长的时间中，我们对鲁迅《阿Q正传》及其创作思想的理解是片面的，以为鲁迅创作这部作品，仅仅是为了揭露农民的落后愚昧。这种片面的、错误的理解，影响了我们的创作，在描写农民的作品中表现得最为突出。也影响了我们的创作理论。不是有一种所谓“表现农民创伤”的说法吗？

这就导致了这样一个历史事实：到20世纪50年代中期，在中国长篇小说创作领域中（其他体裁的创作也一样），描写与歌颂近百年间中国农民与“三座大山”相抗争，尤其是竭其全力塑造农民英雄典型的作品，犹如凤毛麟角、空谷足音。

梁斌则深刻地理解和真正地继承发扬了鲁迅的创作思想。他的长篇小说《红旗谱》，在冀中农村历史生活的背景上，第一次凸现出朱老巩、朱老忠、严志和、朱老明等一大批典型农民的英雄形象；激荡于小说中的，与封建统治势不两立的气概，不屈不挠的斗志，既反映了历史的真实，也一扫为以往不少作品所渲染的，那种由所谓"农民的创伤"带来的，低沉压抑、令人气短的创作基调。这对确立社会主义文学的创作精神，具有不容忽视的历史意义与现实价值。《红旗谱》的非同凡响还在于：在作者塑造的农民英雄的典型形象中，不只回响着历代农民的反抗之声，也凝聚着燕赵之地所特有的，慷慨悲歌视死如归的豪迈之气。这种内在的精神气质，加上人物独特的生存方式、行为方式、表情达意的语言方式，构成了《红旗谱》一书的民族风格。这些，论者们已做过充分的剖析，无须再做赘述。

识者见其大，不识者见其小。为什么《红旗谱》能获得这样众多的读者，能在长时间中广泛流传，当然是由于它富有强烈的艺术感染力的缘故。艺术感染力来自诸多方面，包括结构方法所起的作用。我这次重读《红旗谱》，思索较多的是一个具体问题，即：从楔子式的第一节文字起始，《红旗谱》三卷，情节时间延续了40多年，空间上横跨鲁冀二地。这是一部力图表现一个时代的农民，如何对待自身命运的规模宏大的小说，从艺术结构上说，是一次很难把握运作的创作过程。过于放手开启，不易收拢；过于细雕细绘，又易失气势。作者却将整部小说，写得既粗犷恢宏，气势豪放，又紧凑洗练，血肉充盈。原因何在呢？我觉得除了在小说情节的时空转换处，作者善于和敢于省略过多过渡性交代，表现出大手笔的作者才能具有的创作魄力之外，还与他善于选择、组织，并充分展开典型事件的描写有关。这在长篇小说的情节结构上，实是两个相辅相成的方面。没有前一方面的写法，小说可能或者显得拘谨局促，或者由于拖沓烦冗而难造大开大阖的声势；没有后者，又可能粗犷有余而丰满不够，人物形象也难以立体地树立起来。时空跨度较大的《红旗谱》之创作成功，与作者所选取和结撰的几个典型事件紧密相连。

小说（长篇小说）中的事件，当然包括历史生活链条上的重大环节（如《红旗谱》中的反割头税和保定二师学潮），这是构成小说整体框架的支撑点，没有此类事件和环节，整体框架无以矗立；但真正使整部小说经络健全、血肉充盈的，却又常常是与重大事件和环节有机结合，并促使这些情节和环节以至整部小说故事推衍演进、人物思想性格不断呈现和发展的,那些更加具体的典型事件。在《红旗谱》中,属于此类事件的,有卷一中的“朱老巩大闹柳树林”“鸟儿风波”,卷二中的“老驴头杀猪,”等等。这些典型事件,除自身蕴含着独特的生活内容,在小说的整体结构中,又分别担负着特殊的作用。

《红旗谱》一作的主体,是写20世纪20年代初到30年代前期,中国北方农民反压迫、反剥削斗争和学生的抗日情绪,写二者的相互渗透、相互融汇。从这一角度上说,小说第一节所写的“朱老巩大闹柳树林”,在整体结构中,算是一个楔子。没有这个楔子,小说从朱老忠由关东返回锁井镇写起,或者将他父亲的斗争事迹,从其回忆中叙出,也是一种写法。有不少长篇小说,正是这样结构的。但这是一种平板的静止的结构方法,既不易造成声势,也难以较快地吸引读者关心人物命运的发展。梁斌则出手不凡,戛戛独造。《红旗谱》“平地一声雷”,开篇就写“震动了锁井镇一带四十八村”的一场惊心动魄的斗争。封建地主阶级鱼肉乡里,肆意兼并农民土地,这是延续了数千年的历史和农民承受的命运。现在,当冯老兰假借充当堤款之名,通过砸钟卖铜吞并四十八村公有土地的关口,朱老巩横刀挺身,怒容立阵,硬是要揭露出冯老兰的险恶用心。在砸钟人下锤之际,又用自己的头颅维护着钟体的完好。这是何等壮烈的英雄气概!冯老兰使出调虎离山计,铜钟还是被砸碎了。朱老巩气极吐血而死。他的儿子虎子——后来的朱老忠,被逼亡命关东,他的女儿受辱自尽。发生在千里堤上的这悲壮的一幕,震撼了、也惊醒了无数农民的心。“朱老巩大闹柳树林”的描写,实属当代长篇小说中少有的开笔和精彩场面。单是这个开头和场面,就是一篇可以独立成章的精湛的短篇。

作者将30年前这个惊心动魄的斗争场面置于小说卷首,然后再笔锋直下,大跨度地去写30年后有关人物的现实行为。这种写法,在小说结构上,表现了作者的巨大艺术气魄和精心运作的匠心。《红旗谱》一作,能以宏大壮阔的艺术气势、强烈的感染力量吸引读者,在很大程度上,得力于这个楔子的设置及其绘声绘色的描写渲染,这不是一般性的,仅仅交代人物身世、引出正文故事的楔子。从艺术基调上说,这个楔子具有一锤定音的作用;从朱老忠等人物形象塑造上说,这个楔子揭示了他们思想性格的成因;从推动小说故事波峰迭起、不断演进的情势上说,这个楔子又包含着导致敌我双方反复较量、争斗不止的深刻的历史渊源。朱老巩的血肉之躯，早已消逝，严老祥也气走关东不知下落；千里堤上的铜钟，也早被砸碎，但朱老巩怒斥冯兰池、舍身护钟的声响与英姿，他那顽强一搏置生死于度外的精神，以及冯老兰砸碎铜钟的敲击声，一直没有消失，始终留存在同代人及其后辈的心中，提醒着和激发着他们的生存勇气。几十年之后，在朱老忠、严志和、朱老明、朱老星、严运涛、严江涛们与封建主义和帝国主义的斗争中，在整部《红旗谱》的情节运行中，始终回荡着朱老巩大闹柳树林的声响；朱老忠、严运涛们的现实行为，是对朱老巩英灵的一种回应与祭奠，是对他那英勇豪气的一种直接的或间接的承继与发扬。因此，“朱老巩大闹柳树林”，是小说的一个楔子，也是作者创作《红旗谱》系列的一个总纲。既是总纲，其用意，其调子，是贯串小说始终的。

运涛、江涛、大贵、二贵、春兰，逮到一只珍稀鸟儿——脯红靛颏，其价值抵得上一头黄牛。这给他们的生活带来了一点儿美好的希望。冯老兰倚仗权势，派人索取这只鸟儿，遭到大贵、运涛的严词拒绝。他又想压低价格买下这只鸟儿，大贵、运涛就是不肯撒手。这在小说中被称为“鸟儿风波”。虽说是一只鸟儿的事，但从往后与其关联的情节发展来看，它在小说中，是一个关键性的契机。朱老忠流浪关东30年，终于又回到了锁井镇。他之“落叶归根”，不只由于浓烈的恋乡观念，更是为着报仇雪恨。他要向冯老兰讨还血债。冯老兰深悔当初没有斩草除根，以致现在站到他对面的，除了原先的一“虎”（“虎子”朱老忠），还加上了两只新虎（朱老忠的儿子大贵二贵）。但在一段时间之内，两边也只是在观察审视着对方的动向，并无真正的交锋。是一只脯红靛颏及其引发的风波，预示了双方斗争的开始。风波本身，已经包含着深意：地主阶级欺压农家是无孔不入的，连他们爱好一只鸟儿的乐趣，也要加以剥夺。这一风波的兴起，又触发和推动了小说此后一系列情节的出现。直接的结果之一是，大贵被抓了壮丁这一举动，在冯老兰是出于得不到靛颏进行报复，是对朱老忠阵营的首次打击；在朱老忠，儿子被抓兵，虽说是个不幸，但也恰好顺应了他需要一文一武的长远的斗争谋略。从这个意义上说，小说写由鸟儿风波引出的大贵被抓兵，是在从更大规模上准备着，以后描写他们与冯老兰交锋的情节态势。春兰也与鸟儿风波有关。她与大贵运涛一起逮了鸟，还为鸟笼子绣了一个精致的布罩。她又正在与运涛恋爱。这样小说中顺理成章地出现了一个鸟儿风波的间接结果。早就看上了春兰的冯老兰，在鸟儿风波当中及其以后，进行了一系列活动。先是挑拨老驴头要管着点春兰，“别叫她跑疯了”；接着又借运涛和春兰在瓜棚肩并肩地聊天说笑，暗示长舌妇制造事端，败坏他们的名声；在激起老驴头痛打禁闭春兰以后，他又想趁机霸占春兰。运涛的南下革命，虽是组织上的安排，也与冯老兰败坏了他的名声有关。而运涛的南下，又引出了小说以后的众多关键性情节；那些情节，不但使《红旗谱》将局部性斗争势态的描绘，与整个的时代风云结合了起来，开阔了小说的气势，增大了容量，也为锁井镇日后斗争情势的加剧，埋下了伏线。小说将鸟儿风波的余波推延得很长很长。直到运涛被捕下狱，严志和为了去济南探监筹措盘缠，托李德才借钱，冯老兰还咬牙切齿地在说：“……钱放在家里堆着，我也不放给他。那小子！别看他不起眼儿，他是肉里的刺，酱里的蛆，好不仁义哩，要他个鸟儿就不给我，严志和卖地我要。”硬是逼着严志和，廉价地卖掉了一家赖以生存的宝地。宝地出手，严志和大病一场，老母也忧愤去世。一只鸟儿引起风波余绪，直接或间接地触发了如许纷繁的情节线索，可见其在整部《红旗谱》结构中的作用。也见出了作者选取、组织、充分利用典型事件的艺术功力。

“老驴头杀猪”，在《红旗谱》艺术结构中，和“鸟儿风波”一样，也具有诱发和推动其他情节前行发展的性质。明显的例子是，它在酝酿春兰、大贵婚姻过程中的作用。此前就有朱老明等人想将春兰许配大贵的动议，但一来老驴头未加可否，他不愿意让独生女儿嫁离家门，他想找个“倒插门”的女婿，老来好有照应；二来春兰从未往这方面想过，她丢不下正在狱中的运涛，尽管运涛被判的是无期徒刑。因此无论当事人，还是真心爱护晚辈的老人们，也只是止于动议而难下决断。老驴头用菜刀杀猪，没能杀死不说，还把猪给杀丢了。惊动那么多人，十里八里之内寻了个遍，也没有找到猪的下落。是大贵，深更半夜把猪找了回来送到了老驴头家中。大贵的忠厚、诚挚，促使老驴头转变想法，有了将女儿嫁到朱家的意思。经过这件事，春兰对自己的婚姻前景，也开始了重新考虑。这些，都可以说是“老驴头杀猪”事件推动的结果。

但“老驴头杀猪”，在《红旗谱》情节结构中的作用，更主要的是，作者结撰这个典型事件，是为了更加具体地去描绘整个反割头税的发展过程。老驴头也愤慨于冯老兰、刘二卯，不许农家私安杀猪锅的计谋，那样，他就得白白丢掉二三斗粮食。但他又不敢、也不愿意把猪送到大贵锅上去宰。尽管可以一分钱不花，他总觉得那是“犯法”的事。这才闹出了菜刀杀猪的笑话。大贵帮他找回丢失的猪，使他看到了朱老忠、大贵们真为穷人办事的一片赤心，终于说出了“活该咱破财，这才叫人不落意哩！”“咱也赞成你们这个反割头税了！”这样的话。作者用较多篇幅去写这一事件，对表现反割头税来说，却是一种以点带面、以微见著的简练的艺术手法。因了这种描写，才使小说中的重大环节反割头税，得到具体的和饱满的艺术表现。也写出了这一环节以胜利结局的坚实基础——深入的和广泛的群众性。有了这一典型事件的描写，也才使朱老忠、江涛们在县城造成的，大规模反割头税的斗争场面，具备了令人信服的艺术效果。

顺便提一下，前文所指的《红旗谱》的民族风格，应该说，也与它写了“鸟儿风波”“老驴头杀猪”等一类极富地方特色和民风民俗味儿的典型事件有关。

小说卷三集中写保定二师学潮。其环节的重大、情节的紧张、氛围的炽热、小说与历史真实生活的关系等等方面，要比前两卷更为突出一些。但就我的阅读印象而言，它的艺术效果，好像反倒略逊一些。其中的原因，恐怕与卷三在正面展现重大历史环节的过程中，缺乏前两卷中独具特色、以小见大，那样一类既能牵动全局、又耐人咀嚼的具体典型事件不无关系吧。

文学家表现历史，与历史学家叙述历史是很不同的。这不单是方式上的差异（一是典型的、形象的方式，一是概括的、直录的方式），在描写对象上也有很大的不同。有些重大事件，当然会被历史学家所看重，但它不一定就能成为文学家描写的重点对象，或者不能直接地和单一地转化成为文学描写的内容。文学描写的内容，远比历史学家们所注意的对象，要宽广得多，丰富得多，也细腻得多。有些生活内容，在历史学家看来，与他所要叙述记录的历史并无多大关系，在文学家那里，却往往成了重笔抒写的对象。也恰恰是这些生活内容，才能转化成为真正的文学，构成其极富艺术感染力的部分。

《文艺理论与批评》，1994 年第 4 期

# 古老民族精神在血与火中的现代升华

## ——梁斌《红旗谱》(三部曲)新论

郝　雨

一片古老的土地,养育了一个最古老的民族;古老的民族,创造了她的极其古老的文化;那古老的文化中明明白白映现着这个民族的历史的古老,而那古老的历史中又实实在在记录着这个民族所经历的太多的坎坷与磨难。这个民族之所以能够如此古老,也正是由于她能够不断地克服和战胜这些历史的坎坷与灾难,从而在这片土地上顽强地生存,勇猛地跋涉。因而,也正是由于这种过于沉重的生存,也就自古形成了这个民族的过于强硬的精神,然而也正是靠了这种强硬的精神,也才支撑了这个民族的世世代代的生存与跋涉。这片土地上的每一座山,每一条河似乎都可以作证:

> 夜深了,远远传来滹沱河里呜呜咽咽的水流声,那是渗彻人心的、几千年来永恒不变的、被压迫人们的心声!那是几千年来,永恒不变的、反抗的力量!

这是梁斌在其长篇巨著《红旗谱》的第三部——《烽烟图》中接近尾声时的一段极其简短的描述和议论。我认为,这也正是对于全书主题的最深层的揭示。我同时也觉得需要特别指出,对于《红旗谱》的研读,也只有读到此处,才能真正感受和领悟到作者在这部鸿篇巨制中所要传达和表现的真实意味和基本精神。

时至今日,为了便于更加整体和进一步深入地分析与把握《红旗谱》《播火记》以及《烽烟图》这规模宏大的三部曲的更为深层的艺术内涵，我认为有必要先破除一个多年来的偏见，即认为这部本为一体却被作者分为三部且各有书名的作品，只有第一部亦即《红旗谱》才是最好的，而其他两部在艺术上远远不及《红旗谱》，甚至认为主人公朱老忠的性格也"停止了发展，没有显著变化"等。[1]也许正是由于这种看似已成定论的偏见，导致了至今很少有人将这三部作品加以认真细致地整体研读，也至今无人对其作为一个整体而进行较为科学的微观分析。致使所有的文学史著差不多都只谈一部《红旗谱》，却对另外两部只加以三言两语的"缺陷"指责或者干脆加以回避。一部本来完整统一的作品也就被文学史家们人为地肢解，许多读者也就因此而受到误导。实际上，对《红旗谱》的阅读绝不能轻易放弃后两部而将其从整体上割裂开来，尤其是对于研究者来说，更不能忽略后两部在其艺术整体上的意义和价值。三部作品是内在统一的，是有着深层而严谨的有机联系的。一旦加以割裂之后，就会严重影响对其整体精神的理解和把握。把《播火记》和《烽烟图》看作《红旗谱》的"续作"，[2]因而，也认为与其他"三部曲"之作同样有着"一部精品现象"，并不完全符合事实。因为《红旗谱》的三部曲，是从一开始就统一构思的。而且据作者在《烽烟图》的《后记》中回忆："《红旗谱》全书，一九四二年开始构思。"直到 1953 年才开始正式动笔，也就是说整整酝酿了十几年。而且，正式写作之后，是先写出了《烽烟图》的初稿（1953—1954），然后 1955 年至 1956 年又连续完成《红旗谱》和《播火记》，到 1981 年，才由于种种原因，又修改完成了《烽烟图》。可见，这三部作品的写作很难从出版顺序上判定其写作的先后。严格地说，它们在作者头脑中的生成是共时的。因而，这也就注定了三部作品在艺术精神和艺术风格上的一致性与不可分割性。此外，认为朱老忠的性格没有大的发展和变化，也是后两部的败笔和不足，甚至认为是最要害的一点，我认为也不足为据，相反，恰恰应该说是作者根据现实主义原则，尊重历史真实的结果。因为作为一个刚刚摆脱封建性的政治统治和压迫的农村革命者来说，其思想发展的跨度不可能会太大。对于这样的一个人物形象，我们更应该要求他的立体丰满，而不应该是人为的拔高和太大的变化。关于这一点，作者本人在对朱老忠性格的把握上是十分清醒的，他在《烽烟图·后记》中这样谈道："《红旗谱》全书，原来想写五部。第四部写抗日游击根据地的繁荣和'五·一'大扫荡，第五部写游击根据地的恢复，直到北京解放。当时，我还没有掌握写长书的经验。在我修改这部原稿的过程中，感觉到主要人物的性格都已完成。再往下写，生活是熟悉的，但人物和性格成长不能再有所变化，只有写故事、写过程，也就没有什么意思了。因此改变计划，《红旗谱》全书，到《烽烟图》为止。再写抗日战争时，另起炉灶，另写新的人物。”可见，朱老忠的性格只能达到这样的程度，这是完全符合其思想实际的。

在此，我们特别强调《红旗谱》三部曲的整体性，首先是从其作为一部“史诗”的意义和价值来看。把《红旗谱》看作是“农村革命运动的壮丽的史诗”，这早已为众多的文学史家所认同。然而，作为一部“农村革命运动的史诗”，如果仅有一部《红旗谱》显然是远远不能名副其实的，能够称得上“史诗”的作品也当然必须具有“史”的宏阔和“诗”的浓烈。从这样的意义上看，仅把一部《红旗谱》作为“史诗”，也就显然既缺乏“史”的跨度，也在“诗”意方面略嫌不足。从“史”的层面看，《红旗谱》的主要斗争事件是“反割头税”和“保定二师学潮”，不仅涵盖的历史年代很短，即使把“朱老巩闹柳树林”事件也算在内，历史跨度也不算很长。尤其是，这样的两个中心事件，并没有真正显示出农民革命斗争的伟大力量，而且在实质上都以失败而告结束。其次从“诗”的意味上看，《红旗谱》也的确创造了较浓烈的诗意的氛围，但是，还毕竟显得不是那么厚重。如果再进一步加上《播火记》和《烽烟图》，不仅历史跨度大大增加，一直延伸到了抗日战争爆发，全书历史已包容了近半个世纪中三代农民的革命斗争，而且，“高蠡暴动”以及“发动抗战”这些重大事件，也才真正表现出了广大农民的革命潜力和伟力。就“诗”意而言，“高蠡暴动”中的血与火的惨烈、七·七事变后日寇轰炸保定的残酷、抗日军民面对强敌的英勇，都实际上大大强化了《红旗谱》中的整体诗意，这是从宏观的总体的崇高和悲壮一方面而言。就个别的细节来看，后两部中也往往充满生活的诗意和斗争的诗情，请看《烽烟图》中的这样一段：

> 小囤从上到下，打量了一下冯老锡说：
>
> “当家的！要是我的胳膊上碾过大车去，你放我抗日去！”
>
> 冯老锡不待思索，哈哈笑着说：“好！放你小子抗日去，下半年的活

钱，算你白花了！”

小囤一听，心上一下子高兴起来说：“好啊！”他噌地站起身来，紧了紧“腰里挺”。两手拃着腰，晃了一下膀子，绷着嘴唇走到大车跟前，先打了一套“小太祖”，运了运气，两只胳膊互相碰了一下，攥紧了拳头，说：“来吧！”他单腿跪在大车底下，睁圆了两只眼睛向前看着，屏气凝神，把右胳膊放在车轮底下，伸出左手打了个手势，好像说：“来吧！”这时，小囤的身子骨儿如同春天地皮下的嫩芽，灌满了浆液，以茁壮的姿态，足够的精力，破土而出。他年轻的、滋润的皮肤，被太阳晒得黑黝黝的，当他真个要耍那俊把戏的时候，雅红曾想跑过去拉他一把。两脚刚刚要迈过去，游击队员们兴兴搭搭地把车一推，咕咚地响了一声，车轮轧过了小囤的胳膊。雅红心上扑通一跳，脸色像纸一样黄下来。

这里通过一个非常具有农村生活气息的场景描写，即充分表现了广大农民(包括中小地主)奔向抗战前线的热情，又反映了农民体魄的强劲以及青春的活力，当然也渗透着一种精神的强力；同时，也绘出了一对男女青年朦胧的爱意，几层意味交织成一种浓浓的诗意。这在《播火记》和《烽烟图》中是随处可见的。因而，作为“史诗”之作，三部作品前后一贯，不可分割。

作为规模空前的农民革命运动史诗，《红旗谱》最为突出的成就是首次正面描写了农民革命战争的大型场面。这种群众性的而且也是纯粹民族式的枪战场面，可以说是整个文学史上前所未有的。如果说“朱老巩大闹柳树林”的故事和情节在一些古典小说中早已有过相似的描写，而这种农民的个人的反抗在其他现代小说中也不乏见。但是，像“高蠡暴动”那样的规模宏大的农民战争场面，在文学史上，至今也是罕见的。即使像《暴风骤雨》《吕梁英雄传》等作品也写了农民革命战争，但也大都是参加了革命军队，或至少也经过了一定的训练，打起仗来也就显得多少有些章法，而《红旗谱》中的农民战争却是最地道的农民方式。作者没有对其进行任何主观的加工和拔高，更没有故意写得无往不胜、无坚不摧，从而也才真正反映出了农民革命斗争的道路的艰难。如第一次战斗即攻打冯家大院的场面就非常能够表现这种农民战争特色，战斗一打响，毫无战争经验且未受过任何训练的农民红军整个乱了阵脚，紧接着有这样一段：

> 朱大贵扛着机关枪，跟在朱老忠后头，一时无法制止这样庞大的人群。高跃老头儿走过来说："这样不行呀！"冯大狗也生气跺脚，说："这么打仗不行呀！碰上国民党兵，一下子就被消灭了！"朱老忠咂咂嘴，说："你说的哪里话，群众游击战争嘛，新起的队伍，当然不能和正规队伍一样！"人群冲到了锁井村边，一出庄稼地，不提防哗啦地一排子枪打过来，像是无数飞蝗落在庄稼叶子上，劈啪乱响。人群又呜地兜回来。他们今天第一次打仗，又是惊喜，又是害怕。听到第一声枪响，很觉稀罕。枪声不够清脆，但是很响，震得人心上突突跳着。不一会工夫，有火硝的气味顺着风飘过来……

这样的描写，简直把农民初上战场的心理写得惟妙惟肖。此后，还有各大队汇合之后向强大的白军包围圈突围的描写，那就更是见出这一刚刚组建起来的游击部队的幼稚和散乱，大多数人连枪栓还不会拉。所以暴动只能失败。这就是我们的农民革命战争初起的状况，但是，有了党的正确领导，战争也终于锻炼了广大农民，即使战争再艰苦，也阻挡不住农民革命的烈火，《红旗谱》中就记录下了那最壮丽的一页。

其次，我认为也是更为重要的一个方面，就是《红旗谱》三部曲的整体性，还在于其深层内涵的划一性。无论如何，把《红旗谱》看作是农民革命运动的历史画卷，都还是属于比较表层的认识和把握。从更深一个层面来看，《红旗谱》全书不仅为我们提供和形象地描绘了农民革命斗争的壮阔的历史画面；而且，更深层的意义还在于它全面完整地、多侧面地展现了我们民族的那种自古以来所铸炼成的自强不息、英勇无畏的强硬精神。这种精神支撑了我们这个古老的民族几千年的历史的跋涉，也同样支撑了现代中国的革命斗争和解放运动。当然，现代中国的革命斗争不仅靠着民族精神的支撑，因为有了共产党的领导，才有了更加明确的方向和取得胜利的坚实的基础。《红旗谱》对于这种民族精神的表现是全方位多侧面的，同样不能忽略其后两部的价值和意义。

作品对于民族精神的张扬首先比较集中地体现在朱老忠这个人物的身

上，这也是历来的评论家们所共同认可的。早在《红旗谱》刚刚出版不久，著名评论家冯牧、黄昭彦就曾在《新时代生活的画卷—略谈十年来长篇小说的丰收》一文中指出："朱老忠这一典型，不仅是一个普通贫雇农的典型，更主要的他是一个兼具有民族性、时代性和革命性的英雄人物的典型。他的旧时代起义农民的那种英雄品格；他的路见不平、拔刀相助的正义感，有点像鲁智深；他的没有丝毫奴颜和媚骨的硬骨头，有点像李逵；他的勇猛向上、正直无私的气概，有点像武松；他的有胆有识、深谋远虑的能耐，又有点像李秀成。他可以够得上鲁迅先生所称为'历史的脊梁'般的英雄人物。"[3] 这里从朱老忠身上看到了古代许多英雄豪杰的影子，的确是很有见地的。朱老忠的性格中的确凝聚了我们的民族精神中的许多方面的优秀品格。朱老忠可以看作是我们民族传统精神最为集中的一个典型和化身。这也的确是作者最为用力的一个人物。作者曾这样谈道："我爱农民，对农民有一种特殊的亲切之感。于是竭力想表现他们，想要创造高大的农民形象，所以一见到开朗、乐观、身体矫健、两眼炯炯闪光的老人，立刻感到自己的理想可以体现在他的身上，这位老人应该成为我小说中的主人公"。[4] 作为全书主要人物的朱老忠，正是作者长期从现实生活中孕育出来的。朱老忠的性格在《红旗谱》第一部中已经有了较为充分的展现，但是，他的真正圆整丰满，还在于第二、三部中才算最后完成。尤其是在第二部里"高蠡暴动"中担任红军大队长，那出生入死、冲锋陷阵的英勇无畏，以及失败后，在第三部中所表现出来的绝不向敌人低头，又终于投入抗战的气魄，都是最能体现这个人物的民族气节的。

从全方位多层面表现民族精神这一角度来看，朱老忠虽然可以成为全书中的主干，但他又不可能担负各种类型的民族精神内涵。就主要的方面和类型来说，与朱老忠相颉颃、相伯仲的一个人物是严志和。作为对于中国传统农民的性格与心理的刻画来看，严志和身上则更多一些纯粹农民的意味。作者曾说："我是把他作为一个地道的农民来写的。"[5] 与朱老忠相比，他的身上的确也更多了一些传统农民的成分，他勤劳朴实，善良本分，乐于助人，但他心胸比较狭窄，有些胆小怕事。他打官司输了一条牛，便不声不响地回到锁井镇，想守住自己那块"宝地"，"低着脑袋过日子"。而严酷的现实却并不能让他就此安宁。老妈妈惊愤而死，"宝地"丢失，运涛、江涛相继被捕，这些沉重的打击使他苦闷、迟疑，心里“像铅块一样，又凉又硬”，甚至想投河自杀。[6]这里都体现了农民性格中较软弱的一面。但总的来说，严志和在“温顺”的性格之中仍然潜埋着巨大的反抗的基质。作品中对严志和农民性格表现最浓烈最精彩也最让人动情的地方是丢失“宝地”后去与之告别的一段：

> “宝地”上收割过早黍子，翻耕了土地，等候种麦，墒垄上长出一卜卜的药葫芦苗，开着粉色的小花儿。两只脚一走上去，就陷进一个很深的脚印。严志和一登上肥厚的土地，脚下像是有弹性的，发散出泥土的香味。走着走着，眼里又流下泪来，一个趔趄跪在地下。他匍匐下去，张开大嘴啃着泥土，咀嚼着抻长了脖子咽下去。江涛在黑暗中看见他是在干什么，立刻叫起来：“爹，爹！你想干什么？你想干什么？”
>
> 严志和嘴里嚼着泥土，咕哝地说：“孩子！吃点吧！吃点吧！明天就不是咱们的土地了！从今以后，再也闻不到它的香味了！”

农民与土地的这种血肉相连、命运相关的密切关系和难以割舍的深情，在此表现得淋漓尽致。也正是通过严志和这种与土地的无比强烈的感情和极其独特的表达方式，才最透彻地揭示了广大农民最深层的意识和最高的心理向往。

在《红旗谱》的众多农民形象中，差不多每个人物都有着自己的一种个性，也都能够体现出民族精神的一个质点，可以分别从不同层面作为朱老忠、严志和的精神的补充与丰富。全书正是以朱老忠为精神中轴，环绕和聚集了最广大的农民精神之群。如百折不挠的朱老明，宁死不屈的朱老星，火烈刚强的朱大贵，天真纯洁的二贵、春兰，善良柔顺的涛他娘，泼辣仗义的贵他娘，甚至连老套子、老驴头等人物也都各具风采（书中老驴头杀猪一段令人叫绝）……他们共同织造成了我们民族传统的多姿多彩的精神图景。

然而，除此之外，我认为还应该特别加以指出的是，本着对于民族精神的全面展示，也不能轻视其中的张嘉庆、李霜泗父女、严知孝父女以及第三部中的马老将军等。其中，张嘉庆的形象具有双重性。他既是新时代中国共产党内的领导干部，而又带着非常浓厚的中国传统风范。他的“张飞”的绰号，就已经很形象地概括了他的主导个性成分。严知孝是中国传统知识分子的典型代表。他清高、孤傲，又坦诚正直，在豺狼当道，社会污浊的世界，想尽量远离政治，又不失报国之心。本质上还是怀抱着一种“达则兼济天下，穷则独善其身”的文士古风。在民族存亡、国难当头的关键时刻仍然敢于拔剑而起，不辱斯文。其女严萍是他性格的一种延伸，更是一种升华。严萍最后成为党的一名优秀战士和领导干部，内心中仍然流动和承继着父辈的遗风。李霜泗这个形象比较复杂，但也很真实，在当时的中国也不乏见。他在第二部中出场参加暴动，又在第三部中英勇就义，不仅给全书增加了许多慷慨悲壮的诗意，而且也大大丰富了作品的精神内蕴。李霜泗出身于土匪，但他本质不黑。他的落草同当时的许多同类一样，实在是被逼无奈，拉起竿子之后又坚守“杀富济贫”的原则，从不骚扰百姓，而且到处行侠仗义。这样的人物一旦找到正确方向，定会发挥巨大的正面作用。其女芝儿也是他的性格的延伸，芝儿最后的下落不明给读者留下了一定的想象的余地。在这两个人物身上我们更多地看到了古代梁山众好汉中的许多传统品质。

在第三部才正面出场的马老将军一下子占了不小的篇幅，这在全书的总体氛围中无疑形成了一次较大的缓冲，如同一首雄壮激越的乐曲中插入一段舒缓流畅的抒情音调。马老将军的性格属于我们民族精神中的又一种类型。他看上去生活得很闲散，过着陶渊明式的隐居生活，每日拾掇自己的一片小小的田园。但是，他的内心却一直涌动着一团炽热的烈火。在表面的情绪高度平静中，丝毫没有泯灭抗敌报国之心，实际上是一种外柔内刚。作为一个充满正义情怀的老军人，他对世事人情洞若观火，他最不满的是官场的腐败尤其是国民党内置民族利益于不顾的投降主义路线，他在整个革命斗争和抗日活动中尽可能地发挥着一些带有关键性的作用，如释放江涛、组织后援会等。马老将军在他的看似世外桃源般的田园生活中并未走向心灵的消沉，他一方面养炼着自己的体魄，也强化着自己的正直的精神，同时思考着国家的前途，人民的命运。书中通过他的养蜂，表述他的一种较朴素的社会理想，他面对繁忙有序的蜜蜂对严萍说道：“我最喜欢蜜蜂，它们的生活，比目前的人世社会安排得还合理……”他羡慕的是蜜蜂的勤劳和秩序，是他们的社会分工与平等。当然也就表露了对于当时社会的强烈不满。

《红旗谱》全书就是从以上的各个层面和方位上，全面展示了我们的民族精神和人民的意志，并以朱老忠为主干，最终形成一种强大的合力，从而整体显示了我们民族精神的强硬。作品以雄浑的气魄告诉人们，只要有这种民族精神在，我们这个民族就会永远顽强地生存下去，就会战胜一切邪恶的力量和强大的外敌。这也正是我们民族能够得以自强不息的根本。

在《红旗谱》的重大主题中，还有更为重要的一层，那就是，《红旗谱》所表现的时代，毕竟已不再是梁山好汉的时代，也不再是李自成的时代、洪秀全的时代，朱老忠们的反抗也就不再是完全出于自发，而是终于找到了共产党的正确领导。沉积在广大人民之中的顽强刚硬的民族精神一旦有了充分科学的现代思想的组织和指导，才终于开辟出了解放自己的正确道路。《红旗谱》就是把这种正确的领导形象化为鲜艳的红旗，从此照亮了千千万万农民的心。在《红旗谱》的第二、三部中，“红旗”的意义和作用才真正展开和充分发挥出来。从“高蠡暴动”开始的精心缝制红旗，到暴动失败后庄严地埋藏红旗；后来在重新建立党的组织之后又以红旗作为证据，并再次举起红旗进一步发动抗战。红旗这一象征和艺术内涵到此才得到了充分的表现。党的领导人贾湘农、江涛等都向革命群众反复宣传红旗的意义，而书中的贾湘农、运涛、江涛也都是红旗式的人物，是他们直接体现着党对农民革命运动的领导，尽管他们也出现过一些不同程度的失误，但，他们的坚定的革命信念和在斗争中不断成熟起来的革命精神，却在广大农民心中树立起了一面永恒飘扬的红旗。在“高蠡暴动”开始时，朱老忠向人们讲述了红旗的意义：“看！这面红旗，就是我们共产党的党旗，我们就凭着这面红旗指挥千军万马，向日本鬼子进攻，杀尽那些汉奸卖国贼们，打退日本鬼子”“这面红旗要出在你们妇女之手，看看你们光荣不光荣？你们要好好把你们的革命的心思，和抗日的要求缝在这红旗上，要一针针一线线缝得结结实实，每个针脚都缝上你们的心血和希望。”朱老忠这些农民革命者对于党的领导也许始终没有达到多么高的理论上的认识，一直到抗战以后，江涛还这样评价朱老忠：“江涛只觉得这位革命的老爸爸是可爱的，只是文化水平和理论水平把这个久经锻炼的老战士限制住了。”但是，他们对于红旗的信念却是永远坚定不移的。朱老忠还曾这样表示：“我们要听从党的领导。党在我们心里就是一面红旗，这红旗向东指，我们就向东冲。这红旗向西指，我们就向西冲，我们听从上级的指挥。”从理论上说，对于农民意识的改造和教育显然是一个长期的问题，尤其是具体到每一个个体的农民成员来说，不可能在一朝一夕之中便脱尽农民的局限。许多客观条件确实牢牢地束缚了他们的思想。如《烽烟图》中有一段写江涛组织县委会成员学习《党的建设》《游击战术》《抗日民族统一战线问题》等理论著作，朱老忠和严萍也列席参加，其中就有对朱老忠的这么一段描写：“朱老忠拿起一本小书，他眯细了眼睛，在灯下反复看着。离远一点儿，再离近一点儿，模糊一片，说什么也看不清楚。他抓着脑瓜皮，急得浑身发痒。他想：‘这样重要的文件，咱要有个眼，多好！’他转过身递给严萍说：‘你有眼，你看。’”这虽然表面是写他的人老眼花，但同时也表明了这位农民革命者对于理论学习上的距离。但是，他们对党的坚定信念，却融化在了血液之中，书中还有一处写朱老明在听到江涛出狱的消息之后，激动地“一时头晕，瘫软在神桌底下，立时他的脑海里闪出一面血染的大旗，飘在他的眼前，贾老师带着暴动的队伍迎面走来……”作品中还有几处写农民群众在幻觉或梦境中出现红旗的描写，都极其深刻和形象地说明了农民对于党的领导的渴望和坚信。继承了传统民族精神的广大农民又有了对党的坚定信念，革命的成功已经有了最基本的保障。这是《红旗谱》中蕴涵的一个深刻的主题。

这部作品在艺术上的一个更有创造性的特点是其开笔定调和一句抓住人心。这是许多读者阅读《红旗谱》时都共同感觉到的，却是历来的研究者们所大多忽略了的。《红旗谱》的开头一句：“平地一声雷，震动了锁井镇一带四十八村：‘狠心的恶霸冯兰池，他要砸掉这古钟了！’”这样的开头在语言上看似平平淡淡，实际上却具有无限的魅力，它一下子在读者心中响起了一声惊雷，而且随即设置了较大的悬念，激起读者强烈的阅读兴趣和追根究底的欲望，从而也就一步步将读者带入一个雄浑的艺术境界。这样的开头在整部《红旗谱》的艺术建构中粗看上去也许显得微不足道，但这其中却实在有着非常玄奥的心理学方面的道理。是值得从接受美学角度加以细细分析的。在《红旗谱》刚刚出版后的一次座谈会上，书中财政局局长的原型曹承宗曾这样说道：“刚刚拿到这本书的那天晚上，我睡在被窝里，把书打开，才看了第一句——‘平地一声雷……’就把我的思想一下子吸引住了。不知道是一种什么样的心理学上的原因，我当时欢喜得看不下去，脑子里总在想着：这里面有些什么东西，这里面有些什么东西……”[8]这实在是一个普通读者早就给研究者提出的一个学术问题，的确也是应该从理论上加以深入地解释的。

至于《红旗谱》在艺术上的某些粗糙之处，也确实是存在着的，但却并不像以往人们所指出的只表现在后两部中。严格地说，后两部在语言操作及节奏掌握上甚至显得比第一部都更加成熟和老练。我认为，这本书在整体上的缺陷在于受当时流行观念的影响，经常强行向政治概念靠拢，唯恐其中革命和抗战的主题不够鲜明。时时由作者直接去讲述或者强加给人物一些政治术语，读起来显得很生硬。尤其是再版时的修改之处，更是带有更多的当时流行的政治观念的痕迹。

《红旗谱》是我国文学史上一部难得的佳作。对于其艺术价值的研究还远远不够。本文愿作一个新的起点。

1997年2月16日于河北大学

《文艺理论与批评》，1997年第3期

注释

1.参见汪名凡主编：《中国当代小说史》，广西人民出版社，1991年版，第103页。
2.同上。
3.二十年高等院校编《中国当代文学研究资料·梁斌专辑》。
4.《漫谈〈红旗谱〉的创作》，《春朝集》第28页29页。
5.《漫谈〈红旗谱〉的创作》，《春朝集》第37页。
6.这里需要特别指出的一点是：《红旗谱》中江涛入狱后，有一段对严志和探监的描写。这段描写在初版时是写严志和感到非常绝望，于是想投河自杀，其中有一大段思想斗争。但后来再版时却把这一段改成坚决与敌人作斗争的心理活动。这样的修改实际上不如原稿更符合严志和的性格。
7.梁斌：《播火记·后记》。
8.《老战士话当年》，《文艺报》，1957年第5期。

# 《红旗谱》与《白鹿原》：两个时代的两种历史叙事

朱水涌

《红旗谱》是50年代、60年代中国优秀长篇小说之一，它出版后便被称为“史诗式的作品”，是以概括了中国人民革命斗争的“伟大历史图景”，而成为中国当代文学创作的“一个重大收获”。[1]《白鹿原》是90年代中国最重要的一部长篇小说，与当年的《红旗谱》一样，它面世后便产生了相当广泛的社会影响，也获得“史诗式作品”的评价。尽管对《白鹿原》还有着诸多争议，但作为“一部新时期最厚重、最值得研究的力作”[2]则是可以肯定的。把《红旗谱》与《白鹿原》（以下分别简称为《红》《白》）放在一起分析，这不仅因为中国当代文学史上的这两部重要长篇有着惊人的可比性，而且通过这两部历史叙事的比较，可以看到两个时代中国文学不同的创作风貌，进而去探讨当代历史叙事的变化及其精神结构的变动。

## 一

《红》与《白》在小说类型上都可以称为家族小说。莫尔根在《古代社会》中认为，家族是随时代而发展的，它也分担了“人类经验中的一切兴衰变迁”，是认识人类进步过程的珍贵标本。除此，家族还时常被人称为“文化的千层饼”，因此，家族小说历来就是中外文学表现历史和复杂的人文内容最经济最丰富的叙事。在中国当代文学史上，《红》与《白》都是以家族的变迁、争斗来表现历史嬗变和民族精神的艺术实践。但《红》让家族直接参与到具体的历史事件中来叙述，表现出阶级的历史希冀，历史信息更直接出自历史的“原生情境”;《白》则倾向于家族结构及其变动和一些历史经典行为的叙事，历史信息更多地来自家族叙事的隐喻性，表达的是作者对民族历史及其存在的思考和生命感受。

《红》取材于作者一生难以忘怀的“二师学潮”和“高蠡暴动”,这两个华北地区革命斗争中的具体事件是小说叙事的重心和高潮，锁井镇上两家农民三代人的历史和一家地主两代人的历史,就是在这两个历史“原生情境”的发生发展中得以展开的。作家梁斌的叙事目的很明确，他说:“我写这部书,一开始就明确主题思想是写阶级斗争”。[3]这样,家族的行动直接进入历史中的政治事件,阶级斗争的观念贯穿于叙事之中,锁井镇便划分出以朱、严两家为代表的农民阶级跟以冯兰池家为代表的地主阶级这样两大对立的阵营。朱、严一方经济贫困,政治上跟共产党走,文化上是宗法的造反者;地主一方经济富裕,政治上是国民党政权在乡村社会的代表,文化上占据宗法霸权;而血缘上农民三代人气血相通,地主两代人也一脉相承,双方都没有出现叛逆自己阶级的人物。三个家庭两大阵营,经历了“大闹柳树林”“对簿公堂”“反割头税”“二师学潮”,直至第二部描绘的“高蠡暴动”等尖锐冲突,农民的反抗就循着一条从传统到现代、由自发到集体的政治理性轨迹成长,叙事也在一个全知叙述者对历史时空的全局把握中，用过去到现在的循序而进方式与主题对应起来,由此将家仇族恨演化为阶级对抗,并汇入政治斗争和民族矛盾的漩涡中,通过家族生活流程与革命斗争历程相一致的概括性想象,叙述现代中国农民的成长史,完成了以国共斗争为核心的、以农民为主要同盟军的中国革命史的文学建构。这是一种革命的叙事,这种历史叙事的最主要特征是以意识形态建构中的二元对立方式，来组构贫富对立、族姓对立和阶级对立,在50年代60年代的中国文坛,这种叙事可以说是一种典型模式。

《白》显然不属于这种叙事。《白》所叙述的历史时空和对象虽然与《红》相去不远,但陈忠实要组构的是“一部民族的秘史”,这是《红》那样的阶级对立模式无法表达的。与《红》不同,《白》没有太多地去直接展示创造了历史大动荡的集团之间的搏斗,它更关注的是历史斗争背后的文化行为,它把政治斗争作为故事的背景,让叙事的焦点始终对准黄土地一块聚族而居的坡塬,通过白、鹿两姓合二而一的宗法文化的恒常与震荡，来探究民族的生存和精神历程。很多评论以及《白》的“内容说明”都称《白》叙述了“一个家族两代子孙，为争取白鹿原的统治代代争斗不已”的故事，这其实很不全面，像中外许多著名的家族小说一样，《白》的叙事世界是由家族之间及家族内部以及家族与社会诸多错综复杂的关系组成的，这里更多的是诸如出走与回归、繁衍与毁灭、再生与腐朽，以及父子冲突等等历史的和家族的经典行为。

《白》重点描写两姓一族三个家庭：白家按阶级成分是地主，主人白嘉轩是一族之长，执掌宗祠文化大权，但他却是农民心目中德高望重的宗族领袖，政治上他不涉猎任何党政派系，他的对立面不是党派也不是农民，而是违背千年礼俗和族规的任何人；鹿子霖家也是地主，他当了乡约所以在政治上与国民党政权有所瓜葛，也因此增加了一点儿与白嘉轩明争暗斗的资本，但他与白家的争斗并不在于经济政治上，而在于人格面具在于更多更高地享有宗法权力；另一家是白嘉轩的长工鹿三，这个穷人不仅不像朱老忠他们那样起来反抗地主剥削压迫，反而把东家当作自己的恩人，虔诚地信奉和捍卫着东家执掌的宗祠文化。这样，《红》那以农民和革命政党为一方反抗地主、宗祠文化与反动政权同盟的历史叙事模式，在《白》中就被以文化为纽带的叙事代替了，叙事从社会斗争走进日常生活，伸入民族文化心理，也由此显得更复杂更隐秘。

再看家族血缘关系上的叙述。在《红》中，锁井镇农民的第三代都参加了革命，地主的第二代投靠了官府，由家仇族恨演化的阶级间的政治斗争是几代人延续而下的。《白》在叙述白、鹿两姓第二代人的故事时也有了较浓烈的政治色彩，国共斗争到这时已成为一条重要的叙事线索，白、鹿儿女们的社会政治角色也有了国共之分。但他们之间以及他们与父辈的关系，则不可能像《红》那样以政治立场去加以确认。叙事在这里横枝逸出，错落生长，曲径通幽，最后都联结到了白鹿原文化精神这个叙事支点上。

白孝文是白家长子，他从族长的继承人到家族的弃儿再成为国民党县保安团团长、最后率队伍起义当上家乡的县长，经历了生命的禁锢与诱惑、道德的堕落沦丧和死亡恐惧及洗雪耻辱的精神苦旅，但当他把同路起义的黑娃处死时，就意味着他已完全抛离了白鹿原这个“仁义之乡”的文化精神；

黑娃是白家长工鹿三的儿子，他的人生道路是白孝文的鲜明对照，他带回东家的小老婆，他闹农会搞“风搅雪”，他捣毁祠堂当了土匪，这都是对白鹿原原有生活和文化秩序的叛逆造反。但在经历一段生命动荡的岁月之后，他回乡认祖归宗，在自己原先仇视的白嘉轩族长主持下完成了祭祖仪式，并成了圣人朱先生理想的关门弟子。黑娃的这条道路，隐喻的是一种文化的回归。白鹿原上的这两个身份不同性格相异的第二代人，一个从“仁义之乡”的家族继承人变成非仁非义之徒，一个从“仁义之乡”的叛逆者回归到文化故乡的怀抱，这正好从相对的两个方向起笔，描画了一个文化历史的圆圈：白孝文的起点是黑娃的终点，黑娃的终点则是白孝文的起点。有人抛离，有人回归，时有离去，终究返回，这正是一种民族历史处于恒态不衰而又不无变动的表征。

白嘉轩的女儿白灵联系着白的仇家鹿子霖的两个儿子。白灵本与鹿家的二儿子鹿兆海相恋，终因两个选择了不同的政治道路而分手，后来与鹿家的大儿子鹿兆鹏一起搞地下工作，结成了一对革命伴侣。一对仇家的第二代青年男女相爱是中外家族小说经常出现的情节，这往往引出父子冲突这个历史母题，但《白》中的父子冲突并不是由仇家子女相爱而带出的。白灵从父亲的“掌上明珠”变成父亲“当她死了”的人，是因为她不愿回到家族既定的“耕读”之路，她逃出家族的囚牢投奔了革命；鹿兆鹏与父亲的冲突方式也是出走，他有自己更远大的人生目标，他不能服从于父亲为了家族利益而为他安排的婚姻。在中国现当代文学的历史叙事中，“出走”已成为一种叙述历史的经典行为，它是冲破黑暗、反抗家族封建禁锢的有效表达方式，在这样的叙事中，“出走”者往往就与自身的文化母体完全割断了联系，以此显示人物与过去、与旧文化的决裂。但意在揭示“民族秘史”的《白》的叙事显然要深沉而复杂，它让文化母体的丝丝缕缕缠绕在那些“出走”家园的人们心灵。鹿兆鹏坚持在家乡一带搞革命所表现出来的坚韧与执着，就带着鹿姓门族祖辈传授下来的“勾践精神”；白灵牺牲时表现出来的凛然与男儿般的血性，分明犹如挺直腰杆站在苍茫原上的父亲白嘉轩；还有战死于中条山的鹿兆海，“临终时唯一的一条遗愿就是躺在家乡的土地上”。而白鹿原上对于这些“出走”的年轻人也不是势不两立的，当鹿兆海被称为抗日烈士尸体运回原上时，白鹿原的父老乡亲把他作为“白鹿精魂”举行了最隆重的葬礼，并由此激起了八君子弃文从军的壮烈举动；还有在白灵被活埋的那天晚上，白嘉轩、白母以及朱白氏都不约而同地梦见“原上飘过来一只白鹿”，而白鹿在小说中正是象征着一种不死的精神。《白》的叙事就让那只神秘的想象中的白鹿不时地腾跃在情节的关节点上（包括原上圣人朱先生逝世前“院里腾起一只白鹿”），由此将历史叙事指向了那块固结白鹿家族文化体。

由此可见，《白》已不再像《红》那样，将家族、历史与政治、经济作平行的叙事，历史意识到的内容也不再由家族间阶级的对立运动来得以体现。无论是描绘白、鹿两姓宗法的、礼俗的生活关系和冲突，还是叙述白鹿家族年青一代生死与爱情、出走与回归，《白》的叙事都着力于揭示历史生活形态后面所隐藏的文化因素，它是将家族作为一条固结民族文化的缆绳或锁链，借白鹿家族的兴败动荡，去探索民族生存发展的文化隐秘。如果说《红》是在二元对立叙事中建构了现代中国农民革命的斗争历史，那么《白》就是在一个更复杂的文化体中，开掘着民族现代旅程的内在历史，这包含着民族精神生活的恒态与变动，以及民族在现代转型中具有悲剧意味的历史命运。

## 二

读《红》你眼前是一位在历史的风云际会中呼啸前行的农民英雄，他叫朱老忠。朱老忠十几岁被迫闯关东，二十多年后回到锁井镇报家仇，以后是伴随着革命斗争的发展迅速地成长起来。这个形象被认为是17年文学中“最有艺术光彩的典型”，其思想性格“深刻地概括了我们这个世纪劳动人民的英雄品质和历史命运”；[4] 读《白》，你眼前则是一位在苍茫的黄土坡塬上挺直着腰杆走着的乡村长者，他不是普通的农民，但他一样受到乡民的拥戴，他叫白嘉轩。白嘉轩经历过太多的风云变幻，但没有一次历史动荡动摇改变他心中固有的为人处世之道。然而，当他最后也不得不架起一副祖传的眼镜，拄着拐杖重新出现在白鹿村的村巷时，我们又能感受到凝聚在这个人物身上的历史沧桑。

朱老忠与白嘉轩，一位是17年文学塑造出来的农民，一位是90年代文学创造出来的乡村地主，这本来会是一组相互对立的人物，像《红》中那样朱、冯两人是势不两立的阶级仇敌，但今天把这两个人物放在一起，则能从两个层面看到民族的那种人格理想，看到民族的人格理想在不同时代的文学中是如何被表现的。

朱老忠曾被称为是集民族性、革命性和时代性为一身的人物，[5]作者在创造这个人物时，除了要完成阶级斗争的主题外，他还“想要完成一部有民族气魄的小说”[6]，因此他借当时的典型化手段，几乎让朱老忠集中了中国农民传统英雄性格的最重要因素，尤其是那燕赵慷慨悲歌之士的气度。豪爽仗义，刚正不阿，“为朋友两肋插刀”，这是朱老忠性格最吸引人的地方。他对农民兄弟说：“有朱老忠吃的，就有你吃的”；他为分担严家的痛苦倾家荡产在所不辞；他闯济南探狱，在保定飞车救走张嘉庆，这些举动是不顾身家性命的；他要报仇雪恨的意志是“刀剑铡我三截也不改”，这一切都有着浓重的民族理想中侠客义士的色彩，而侠义之气，却是中国百姓和底层文人理想中的英雄气，是他们为摆脱困境超越现实而想象出来的理想人格。这种“义”的品格总是与情连在一起，所谓“义重如山，情同手足”，这是以血缘关系为基础的传统文化中人格价值的重要部分。而作者恰恰是在“情与义”方面赋予了朱老忠革命性的内容，他让朱老忠的情与义带上强烈的阶级爱憎，以此来区别于旧时“为知己者死”的侠客豪杰。这样，朱老忠一面是与冯兰池这样的地主阶级不共戴天，一面是为穷人兄弟“两肋插刀”，他的民族性便成了他革命性的根本基础，驱使他走上了新的反抗道路，由一个传统的“慷慨悲歌之士”成长为一个具有阶级觉悟的先进农民。人物因此也具备了那个时代所要求的审美价值。显然，民族的人格仅仅是朱老忠的个性特征，一个性格起点，在《红》这样的革命叙事中，这种性格特征是为人物的革命性服务的，朱老忠最终是要在政治理性的引导下，从民族的豪侠之士走向成熟的革命战士，这个性格的成长发展历程，也就是以无产阶级为领导、以广大农民为同盟军、通过消灭敌对阶级建立共和国的历史进程的一种艺术化叙事，50年代60年代中国革命历史斗争题材的文学作品，大多是用这样的叙事来反映这样的历史。

白嘉轩则不是个成长发展的人物，他始终与固结着那块黄土地的文化以及这块土地的生存方式浑然一体，他像他生长的那块土地一样，在沧海桑田的变幻中未曾动摇过自身的根基，他坚守着并且身体力行着祖宗传下来的宗法文化的全部要义、规范和准则，在乡村社会中充当着一个几近人格神化的角色。这个人物既隐喻着民族的人格理想和文化理性，也暗示着民族文化在历史进程中的悲剧感，在这个人物身上，几乎集结了民族性格的全部丰富性和复杂性，融入了作者对于我们民族深重的思考。

与朱老忠一样，白嘉轩也有许多义举。归还李家寡妇的田地并周济李家粮食、银圆；为乡民的利益发动鸡毛传贴和交农事件；为农协会员求情不计个人恩怨；率村民祈雨自己两肋插刀……这一些行为有的甚至是惊天动地的。在《红》中，朱老忠的义举善行为的是穷苦兄弟，阶级爱憎是极其分明的；在《白》中，白嘉轩的义举善行不分穷人富人，为的是让白鹿原成为“仁义之村”，把白家立家立身的纲纪世代延续坚守下去。小说第二十七章写到黑娃被捕，黑娃曾率众砸了宗祠、还打断了白嘉轩的腰杆，可谓白嘉轩的仇人。但白嘉轩得到他被捕的消息便出门上路，到县上探狱并设法营救黑娃。儿子白孝武怪父亲忘了前事要“让原上人拿尻子笑”，白嘉轩则说这当口救下黑娃会让黑娃学好，“谁笑我是谁水浅”。这种以德报怨的行动，正是白嘉轩在白鹿原上努力构建的“仁义”思想的具体表现，所以朱先生称“这心肠这肚量这德行，跟白鹿原一样宽广深厚永存不死。”如果说朱老忠所表现出来的民族性格是为了显示农民潜在的巨大革命性，那么白嘉轩所表现出来的民族文化思想和人格，则是在显示民族生存发展的一种固有的精神，一种令人追思不已的人格价值，这包含着白嘉轩的慎独、坚韧、执着和不为现实运动所左右的人格魅力。

但与朱老忠不同，白嘉轩不纯然是个理想人物，在他坚守着白鹿原这块传统文化精神领地的一生中，他也有着相当残忍的无人道的表现。出现整肃村风，他对赌棍烟鬼施行酷刑；鉴于族规受到触犯，他对一位外来女子田小娥和亲生儿子白孝文处以令人发指的“刺刷”；他的宝贝女儿一旦背离了家族的运行轨迹，他也毫不犹豫将她囚禁起来，“当她是死了”；尤其在对待田小娥的问题上，更表现出一个宗法文化坚守者可怕的冷酷。他不仅在田小娥的尸骨上建起所谓的“镇妖塔”，并且连荒原飞起的小飞蛾也一并除灭干净。这位为了宗法的延续娶了七房女人的“豪壮”男人，既显示了一种文化和精神的顽强生命力，同时也表明了这种文化秩序压抑生命及其礼俗的“吃人”性。对于白嘉轩来说,他的生命信念就是“在原上建立一种精神”,而这种精神的具体指向则是要让子孙们如同自己和自己的祖宗那般地生存存在和发展。

为此,他以仁爱之心、以义举善行来建设原上的世界;以残忍的手段、严酷的族规来维护这个世界,同时冷峻地把自己和历史运动拉开了距离,以保持住那块稳固不变的文化领地的自立。然而,现实与历史的现实运动则一次次地击碎了他的愿望。白嘉轩沉重地说过一句话:“要想在咱原上活人,心上就得插得住刀。”“心上插刀”,这道出了这个人物内在的辛酸、悲凉和难以言表的痛苦。

仁爱的长者与严酷的族长、人格的慎独与生命的悲哀,这几重因素的相互激荡,构成了白嘉轩内在的性格内容,这样的人物作为作家叙述民族秘史的一个隐喻体,他给了我们一种精神的希望,同时也给我们带来了某种文化悲哀,而这种复杂的审美感受,正是作家执着地寻求民族文化的希望与深沉地思考民族历史悲剧所带来的产物,它所体现的也是一种现代的焦虑。

## 三

《红旗谱》的开篇是一种震撼性的叙述:“平地一声雷,震动了锁井镇一带四十八村,”狠心的恶霸冯兰池,他要砸掉这古钟了!这个开篇一下子拉开了两个阶级生死冲突的阵势,用山雨欲来风满楼的预兆将读者接回到革命历史斗争的场景,激越、豪迈,带着明确的指示、决然的判断和不容置疑的叙述语气。小说的结尾是朱老忠救出张嘉庆,“冀中平原上,将要掀起波澜壮阔的风暴”,叙事充满了自信和扑向风暴、迎接胜利的喜悦。

《白鹿原》的开篇则是一种苍凉的情调:“白嘉轩后来引以为豪壮的是一生里娶过七房女人。”这里尽管出现了“豪壮”这样的形容词,但以“后设叙述”道出,这“豪壮”却增添了一种男性的悲哀。像白嘉轩这样一位如此身体力行于建立一种“白鹿精神”的男人,当他过了人生奋斗的年龄最终回忆一生仅仅留下“娶过七房女人”的“豪壮”时,那是一种多么可悲的命运。与《红》不同,这样的叙事开篇不是把读者带进历史斗争的场景,而是带进人的生命,带进家族的生活,带到一种让人思索的文化环境。小说结尾呼应了开篇的苍凉感,挺直着腰杆生活的白嘉轩终于老了,他双手拄着拐杖,向他的仇家鹿子霖表示忏悔，但鹿子霖已经疯了，“白嘉轩轻轻摇摇头，转过身时忍不住流下泪来。”白鹿原上是一片苍茫的景象。

豪迈与苍凉，这构成《红》与《白》以家族叙述历史在风格上的美学差异。

这里有必要谈谈“五四”新文学以来的家族叙事。在中国新文学史上，出现过一批用家族小宇宙反映时代变迁的名篇巨著，像巴金《家》《春》《秋》，老舍的《四世同堂》，端木蕻良的《科尔沁草原》，路翎的《财主底儿女们》，等等。这些作品都给我们带来了社会变迁与家庭解体的历史信息，为我们提供了一个罪恶的、窒息的、残害和压抑生命的“家”的形象。《家》中的高家将一个个善良、懦弱的青年男女推上了绝路；《四世同堂》中的祁家用家庭伦理的绳索绑住了报国之心；《科尔沁旗草原》中的丁府对外是穷凶极恶的霸占，内是腐朽肉欲的耻辱；《财主底儿女们》的蒋家则是在守旧、钩心斗角与叛逆、分化中走向分崩离析的结局。这些家族小说总是借助于家族结构与社会结构的相似性，让家族的叙事在某种意义上成为“老中国”和旧世界的缩影。虽然在这批家族叙事中，我们都看到了出走家庭的经典行为，看到了家族叛逆者所带来的新生和希望，但那家族随时代的变迁而解体的悲剧命运，在叙事风格上体现的是一种悲凉、忧郁、哀愁的基调。除了延安时期的解放区文学之外，这种悲凉的叙事几乎贯穿了中国现代文学 30 年，那是中国现代作家面对如磐的封建罗网而祈盼着民族走向现代文明的焦虑体现。但 40 年代的延安解放区文学，则在明朗的天空下创立了自己一种明朗的美学风貌。

中华人民共和国成立后，中国当代文学是以解放区文学的方向为其发展方向的。从 50 年代开始到 60 年代初，文坛洋溢着政治激情、浪漫的想象和英雄主义的气概。那时，中国刚刚结束了鸦片战争以来近百年的破败与耻辱而获得独立解放的新生，人民刚刚从现实的苦难和旧文化世界里走了出来，他们满怀着从废墟上创建新家园的信心，充满着开辟新大陆的豪情，坚定地相信一个崭新时代已经降临。这时期的作家以一种睥睨前代的目光，一面热情地记录着轰轰烈烈的现实建设，一面记忆犹新地回顾革命斗争胜利的旅程，追叙着那一番摧枯拉朽的史诗般业绩。尽管这期间曾有几次政治运动给他们带来某种疑惑和“心理堵塞”，但他们根本不怀疑已经发生和正发生的一切的合理性，尤其像《红》的作者梁斌这样的作家，他们经历过革命战争和阶级搏斗的洗礼，抱着对一种事业的忠诚与坚信，革命的经历与革命的教养使他们形成了不同于“五四”作家的艺术趣味和感觉，他们更愿意相信革命现实主义的立场、阶级观点和党性原则，相信文学要揭示出革命胜利的前景，当他们进入创作时，会很轻易地把革命胜利的喜悦与百年来民族强悍的迷恋融为一体，造出一种民族历史呼啸前行的艺术形象。茅盾当时就说：从《红旗谱》看来，“渗透在残酷而复杂的阶级斗争场面中的，始终是革命乐观主义的高亢嘹亮的调子”，其风格是“浑厚而豪放。”[7] 高亢嘹亮的调子，豪放热烈的叙事，明确的阶级意识和政治激情。这不是一个作家或一部作品的特殊之处，而是50年代、60年代在中国形成的一种时代文艺的共同特征。“五四”新文学的悲凉、忧郁和哀愁的情绪。因其不适应于这个新生时代的社会心理和社会实践而被抛弃了，“五四” 以来中国现代作家的那一片沉重的现代忧虑，也被民族新生时的那种喜悦和激情冲刷干净了。

但到了20世纪的最后20年，忧思与焦虑又回到了文学创作中。在经过了“伤痕”文学对“文革”倒行逆施历史的控诉和政治情绪的宣泄之后，“历史反思”文学的思潮使中国当代文学注入了深深的政治的、历史的和人性相互交错的思考，这些思考的往前推进和向纵深掘进，便带出了文化反思的文学主题。

反思既是一种回顾，更是一种再认识，一种重新确认和重新建构，它一定不是意气风发、豪放热烈的，而且一定发生在历史转折、文化转型的关键节点上，一定带着转折时期的深切忧虑。就家族小说而言，在80年代中后期，已经有几部作品表现出了这种浓重的忧虑。张炜的《古船》和莫言的“红高粱家族”系列就是其中的代表。《古船》中隋家最新型的家族传人隋抱朴的自责忏悔以及他在大磨旁用半个青春年华思考《天问》和《共产党宣言》的举动，《红高粱》中那位“不肖子孙”对于爷爷、奶奶辈生命辉煌的崇拜记忆，都透露出中国当代作家的一种现代忧伤和思虑。如果说“五四”新文学的悲凉感来自旧家族旧中国的重压和现代作家对于民族现代沉疴命运的忧思，那么80年代中后期以来中国文学的忧虑，则是出自对民族要如何走在现代路上的文化思考。就是这一点上，《白》的作者表现出一个中国作家的现代性焦虑。

《白》的叙事风格是苍凉的，这种苍凉的风格来源于作家对民族文化所抱的希望与历史事实“不可能”的内在矛盾。

《白》的创作出版是在90年代初期，这是现代中国文化转型的关键时刻。商品经济大潮忽然而至，外来文化思潮接踵而来，世纪之交的焦虑倏然而升，此时的中国文坛，有人只看到权欲和物欲驱动下的欺骗、杀戮和死亡，有人正在将文学从民族生存、社会使命和信仰关怀中疏离开来，自然也有人坚定地竖起了信念和理想的大旗，理想、道德、人文精神和固有文化的价值正在受到世纪之交的严峻考验。陈忠实在此时怀着一腔责任，和许多使命作家一起，沉重地担负起文化重建的重负，力图在小说中作一次民族人格再造的努力，与“五四”文学批判传统相反，陈忠实在《白》中并不把正统儒家思想看作国人乃至民族生命委顿的渊薮所在，而让他笔下的主人公在家族这个自足的宗法世界始终处于优越的地位，由此去开出一条文化拯救的路。但陈忠实也清楚地看到白嘉轩和白嘉轩所代表的文化世界在历史面前的无能为力，作家内心世界显然隐藏着一种对我们民族血缘的沉重忧虑，因此，整部家族的历史叙事，在苍劲的基调上又染上了茫然的哀愁，让人体验一种文化重建的艰辛和苦痛。

从“五四”新文学的悲凉、忧郁到50年代60年代文学的豪迈热烈到世纪之交文学的苍凉，这实际上也体现了中国现代作家在民族现代历程中的一条心灵轨迹。

《文艺理论研究》，1998年第5期

注释

1.冯健男：《论〈红旗谱〉》，《蜜蜂》1959年第8期。

2.雷达：《废墟上的精魂——〈白鹿原〉论》，《文学评论》1993年第6期。

3.梁斌：《漫谈〈红旗谱〉的创作》。

4.《中国当代文学史手稿》(上)第132页，人民文学出版社1980年。

5.参见冯牧、黄昭彦：《新时代生活的画卷——略谈十年来长篇小说的丰收》。

6.梁斌：《漫谈〈红旗谱〉的创作》。

7.茅盾：《反映社会主义跃进的时代，推动社会主义时代的跃进》。

# 试论《红旗谱》中方言词语的运用特色

郭伏良　白云霜

著名作家梁斌1957年出版的小说《红旗谱》以磅礴的气势、豪迈的风格，艺术地再现了第一次国内革命战争时期，冀中农民在中国共产党领导下，走上革命道路的艰辛历程。鲜明的民族风格和浓郁的地方特色是这部小说在艺术上取得的突出成就。作品熔古典文学及新文学语言精华于一炉，并从冀中人民生动活泼的口语中汲取大量养分，成功地运用了一大批河北方言词语，使小说语言呈现出新鲜活泼、简洁明快、朴素生动、富有个性化的艺术特色。

我们知道，不少方言词语尽管能在普通话中找到与之相对应的词语，但二者之间毕竟存在着这样或那样的差异，这些差异有时并非理性意义上的，而是表现在众多微妙的色彩义上。我们通过对《红旗谱》中方言词语的分析发现，作家在哪个地方用哪个词语并非信手拈来，而是经过精心挑选和仔细掂量的，充分发挥了词语所附带的各种色彩在表情达意方面的重要作用。

本文中所说的"方言词语"指河北方言中的特殊词语。下面结合具体词例，从三个方面对《红旗谱》中（中国青年出版社1957年版）方言词语的运用特色做简要分析。

## 一、地方色彩浓重折射出冀中平原特色的地域文化

地域文化是同一民族中不同地理区域的文化，它从属于民族主体文化。

方言是地域文化的载体，刻有地域文化的深深印记，从中可以捕捉到蕴涵其后的地域文化特色，并透视当地民众的文化心理结构。小说《红旗谱》中运用的方言词语数量大、范围广，遍及名物、农事、饮食、衣着、身体、动作、风俗等各个方面，本文主要从以下方面分析它们对冀中文化的反映：

1.乡村生产生活

(1)房屋器具

隔扇门：旧时建筑方式，在两间或三间的房屋中间用隔墙隔开，隔墙下部为土坯或木版，上部为窗棂；隔墙中间设一扇单开或推拉式木门，里屋用来休息，外屋存放器物或做活。

盖帘：用秫秸穿成，圆形，主要用来放食物。

箅盘：秫秸制成的圆形帘，放在锅中，把要蒸的东西放在上面。

藁荐：又作"稿荐"，草帘子，冬天挂在屋门外遮挡风寒。

小炕桌：放在炕上使用的矮小的桌子。冀中地区冬季长，十分寒冷，把小炕桌放在烧热的土炕上吃饭，便于取暖。

(2)农事

点瓜：把瓜子种在地里，每隔一定距离挖一个小坑，放入种子。

打苇箔：将苇秆裁齐，用麻绳编织在一起。苇箔用作苫砖坯等物品，旧时也用来盖房，铺在椽子与房顶的泥灰之间，防止灰土洒落下来。

帮小镰儿：帮别人收割庄稼，"小镰儿"即镰刀。

捻麻经子：搓麻绳。"经子"即麻经子，学名"苎麻线"，俗称"麻绳"。"经"字的含义与"横纬竖经"说法有关，打苇箔时，苇秆横向摆放，麻绳竖向编织，"麻经子"因此而得名。

(3)饮食

槐茂酱菜：历史悠久的传统小菜，出产于保定槐茂酱菜园，腌制方法独特，早在清康熙十年，就因味道鲜美而远近闻名。

春不老：保定三宝（铁球、面酱、春不老）之一，一种长梗大叶的绿色蔬菜，腌制后在冬春两季食用。

用带圆眼的床子把和好的荞麦面、高粱面等轧成长条，煮熟后用卤拌着吃。

杂面汤：以豆面为主要原料的汤面。

树叶蒸疙瘩：用春天榆树的嫩叶和上玉米面上屉蒸，熟后呈疙瘩状。

2.民间风俗

(1)婚丧

出聘：女儿出嫁。

坐轿：指结婚。旧时结婚当天，男方迎亲队伍抬着轿子到女方家，新娘坐着轿子到婆家。

倒头饭：死人头前供的饭。

(2)年俗及其他

燎草儿：除夕到坟上把一年来的荒草烧净。

起五更：因除夕之夜“一夜连双岁，五更分二年”，故人们有在这天晚上“守岁”的习惯，坐以待旦，到五更时候开始包新年饺子。

烧柏枝：农历腊月三十晚上焚烧柏树枝，祈求神灵保佑全家人长寿。

药王庙大会：药王庙坐落在安国县南关，宋建中靖国元年(1101年)为纪念药王邳彤所建。自宋迄今，每年举办药王庙大会，各地药商云集安国，一些文化活动也同时举行。

送行饺子：冀中地区有“出门的饺子，进门的面”的说法，家人外出回来要吃面条，外出前要吃饺子。“面”象征着长久，“饺子”象征着团圆。包送行饺子是希望外出的亲人尽早回家团圆。

(3)曲艺

梨花大鼓：又称“梨花调”，是流传于冀南与冀中南部一带的古老曲种，有南口和北口之分。南口唱腔优美、细腻、复杂；北口则爽朗、明快、热情、奔放。

3.知识经验的总结，主要体现在民谚、俗语上。

例如，朱老忠经常挂在嘴边的那句“出水才看两腿泥”，既有深刻的哲理内涵，又符合人物复杂而坎坷的人生经历，体现出人物刚毅博大的胸怀和坚韧不拔、从长计议的英雄气质；再如“人多遮黑了眼，兵多吃闲饭”说明了人虽多若不团结、亦难成事的道理。这些都是生活经验的总结，通俗简练，含义深刻。此外，还有：

树挪死，人挪活

天下老鸹一般黑

背着抱着一般重

强扭的瓜不甜

隔着皮辨不清瓤儿

吃人的狮子不露齿

一个槽头拴不住两头叫驴

龙多不治水，鸡多不下蛋

虱子多了不痒，债多了不愁

吃不穷穿不穷，算计不到就受穷

## 二、形象色彩浓郁，叙述、描写形象生动

文学作品（文艺语体）贵在以情感人。因此，形象性是它区别于其他语体的主要特征。在文学作品中，不需要严密的逻辑推理，需要的是真切、形象地艺术描述。

客观事物具有多方面的属性和特征，不同地区的人，由于社会、历史、风俗、自然条件和生活习惯的差别，常常对事物某些方面特别敏感，从而在认识中形成不同的侧重点。如果造词的着眼点在于客观事物的外在形象特点，而主体又有意识地选择某种方法来表现这种形象特点，那么由此造出的词，必有鲜明的形象色彩。作家梁斌善于从方言中拾取形象色彩显豁的词语，用于小说叙述与描写。这些词不是呆板地、机械地、直来直去地标记客观世界，而是运用某些方法和手段，形象地、艺术地标记、表达客观世界，其附带的形象色彩具有修饰性、形容性、描摹性的特质。通过分析《红旗谱》，我们发现有以下几种类型的词语色彩异常鲜明生动：

1.词类活用的单音词。例如，严志和没跟家里打招呼就想独自出去闯荡，回来后老奶奶数落他说：

“他自小儿肉死，成天价碌碡轧不出屁来！还跟我说呢？”（第 49 页）

“肉”本指“人或动物体内接近皮的部分的柔韧的物质”，名词，在这里用为形容词，指“人的性子慢，不干脆，不爽快”，比起“慢”“闷”之类的词语来，更加形象。

2.暗含比拟的单音词。把原来适用于甲事物的词，用在乙事物上，显得新鲜生动、耐人寻味。如，朱老忠看见老奶奶站在长堤上，便说：

“老人家还在这儿站着？太阳下去了，风是凉的，别叫晚风摸着了！”（第 47 页）

晚风没有手，又怎么能够“摸”呢？这里显然是把风拟人化了，形象地表达了晚风表面给人以轻柔的感觉，实际却很凉，容易使人致病的特点。

以上各例颇具冀中地区特色，使用它们的人可能从未意识到有什么特别，而运用到文艺作品中，却给读者以别样的感受。

3.形容描绘性的重叠词。可分为以下几种形式：

（1）ABB 式。如，朱老忠望见春兰担水的动作和神态，暗自点头说：

“嗬！活跳跳的闺女，心性儿有多么活泼，身子骨儿有多么结实！”（第 66页）

“活跳跳”三个字涵盖了朱老忠对春兰的称赞，同时将这位姑娘健康热情、活力充沛的神态展现在我们面前。其他再如，用“细蜜蜜”来形容“甜”的滋味，用“黑翠翠（儿）”描写肤色黑而亮丽，用“毛毵毵”描写头发又脏又乱，都非常形象生动。

这类词语在小说中使用频率很高，除上述以外，还有“慢搭搭”“麻搭搭”“火呛呛”“干渣渣”“静谧谧”“哑咪咪”“软洋洋”“雾罩罩”等等。

（2）AAB 式。例如，

春兰她大娘，是个嘴心里盛不住事儿，是全村有了名的长舌妇。拐过墙角，看见运涛跟春兰坐在小窝铺上，窝铺旁边并没有别的人。就迈开两只大脚往家跑，扯开嗓子大喊：“老驴头啊！你家春兰可招了汉子了！”喊得瘆人。（第 149 页）

“嘴与“长舌妇”有异曲同工之妙，不过，前者的形象色彩更为突出，叠音词的运用，把女人喋喋不休的动作和声音都传达了出来，把动态感和音像感结合在一起，使人物形象如在眼前，人物声音如在耳边，活跃而又逼真。

(3)AABB 式。这类词语有描绘人外表和神态的，如“膘膘楞楞”“楞楞角角”“土土浆浆”“迷迷怔怔”“醇醇实实”，也有描写人或事物动态的，如“闪闪飘飘”“默默悠悠”“风风势势”“奔奔坷坷”“忽忽晃晃”，都有非常浓郁的形象色彩。

4.象声词。小说中象声词的运用主要有以下三种形式：

ABB 式嚯唧唧（河水声）咯嘣嘣（咬牙声）

AABB 式咕咕叨叨（低语声）呼呼咧咧（运动后喘气声）

ABAB 式吐嗤吐嗤（走路时说话声）啦啦（风吹杨树叶声音）

5.用表示具体事物、行为的词语来表示抽象的事物、行为，寓抽象于具体。例如，十几岁的朱老忠在父亲去世后，无奈之下决定闯关东，严老祥听后“心上一下子皱起疙瘩”；朱老忠在外漂泊多年，携一家大小返回故乡，刚下火车碰见了幼年朋友严志和，“心上一曲连”。“疙瘩”本来指皮肤表面或肌肉中结块，“曲连”原义是指细长形状的东西突然一动；这里用来形容人的心理感受，极为传神，把严老祥无力帮助朋友之子的痛苦无奈、朱老忠意外见到久别亲人的喜出望外的心情，通过具体可感的形象，生动地表达了出来。再如，朱老忠拈着胡子，挪动板凳向运涛跟前凑了凑，绵言细语儿说：“去吧，孩子！去吧！扑摸扑摸，也许扑摸到共产党的门口。在老年间，咱这里还出过白莲教，闹过义和团哩！”（第 136 页）

“扑摸”是用“扑”和“摸”两个普通而又具体的动作来表示“寻找”这个概念，相比而言，“寻找”只给人一种概念义，而“扑摸”除表达具体的概念义之外，还给人以生动的形象感。其他例子还有很多，如以“茅草”指简陋，以“溅乒乓儿”指打水漂儿，以“入套”或“入窍”指两个人谈得投机等等，都是用具体可感的事物、动作，来标记相对抽象的事物、动作，获得鲜明的形象色彩。

## 三、感情色彩浓重，表达出强烈的爱憎之情

古人说：“文章不是无情物”，文质兼美的作品必定在词语的感情色彩上精心挑选，在词语的锤炼上刻意求工。

在《红旗谱》中，作品的感情色彩首先体现在人物的绰号上。绰号（异称）除了命名作用外，还表示着对人物的认识与评价，这种认识与评价自然要带上一定的感情成分，或褒或贬，或仇恨或戏谑。如，春兰爹的名字本该叫“冯某某”，然而锁井镇的人们都叫他“老驴头”。在冀中地区，“驴”是“倔”的代名词。这一称呼显然包含戏谑色彩，是人们给这个倔老头儿起的一个形象并有讽刺意味的绰号。再如，春兰的大娘被称为“呫呫嘴”，“呫呫”原是描写乌鸦等鸟类叫声的拟声词，乌鸦因长相不美、叫声不雅而被认为是不祥的象征。用乌鸦的叫声来形容长舌妇的说话声，表示了人们对长舌妇的厌恶之情。

小说的感情色彩还体现在小说人物对话和叙述语言上。例如，朱全富劝说朱老巩不要阻止冯兰池砸钟，他说：

“天爷！你捅那个马蜂窝干吗？你爹和你爷爷，几辈子都是窝着脖子活过来，躲还躲不及，能招是惹非？哪有摁着脑袋往火坑里钻的？”而朱老巩不听，回答说：“我知道他厉害，可是人活百岁也是死，不如早死早超生，左不过是这么回子事了，反正人死了眼珠子是老鸹的。”（第5页）

“左不过”“人死了眼珠子是老鸹的”充分表达了朱老巩无畏无惧、宁死不屈的坚强性格和斗争勇气。

又如，老驴头听说朱老忠从东北带着两个儿子回乡，非常羡慕，便对春兰说道：

“嗬，干渣渣的两个大小子？有小子就好啊，像你吧，要是个小子也就跟我帮上了。”（第63页）

老驴头只有一个女儿，没有儿子，这在农村是个大忌，想到干活没帮手，老了没依靠，难免心生悲凉。“干渣渣”三个字表达了老驴头当时既羡慕又难受的复杂心情。

其他再如，冯兰池用“推横车”指责朱老巩不该阻拦他砸钟，刘二卯认为大贵他们自架杀猪锅、反对割头税是“打杠子”，朱老忠让孩子们“肚里长牙”记住地主老财的仇恨等等，都简洁生动，情感分明。

《红旗谱》在运用河北方言词语上取得了突出成就，形成了独具风格的艺术特色，本文仅是对《红旗谱》方言词语的初步探讨，我们希望以此为开端，逐步形成关于现当代文学作品中河北方言词语的系列研究。

《河北大学学报(哲学社会科学版)》，2005 年第 1 期

参考文献

1.河北人民出版社.河北风物志[Z].石家庄：河北人民出版社，1985。
2.杨振兰：现代汉语词彩学[M].济南：山东大学出版社，1996。
3.姚殿芳：老舍小说叙述和描写的语言艺术[A].北京大学中文系《语言学论丛》编委会.语言学论丛(第十二辑)[C].北京：商务印书馆，1984。
4.谢苍霖：绰号异称词典[Z].南京：江西高校出版社。

# 家族小说的当代转型

## ——梁斌的《红旗谱》新论

曹书文

进入20世纪50年代以后，随着封建制度的解体与新的社会体制的建立,家族制度失去了其存在的合法性依据,其作为落后的生活组织逐渐为新的家庭结构所取代，人与人之间同志式的阶级关系自然也取代了建立在血缘关系上的家族亲情，因此反映封建大家庭生活及其变迁的创作因与社会的主流意识形态的冲突而在五六十年代失去了它应有的市场，家族小说创作出现了由中心到边缘的当代转型,而梁斌的《红旗谱》从其表现阶级斗争与家族仇恨的双重主题、对父子冲突与父子相继多层家庭关系的描写、对现代知识分子心路历程的刻画方面来看，它又在一定程度继承了现代家族小说的传统,成为"十七年时期"家族叙事的典型。

### 一、阶级斗争与家族仇恨

梁斌的长篇小说《红旗谱》作为反映20世纪二三十年代农民革命的史诗作品,很自然地把阶级斗争作为创作的主题,从文本的表层来看,小说主要以一家地主两代人与两家农民三代人的冲突作为故事的情节线索，但从根本意义上讲，这种阶级之间矛盾的背后潜藏的是家族之间不可调和的仇恨，应该说冯家与朱、严两家势不两立的家族矛盾才是小说潜在的结构线索。朱老巩为了锁井镇四十八村村民的利益，与朋友严老祥一起反对冯老兰,砸钟顶税,大闹柳树林,失败后吐血而死,临终之际他告诉儿子:"你久后一日只要有一口气，就要为我报仇。”15 岁的虎子在姐姐遭到侮辱之后，被迫逃离故乡，虽然在关外闯荡了近三十年，且早已成家立业，但他从未忘记自己家的血海深仇，每逢想起家乡，就感到不安，他说：“要回去！回到家乡去！他拿铡铡我三截，我也要回去为咱四十八村的人报这份血仇！”在保定车站，他遇到儿时的朋友严志和，听说冯兰池还是像以前一样霸道，欺压百姓，朱老忠“心里那股火气，就像火球一样在胸膛里乱滚。”他觉得自己来得正是时候，不管如何，他一定要实现复仇的目的，为了报仇，朱老忠有足够的耐心与意志，他说：“冯老兰发了家，我也看着；他败了家，我也看着。我等不上他，我儿子等得上他；我儿子等不上他，我孙子一辈还等得上他。总有他败家的一天”。朱老忠回归故里最主要的目的就是为了报仇，对此，冯老兰也颇有同感，他听说朱老忠返乡的消息，心里非常悔恨自己当年没斩草除根，他很清楚，朱家不会与他善罢甘休，可见，家族仇恨对一个人、一个家庭的重要意味。

朱、严两家与冯家冲突的第一个回合就是脯红鸟事件，天性爱鸟的冯老兰见了大贵、运涛捉到的脯红鸟，情愿以 30 吊钱的高价买下，但生性倔强的大贵就是不卖，这无形中惹恼了冯老兰，本来，冯老兰对朱老忠回乡的举动就颇为不满，寻找机会报复对方可以说是合乎情理的，即便单纯的春兰也意识到冯家说不定要生出一个枝节来算计运涛和大贵，朱老忠则要孩子们拿心记着，他感到“别看事小，可能引出一件大事来。”现在大贵的行为使冯家的报复自然提前，新仇旧恨交织在一起，正给冯老兰公报私仇提供了一个合适的机会，他故意指使大兵强行抓大贵去做壮丁，用朱老忠的话说，就是“老霸道见咱朱家门里人更多了，他气不忿，成心毁坏咱一家人的美满。”事情发生后，朱老忠之所以由最初的拼命到最后同意让儿子当兵，其根本的用意正是为了报仇的长远动机。我们长期以来把朱老忠看作是农民革命英雄的典型，对他的思想性格内涵进行无限的拔高，而相对忽视了他参加革命的家族动机。客观地说，朱老忠在没有接受无产阶级政党领导之前的自发阶段，是一个血肉丰满、个性鲜明的典型，而到了自觉斗争阶段，其性格的光彩反倒模糊了，其原因就在于前半部主要是家族叙事，其重心在于家族仇恨，情节冲突便主要是围绕家族复仇而展开。“朱老忠性格的光辉，在这种复仇意志的燃烧中得以集中释放。而作为一种家族复仇的豪侠性格，‘自发’的情节土壤无疑更适合它的生长。可以说，复仇意志的个性化，是朱老忠性格的活力所在……家族仇恨不但是英雄行为的驱动力，也成了英雄事业的宝贵的精神遗产。”[1] 作为从小接受传统家族文化的朱老忠来说，传统的家族伦理是他言行举止的主要依据，而家族伦理的主要一点就是对父母尽孝，这同时也是个人存在的重要价值之一。虽然人们对孝有不同的理解，但基本上都认为孝就是延续父母与祖先的生命，孝的含义可分作三个层面：“第一，延续父母与祖先的生物性生命。这一层孝道的实践就是结婚成家养儿育女，是最基本的一层。第二，延续父母与祖先的高级生命，即具有社会、文化、道义等内容的生命。这是上层的孝道。第三，实现父母或祖先在一生中所不能实现的某些特殊愿望，或补足他们某些重大而特殊的遗憾。这是孝道的最高层次，是第二层一般意义中的特殊意义”[2]。应该说，作为传统家族社会中的一员，朱老忠对孝道是认同的，对他来说，如果能为家族报仇雪恨，实现他父亲临终的嘱托，这对于他则富有非同寻常的意义，否则，任何意义上的人生与社会价值的实现，对他都不具有决定性的意义。尽管反割头税取得了胜利，但朱老忠并未如愿以偿，这是因为“祖辈几代的仇恨还没有报，他觉得心上甚是沉重！”由此可见，家族仇恨在他的心中所占的举足轻重的地位，这同时也构成了他参加革命的最深层的动机。

朱家与严家亲密无间的阶级情谊，是因他们祖辈兄弟间的友情，且拥有共同的敌人——冯老兰，冯家的霸道不仅使朱家身受其害，同时也逼得严老祥背井离乡；朱老明与冯老兰打官司，严志和出于道义上的支持，跟着输掉一头牛；运涛在大革命失败后被捕，祖母因受惊吓而死，严志和无奈向冯老兰借债，冯老兰不仅不顾及乡情给予照顾，相反却千方百计算计对方的“宝地”，“宝地”失去的打击对严志和来说是致命的，对冯老兰的霸道是敢怒而不敢言。作者自己也说过：“为了不使革命人只剩下没有儿子的父亲和没有丈夫的媳妇，我又写了严志和一家。对这一家人的性格，我觉得应该和朱老忠家族有共性，因为他们都是被压迫者也是叛逆的同路人。”[3] 小说透过不同的生活侧面来描写朱家与严家兄弟般的感情，朱老忠一家从关外回到锁井镇，严志和对朱家给予无私的关爱，帮助朱老忠盖房子，一家人负担起两家人的生活。朱老忠对严家的事情更是慷慨仗义，为了资助江涛读书，毫不犹豫地卖掉了自己心爱的小牛犊，在严家危难之际，他挺身而出，为了分担严家的痛苦，徒步与江涛到山东探监。他们两家的情谊既有出于共同利益的阶级情怀，又带有一定程度的“家族”感情色彩，因为中国传统社会是一个家族本位的社会，一切社会组织都是以家为中心，人与人之间的关系大都是以家庭关系作为基点，“传统的五种社会关系：君臣、父子、兄弟、夫妇、朋友，其中有三种是家庭关系。其余二种，虽然不是家庭关系，也可以按家族来理解。君臣关系可以按照父子关系来理解，朋友关系可以按照兄弟关系来理解。在通常人们也真的是这样来理解的。”[4](P19)从某种程度上我们也可以说，严志和与朱老忠就是兄弟关系的一种延伸，而不仅仅是因为他们同属于一个阶级，自然，两家的后代也是这样来相处的，譬如朱老忠之所以对春兰关怀备至，主要是因为她是运涛的情人，是由于她将来可能是严家的一个成员。朱老忠到济南之前对涛他娘这样嘱咐道：“运涛虽在狱中，春兰还是咱家人儿，她年轻，要多教导她，别叫她寻短见……要是她听我的话，我当亲闺女看称她，她家的事情，就是我家的事情。要是她不听我的话，随她走自己的道儿就是了，咱也不要多管。”很明显，朱老忠把严家的事情看作自己家的事，一旦超出这一界限，他的关心程度就很有限了。

## 二、父子矛盾与父子相继

在中国现代家族小说中，接受现代文明教育的知识分子与固守传统观念的父辈往往会产生激烈的思想碰撞，从精神上背叛自己所属的贵族家庭与离家出走成为大多数旧家庭叛逆者的无奈选择。新中国成立以后，随着社会性质、政治体制与思想观念的转化和当代作家阶级意识的逐步强化，他们对父子之间的冲突性质也有了新的认识，或者说，较之现代作家，当代知识分子更重视不同阶级之间的斗争，而相对淡化父子之间思想上的隔膜。其实，我们透过对同一阶级父子之间阶级意识的分析，一样能发现他们之间非常明显的思想冲突，这种冲突大体表现为三种不同的形式：第一种是矛盾不可调和的激烈碰撞，与父亲彻底决裂后离家出走；第二种是与父亲在生活方式与思想观念上尽管有矛盾，但尚未有更深层的斗争；第三种是朱老忠与江涛在思想感情上父子相承的新型家庭关系，这种关系既具有传统父子关系的亲情，更具有较多的象征内涵，是对传统家庭关系的发展和延伸，带有鲜明的时代与阶级特征。

张嘉庆出身于封建地主家庭，由于母亲出身卑贱，他对下层社会的人们有着朴素的人道同情，尤其是在他接触了共产党员贾湘农，接受了初步的共产主义思想教育，阅读了革命诗歌与小说之后，思想觉悟开始发生变化，对自己所属的地主家庭存在的合法性产生了怀疑，真正感到地租与高利贷剥削的不合理，他不仅同情工农大众，在衣食方面有意识模仿农民的习惯，甚至觉得农民的可爱，逐步转变了自己的阶级立场。父亲意识到他的变化，唯恐他学坏，便“教他骑马打枪，行围射猎。”他学会了打枪之后，常带着长工与穷孩子们去打猎，向他们灌输革命思想，与穷人的关系日益密切。他接受党的指示，发动农民组织农会，开展秋收斗争，为了显示自己的革命行动，他带领农会会员抢收了自己家里的几十亩棉花，接着又抢了周围财主家的玉蜀黍，掀起了轰轰烈烈的秋收运动，树立了党在农民中的威信，也由此激化了他与自己所属的地主家庭的矛盾。“反割头税运动以后，冯老兰又撺掇张嘉庆的父亲，在衙门里告了张嘉庆一状，说他忤逆不孝，登报脱离了父子关系。”从此，彻底脱离封建家庭的张嘉庆成了职业革命者。由于母亲是父亲花钱买来的姨太太，他参加革命后，母亲也被父亲赶出家门，张嘉庆成了无家可归的流浪者，他把党组织作为自己的家，把革命同志作为自己的亲人，真正把自己的生命交给了党，从一个地主家庭的少爷成长为坚定的革命者、自己所属阶级的掘墓人，完成了世界观与人生观的转变。

由于受到阶级论的影响，人们更多地强调了冯氏父子之间观念上相似的一面，即作为反动阶级的属性，而相对忽视了二者因年龄、文化、阅历等不同所带来的思想冲突，作者在谈到他们之间的关系时说：“写父子两代的思想方式的不同、剥削方式的不同，写父子两代在不同的经济基础上产生的不同的统治阶级的性格。冯老兰是从封建的生产基础上生长起来，是封建思想的代表人物。冯贵堂受了资产阶级教育及帝国主义奴化教育，开始也曾热衷于资产阶级革命，还打出改良主义的幌子，后来成为买办型的农村资产阶级的代表。”之所以父子冲突没有被放在应有的地位，那是由于话语讲述的五、六十年代阶级意识突出而家族意识淡化使然。不过,我们透过小说的字里行间,一样可以感受到父子之间矛盾的尖锐性。接受了新式教育的冯贵堂资产阶级的人道情怀,科学、民主的进步观念与父亲的封建剥削、专制和迷信保守思想意识之间的冲突是不可避免的。对父亲那种传统的剥削方式表示不满,主张多行仁政,"我早就跟你说过,对于受苦的,对于种田人,要让他们吃饱穿暖,要让他们能活得下去,要不的话,谁给你种田,谁对你付苦?在乡村里,以少树敌为佳。像朱虎子一样,树起一个敌人,几辈子不得安宁呀!"冯贵堂对父亲那种家长式的管理形式提出设立议事会的主张,他认为父亲之所以在村里树敌过多,就是由于自身原因所致,"村里要是有了议事会,凡事经过'民主'商量,就没有这种弊病了!咱既是掌政的,就该开放'民主'。再说,你又上了年纪,又是村政又是家政,怎么管得过来怎么不落人的埋怨?"他大力倡导科学种田,改革旧有的交通设备与生产方式,采用先进的生产工具与科学的种植方法,他要在自己管辖的领域发展工商业并身体力行,所有这些现代思想都与父亲的传统观念相矛盾,他不止一次抱怨父亲的保守、僵化,也曾进行过力所能及的反抗,但由于特殊的社会文化环境,他的改革主张失败了,但我们不能仅仅从阶级属性上去否认他思想与行为所蕴藏着的进步的一面。

与地主家庭的父子冲突相对照,小说同样突出了农民家庭中父子相继的主题。朱老忠继承了父亲那种不畏强暴敢于反抗的革命精神,具有强烈的阶级爱憎,善待朋友,同情不幸,对于父亲临终的嘱咐,他时刻铭记在心,而这可以说是他后来成为革命英雄最原始的动机。由于他与严志和一家是世交,一向甘苦与共,与志和情同手足,因此,他与运涛、江涛之间虽然不是形式上的父子关系,实际上却具有真实意义上的父子深情。他让自己的儿子大贵去当兵,卖了自己心爱的牛犊资助江涛上学,为的是实现他培养后代"一文一武"的计划。在严家遭难之际,他挺身而出,代替志和徒步到济南去探监,对涛他娘的嘱托,对运涛未婚妻春兰的开导和照顾,这些都说明朱老忠在某种程度上行使的是父亲的职能,当然这种父子关系还有一种建立在共同阶级与经济基础之上的友情。这种父子相承的关系还体现在张嘉庆与贾湘农之间,出身于大地主家庭的张嘉庆由于带领农民抢收了自己家的20亩棉花，参加了反“割头税”斗争，父亲告他忤逆不孝，登报与他脱离了父子关系。他没有了家，把引他走上革命道路的贾湘农那里作为自己的归宿，他充满深情地对贾老师说：“我跟你在一块儿，你就是我的父亲，我也不再想母亲。”“一想到贾老师坐在这屋子里，就像母亲在这里等着我。我也想过，生我的是母亲，教育我成长起来的是党。”贾老师把他当作自己的亲人看待，不仅在政治上引导、帮助，而且在生活上给予无微不至的关怀。当然，不管是朱老忠与江涛、运涛之间的亲情，或是贾湘农与张嘉庆之间的情谊，他们之间与传统的父子关系有一定的区别，维持他们之间关系的纽带不再是血缘与亲情，而是共同的理想与革命事业，父亲也不再是儿子反叛或抨击或同情的对象，而是其走上革命的引路人，是作家所正面歌颂的革命英雄。

## 三、知识分子的性格成长与心灵演变

在现代家族叙事作品中，占据中心位置的往往是接受了西方个性解放思想的青年知识分子，这些贵族家庭的叛逆与专制家长之间的矛盾以及他们在时代发展中的心理演变和性格成长无疑构成了小说的主要情节内容，这既符合中国从传统社会向现代社会转型的客观实际，也与最早觉醒的知识分子出身于贵族家庭的历史相吻合，因此，不管是从事思想启蒙的精神界战士，或是农民革命的领导者，应该说都是由知识分子承担着主要角色。《红旗谱》的作者也曾以自己的感受与体验认识到“早期革命领导者的形象，知识分子为多”[5](P196)的事实，那么，为什么在反映农民革命运动的史诗性作品中，知识分子较之革命农民而退到了边缘的位置呢？这一方面与新中国成立以后农民与知识分子之间社会地位发展变化有关，另一方面，在改造知识分子的社会文化氛围中，过分“突出知识分子的革命经历的艺术实践不符合新的文化规范”[6](P79)，这样，作家既要突出农民英雄的作用，又要照顾到客观的历史事实——知识分子在特殊历史条件下所扮演的领导角色，于是便出现了作家的创作意图与创作实践之间的矛盾。在《红旗谱》中，作家塑造了两个人物群像：一是以朱老忠为首的农民英雄谱系，一是以江涛为代表的知识分子群像，尤其是在知识分子形象的塑造中，较之同时代反映革命历史的小说，应该说取得了一定的成绩，这里既有出身于封建家庭的冯贵堂、张嘉庆，又有从农民之家走出来的革命知识分子，既有作为党的领导者的贾湘农，又有倾向革命追求进步的知识女性严萍，同是来源于地主家庭，冯贵堂始终具有自觉的阶级立场，而张嘉庆则彻底背叛了自己的家庭而走进革命的阵营，而在知识分子形象中，冯贵堂、张嘉庆、江涛等人的性格成长与心灵演变则最有艺术光彩。

冯贵堂作为接受过大学教育的现代知识分子，他与父亲在思想意识上的冲突是不言而喻的。作者由于受到特殊文化语境的制约，对他的思想性格的丰富性与复杂性揭示得不够深入，但即便在有限的篇幅中，读者同样可以看到他与父亲的矛盾，与置身于动乱的时代、落后的乡村环境之间的尴尬关系，他的理想追求在实践中所遭遇的一系列挫折，他由改革的屡次失败最终一步步趋于反动的心路历程。在对农民的剥削上，他不同于父亲的残忍，主张对他们要宽厚；在村政管理上，他认为父亲的专制是其积怨的主要原因；在农商之间的关系上，他极力主张更新劳动工具，采用科学的种植方法，发展商业经济。然而，他的这些新的改革主张却无法在实践中贯彻实施，首先，阻力来自他自己的家庭，准确地说是他的父亲冯老兰。靠封建土地剥削起家的地主不可能容忍儿子的新政，他只相信勤俭治家、地能生财的古训，觉得“用出千奇百怪的法子赚来的钱，好比不是自己的肉，贴不到自己身上。来钱的正路是‘地租’和‘利息’。”他认为民主就是大家在一块儿七嘴八舌，“龙多死靠，什么也做不成”，这样，冯贵堂的科学民主思想在僵化保守的父亲面前只能成为空头的理论；其次，当时动乱的时代，腐败的政府不可能为他实现自己的理想提供政治保障。他承包“割头税”因农民的反对、政府的取消而失败，他想靠法律的手段与县政府一争高下，这无疑是以卵击石，其结果可想而知；最后，他的改革措施也遭到农民的反对，即便是自己家的长工，也并不信任他，他向朋友严知孝倾诉说，他用“新的方法管理梨树，教长工们按书上的方法剪枝、浇水、治虫。……可是那些老百姓认死理，叫他们跟着学，他们还不肯。看起来国家不亡实无天理！”他也曾设想在乡村开办平民学堂，提高农民文化，教他们改良农业技术，所有这些美好的愿望都为当时的社会、文化、阶级所不容，他改革的激情、自信、人道情怀、科学民主的思想给他带来的却是失落和无奈。他复杂的思想性格与心理矛盾本应得到艺术地展示从而有可能成为独特的“这一个”,但由于作家鲜明的阶级观念,无意中把他作为反面人物来对待,结果把一个颇有性格内涵的人物给予了简单化的处理。

在《红旗谱》中,作者把相当多的笔墨放在对出身于农民家庭的革命知识分子江涛的塑造。他从小受到革命思想的影响,爷爷因躲避冯老兰的迫害而逃亡关东,父亲因与地主冯老兰打官司输掉一头牛,他的哥哥运涛因参加革命而被捕入狱,奶奶因此气病身亡,父亲因失去“宝地”而一病不起,他与朱老忠一起徒步到济南监狱去看望哥哥,哥哥在狱中的惨状使江涛真正萌生了对反动阶级的仇恨,尤其是在党的培养教育下,他很快成长为一名领导者。在“反割头税”斗争中,他政治上逐步成熟,并成为这场农民革命运动的实际领导者,在保定“二师”学潮中,他以灵活多样的形式和自己的同志一起积极宣传抗日,揭露反动派不抵抗政策的真相,激发人们参加抗日的爱国热情,以自己的沉着冷静、勇敢机智与国民党军队进行面对面的斗争,虽然他在领导学生突围转移中被捕,但他的行为影响了不少进步学生投身抗日斗争。

如果说江涛是融知识分子与共产党员的优秀品质于一体的典型,那么严萍则是一位严格意义上的青年知识女性的代表。由于出身于城市爱国知识分子家庭,受到革命时代激进潮流的影响,对革命有着天然的好感,又加之与革命知识分子江涛相爱,江涛经常借自己的进步书籍给她看,为了表明自己的爱,她终于向江涛提出了自己的革命要求:“‘我嘛,想革命。’江涛问:‘为什么’严萍说:‘因为你革命’。”江涛为了爱严萍想“尽一切能力帮助她进步,引她走向革命,锻炼成一个好的革命者。”但从小从城市中长大的知识女性,对革命抱着天真烂漫的幻想,对斗争的残酷性与曲折性缺少应有的认识,革命意志软弱,重感情友谊,爱情上缠绵悱恻,这是她思想性格的重要表征。随着年龄的增长,她对愈来愈世俗的冯登龙日渐不满,但两人由于从小在一起长大,又有亲戚关系,因此尽管对江涛的好感与日俱增,也不忍心让冯登龙绝望,再加上母亲对江涛的家庭出身及其革命行为的不满,在革命处于低潮时,她经受着革命失败与感情痛苦的双重折磨,但爱情的力量、父亲的鼓励、对革命的忠诚终于使她克服了自己思想性格软弱的一面,逐步成为一名追求革命的爱国知识分子。

《红旗谱》固然与现代家族叙事作品的成就有一定的距离，但就其对家族仇恨的描写、对父子之间思想文化复杂关系的揭示、对知识分子精神性格的刻画等方面已显示出其独到的艺术个性，同时也在某种意义上代表了“十七年时期”家族小说创作的最高成就。

《河北师范大学学报(哲学社会科学版)》，2005年第1期

注释

1.吴培显：英雄主义—人道主义—文化人格主义[J].中国文学研究，2002，(2)。
2.吴建波：重评仇虎的复仇悲剧[J].中国现代文学研究丛刊，1988，(2)。
3.梁斌：漫谈《红旗谱》的创作[J].人民文学，1959，(6)。
4.冯友兰：中国哲学简史[M].北京：北京大学出版社，1996。
5.王庆生：中国当代文学(上)[M].武汉：华中师范大学出版社，2003。
6.陈思和：中国当代文学史教程[M].上海：复旦大学出版社，1999。

# 《红旗谱》:具有“品牌”魅力的红色经典

郭学勤

片名:《红旗谱》

年代:1960 年

出品:北京电影制片厂、天津电影制片厂联合摄制彩色故事片 15 本

原著:梁斌

改编:胡苏、凌子风

导演:凌子风

摄影:吴印咸

主演:崔嵬、蔡松龄、鲁非、赵联、葛存壮、俞平等

获奖:获 1962 年第 1 届《大众电影》百花奖最佳男演员奖、最佳摄影奖

故事梗概:

1901 年,河北滹沱河畔锁井镇地主冯兰池欲霸占 48 亩官地,企图砸古钟灭迹,农民朱老巩挺身反抗,后因中计失败吐血身亡。冯兰池欲斩草除根,朱老巩的儿子朱虎子为报仇雪恨远走他乡闯了关东。25 年后,虎子朱老忠携妻带子回到锁井镇。仇人相见,分外眼红,朱老忠夺回被冯家霸占了 25 年的宅基地,在严志和一家帮助下重建家园。冯兰池为拔掉眼中钉,设毒计将朱老忠的大儿子大贵抓了兵。朱老忠在地下党贾湘农的启发和帮助下开始觉醒。“四·一二”反革命政变,共产党员严运涛(严志和

的大儿子)被捕入狱,朱老忠带着江涛(严志和的小儿子)去济南探监,再次受到共产党人革命气概的感染。后来朱老忠加入了中国共产党,与县委书记贾湘农一起,发动和领导了“反割头税”运动,与地主冯兰池进行了面对面的斗争,最终取得了胜利,朱老忠成为方圆百里的农民领袖。

1957年,梁斌的长篇小说《红旗谱》发表后,好评如潮,小说被誉为中国文学史上一部划时代的作品,描写农民革命斗争第一史诗。就在小说《红旗谱》风靡全国的时候,中国电影却正在闹“剧本荒”,于是,在夏衍的力主下,中国影坛掀起了改编热潮,“五四”以来及新中国成立后的著名小说几乎都被改编成了电影,正红遍中国的《红旗谱》自然也不例外。1960年,由胡苏、凌子风和崔嵬等联手将《红旗谱》搬上了银幕。影片放映后,立即引起轰动,成为20世纪60年代有口皆碑的优秀影片,尤其是崔嵬饰演的农民英雄朱老忠,给观众留下了深刻的印象,以至影响了几代中国人。长期以来,人们对朱老忠的认知定位早已根深蒂固地锁定在了崔嵬身上,而电影版的《红旗谱》也早已成为了人们心目中具有“品牌”魅力的红色经典,新中国红色电影的一面旗帜。40年后的今天,再来欣赏这部老影片,仍然回味无穷。

## 一、借重传统文化形式演绎革命谱系

作为新中国“十七年”主流电影,《红旗谱》同其他的红色经典一样,也是把描写阶级斗争作为影片主题的,原小说作者梁斌曾坦言,“我写这部书,一开始就明确主题思想是写阶级斗争”[1]的。然而《红旗谱》能成为“十七年”红色电影中的一个“品牌”,并不完全是以阶级斗争主题取胜的,在某种程度上说,是在于影片多方面地借重了中国传统文化形式,令人信服地阐释了阶级斗争这一时代主题的。可以说,《红旗谱》是“十七年”电影中把阶级斗争话语与中国百姓喜闻乐见的传统文化形式结合得最成功的一个范例。

借助民间传奇中“顺时记事”的叙述方式,是《红旗谱》改编在叙事结构上的一大特点。严格地说,《红旗谱》原小说并不是以情节取胜,而是以三代农民的命运发展为线索的,其头绪也十分繁复,再加上电影的容量有限,所以，在改编时只提取了以朱老忠与地主冯兰池之间不可调和的阶级斗争作为影片的叙事主线，删去了与这一主线关系不大的众多故事，如约占全书五分之一的保定师范学潮，因以严江涛为主角，就完全删去了，然后用三个时间小标题将这一叙事主线切分为三大叙事段落，层层推进地展开故事情节，使全片的叙事结构脉络清晰，首尾勾连，谨严有序。

第一个时间小标题“1901 年”是影片的第一叙事段落，朱老巩是这一段落的中心人物，在朱老巩与地主冯兰池之间的殊死斗争中，以朱老巩饮恨而死、家破人亡惨遭失败，冯兰池更加丧心病狂、欲斩草除根但没有得逞而结束，这个小标题是全片的引子，为影片所展示的革命谱系提供了历史背景。第二个时间小标题出现时已是 25 年后的“1925 年”，随着朱老明一声“当年大闹柳树林的朱老巩的儿子虎子回来啦”的对天狂呼，当年为报父仇被迫离乡闯关东的少年朱虎子，以一个铁骨铮铮的北方大汉形象出现在观众面前。在闯关东的 25 年间，父一辈身上固有的北方农民传统的反抗性格，已在朱老忠血液中潜移默化地一脉相袭、繁衍而成。不同的是，朱老忠生活的时代已发生巨大变化，今日英雄远非当年大闹柳树林的朱老巩可比，25 年闯关东的经历教会了朱老忠许多东西，使他的胸襟与视野比他的父辈更加开阔宽广。因此，“1925 年”并不是一个简单的时间概念，从 1901—1925 年，其间被省略的 25 年时间，联系着中国近、现代历史的风云变幻，孕育着大时代对人物命运所具有的强大的左右力量，也潜隐着以朱老忠为代表的农民阶级最终走向民族解放道路的历史必然。同时，这一叙事段落也为第三个时间小标题“1927 年”做了充分的铺垫和蓄势，使其顺理成章地完成第三叙事段落的叙事任务：以 1927 年大革命失败前后冀中平原轰轰烈烈的农民革命运动为背景，再现了 20 世纪 20 年代后期波澜壮阔的农民革命斗争的历史。

影片《红旗谱》对中国传统文化形式的借重，还体现在对影片叙事主线的定位上。“十七年”红色电影在表现阶级斗争重大主题时有一个很突出的特点，就是常常把展示“英雄成长过程”作为影片叙事的主线，在表现“英雄成长过程”时，其叙事程式往往表现出模式化倾向，即英雄由一个穷困的贫雇农或奴隶参加革命，通过思想启蒙和斗争考验，最终成长为一个真正的共产主义战士。如《红色娘子军》中的吴琼花，就经历了一个从奴隶到解放，在党代表洪常青的启蒙和帮助下，最终从只顾个人报仇到成为革命队伍指挥者的复杂过程的。对于《红旗谱》来说，无论是小说还是电影，其灵魂人物都是朱老忠，但是影片在改编时，并没有按照“十七年”红色电影惯常的手法把朱老忠“英雄成长的故事”作为叙事主线，而是让位给了阶级斗争的宏大叙事，影片借重传统文化形式中“子报父仇、世代相继”的故事模式，把以朱老忠为代表的锁井镇三代农民与地主冯兰池之间的阶级斗争作为主线，旨在阐释世代相续、生生不息的农民革命谱系。当然，朱老忠在这个革命谱系中占有重要地位。

关于这一点，从影片对朱老忠入党仪式的处理上就可以看出来。与其他影片同类场景相比，《红旗谱》中朱老忠入党的仪式十分简朴，既没有在党旗前举手宣誓，也没有在主人公的耳边响起《国际歌》的旋律，影片只给了人物一个特写，再以滹沱河畔一组仰拍的松林，在激越的民乐伴奏下加以象征性的衬托，整个过程缺少仪式化，这是因为“影片并未在英雄成长的叙事上做文章，朱老忠的阶级归属加上他的民间英雄的身份，使得他从农民到真正的共产党人的转变名正而言顺，戏剧性的突变会显得夸张，也可能影响影片‘阶级斗争’主题的表达”。[2]

影片没有在朱老忠“英雄成长过程”上做文章，而是在展示“红色农民革命谱系”上运用了更多的笔墨，如在农民阶级与地主阶级、革命与反革命两阵对垒上，从视觉呈现上形成了强烈的对比。25年后，朱老忠重新回到锁井镇时，在他的身边立即聚集了一群嫉恶如仇的农民好汉，严志和、朱老明、伍老拔等，还有一群五大三粗的革命后代，大贵、二贵、运涛、江涛等，朱严两家均后续有人，尤其是严运涛在参加北伐革命后寄来的家书和照片，使聚集在严志和家小土屋里的农民们充满了喜悦和希望，运涛在黄埔军校着军装的照片在乡亲们的手里争相传看，运涛的家书中每一句话都在那些世代受欺压的农民心中激起了波澜，而此时的冯老兰却垂垂老矣，远非当年柳树林砸钟之飞扬跋扈可比，他身边只有一个儿子冯贵堂，一两个卑劣可笑的狗腿子，从人气上就与朱老忠一方形成了强烈的盛与衰的对比，预示着革命终究以人丁兴旺、代代相续作为最坚实的保障，从而揭示了家族对立最终演化为阶级斗争、革命运动的必然性。在影片结尾处，反割头税暴动，朱老忠的身后是大贵、江涛和呐喊奔涌的农民潮、攒动的红缨枪，而冯兰池仓皇出逃时只有父子两人，在愤怒的农民追击下，如丧家之犬惶惶不可终日，从视觉上被挤压到了最低点，两相对照，形成了气势上强与弱的鲜明对比，在巨大的革命洪流面前，地主阶级的失败成为定势，而革命者却掌握着绝对的胜数，孕育着时代的大变革。

“忠义”二字尤其是“义”字，向来是中国特有的社会伦理道德的核心内涵，这一文化传统反映在文艺作品中，就成了人们用来诠释英雄观念的思维模式和审美规范。而影片《红旗谱》就是借重了民间传奇中“行侠仗义”的文化内涵，将朱老忠等农民身上的小义上升为民族解放的革命大义，从而将家族对立与阶级对立完美地结合了起来，清晰地将革命谱系呈现在了观众面前。《红旗谱》这一叙事上的特点，在“十七年”红色电影中实属难能可贵。

自古燕赵多慷慨悲歌之士，粗犷豪放，行侠仗义，“风萧萧兮易水寒，壮士一去兮不复还”式的豪迈气派，构成了冀中平原农民汉子独特的文化性格。影片中，无论是北方农民的第一代朱老巩、严老祥，还是第二代的朱老忠、严志和、朱老明、伍老拔等，包括大贵、运涛第三代人，每个人身上都具有这种燕赵遗风，他们心地光明、忠厚善良、“能为朋友两肋插刀”。朱老忠、严志和两家的世代情谊贯穿影片始终。当年，严老祥一家冒着危险，在滹沱河畔送虎子去闯关东；25 年后，严志和又不遗余力地帮朱老忠盖房安家。朱老忠更是把严志和家的事当作自己的事，运涛在“四·一二”反革命政变中被捕入狱，他义无反顾地带着江涛千里赴济南探监。这一系列豪侠之举，将中国传统中的“侠义”文化演绎得淋漓尽致。然而，影片对传统的“侠义”文化的阐释并没有仅仅停留在狭隘的小义上，他们身上的燕赵遗风被注入了新的时代内涵，通过共产党县委书记贾湘农的启迪，将其引向了“志士慷慨洒热血，只为百姓谋稻粱”的民族大义，使朱严两家与冯兰池之间的家族矛盾对立最终上升为阶级对立，使这些北方农民成了反抗地主阶级的主力军和革命的先行者。

## 二、将人性与革命性融为一体，塑造完整的农民英雄形象

《红旗谱》塑造了一大批鲜明生动的人物形象，其中尤以朱老忠最成功，也最令人难忘。人们都还记得，当年崔嵬因成功地饰演了朱老忠而荣获第 1

届《大众电影》百花奖最佳男演员奖，而40年后，在中国电影百年华诞之际，朱老忠又被列入百年电影百名经典银幕形象的行列，成为中国电影史上最具影响力的农民英雄形象。仔细探究，朱老忠形象的确有与众不同之处，为了说明这一点，我们不妨先把朱老忠与其他银幕上的农民形象和男性形象做一比较。

中国电影史上农民形象源远流长，从30年代郑正秋的《姊妹花》中的大宝开始，农民就活跃在中国电影银幕上了。但不知是何原因，银幕上成功的农民形象大多以女性为主，如朱老忠之前有《渔光曲》中的小猫、《白毛女》中的喜儿、《祝福》中的祥林嫂、《柳堡的故事》中的二妹子；朱老忠以后又有《红色娘子军》中的吴琼花、《李双双》中的李双双、《野山》中的桂兰、《红高粱》中的我奶奶、《秋菊打官司》中的秋菊等，而男性农民形象却很少有优秀者，真正成功的第一当属朱老忠了，朱老忠之后也就只有《李双双》中的孙喜旺、《红高粱》中的我爷爷、《老井》中的孙旺泉等寥寥几个可以列其右。银幕上成功的“男性农民”的缺位，使得朱老忠形象特别引人瞩目。

新中国电影史上也不乏男性形象，从《桥》中的老工人，《钢铁战士》《南征北战》中的解放军战士，到《渡江侦察记》中的侦察兵，《平原游击队》《铁道游击队》中的游击英雄等，但这些人物的塑造都显得有些类型化、扁平化，如果一定要从性格方面去归纳的话，这些英雄除了机智、勇敢、忠诚、忘我等之外，其他的就别无特征了。虽然从1955年《董存瑞》中的董存瑞开始，经过《上甘岭》中的张忠发，银幕上的男性英雄形象开始向性格化、立体化发展，但是，与以往的银幕英雄相比，董存瑞和张忠发尽管性格显得丰富多彩一些，却仍是相对孤立的“男人”，他们身边除了“战友”“同志”之外，其他几乎一无所有。而1960年银幕上出现的朱老忠形象，却是新中国电影史上一大突破，这是一个将人性与革命性融为一体的完整的农民英雄形象。

诚然，民间英雄与共产党人之间有着本质的不同，而如何将两者融合起来，就成了《红旗谱》的改编叙事的一个方向，影片对朱老忠形象的塑造，恰恰是在这一点上取得了圆满的成功。在这个人物身上既糅合着旧时代农民英雄传统的美好品格，又熔铸着共产党人新的特质，燕赵遗风在他身上形成了一种得天独厚的中国气势和浓厚的民族风格，正所谓，燕赵慷慨男儿，农民英雄本色！这位完整的、充满了阳刚气的“男人”在银幕上的出现，立即将以往银幕上的委琐型“男人”或孤立状态、不食人间烟火的“英雄”一扫而光。

朱老忠最初始的身份是“父亲忠实的儿子”，从25年前朱老巩大闹柳树林，小虎子“谁要碰我爹，我跟他拼了”一声稚嫩的怒吼，到25年后在父亲的坟上发出“我没有忘记咱们与冯家的仇”的生死誓言，朱老忠的血管里流着朱老巩的血，子报父仇成为他几十年不变的信念。朱老忠闯关东，浪迹天涯，长白山上挖参，黑河里打鱼，海兰泡淘金……阅历多，见识广，在磨难中与“贵他娘”成为患难与共的恩爱夫妻，他又成了一个称职的丈夫。虽然影片不可能花很多篇幅交代夫妻的故事，但有两个镜头却令人难忘，一是朱老忠携妻带子回到家乡后，车过冯兰池家门时，“贵他娘”鼓励严志和上车，不要怕，二是她毅然取下耳环等饰物支持朱老忠到济南解救运涛，从中可体察到夫妻之间的相濡以沫。在大贵、二贵、运涛、江涛等孩子们面前，朱老忠又是慈祥仁爱的“父亲”和长者，他对朱严两家的后代个个五大三粗十分满意，盼望他们将来成为文官武将好为乡亲们出气。

而在乡亲们心目中，朱老忠又是锁井镇48村农民情深义重、侠肝义胆的“兄弟”和“朋友”，他刚正沉雄，急公好义，救危扶困，和乡亲们有着血肉之联系。闯关东归来，一下火车他就让妻儿先尝尝家乡的包子，浓浓的乡情溢于言表。对他的归来，乡亲们就像是遇到喜庆日子一样，为之奔走相告，对他崇敬拥戴有加，朱老明向他诉冤，伍老拔帮他盖房，一遇大事小情人们就聚在他的小院里，他就像一块强性的吸铁石一样把人们紧紧地凝聚在身边，人人都把他当作主心骨、贴心人。正是这样一位“兄弟”和“朋友”，才能从最初的单枪匹马孤身奋战，到后来带领乡亲们投身革命斗争，最终成为坚定的“同志”“战友”和“领袖”。他接受贾湘农的革命启蒙，并与其并肩战斗，共同掀起冀中农民革命风暴，他嫉恶如仇，敢作敢为，有勇有谋，有远见，在“反割头税”暴动中身先士卒，成为方圆几百里农民的领袖，这一切构成了他身上特有的“红色”阳刚之美。

客观地说，朱老忠形象的塑造也有过度美化的痕迹，正如作者梁斌所说，“几千年来，在中国革命历史上，涌现了许多有勇有谋的农民英雄，因此，我认为对于中国农民英雄的塑造，应该越完善越好，越理想越好！”[3] 尽管如此，朱老忠与以往影片中那些神话式的“英雄”还是有着明显区别的，例如：影片没有把他写成《暴风骤雨》中“赵光腚”式的赤贫，不回避他在关东是挣了一些钱的，他一下火车就雇大车回家，很快就为自己盖房，还带回了人参要为朱老明治眼病，“贵他娘” 也有一些首饰，确实比锁井镇的乡亲富裕一些；他的盼望后代成为“文官武将”的朴素理想，似乎有一点儿封建意识或“阶级意识不清”等，这些看似细小的情节，在“十七年”文艺创作中也是有所忌讳的。但正是因为有了这些因素，才表明了朱老忠和冯兰池的矛盾并不仅仅是贫穷与富裕、剥削与被剥削的矛盾，而更重要的是正义与邪恶、公平与强权的冲突。也正是因为有了这些因素，朱老忠才比其他一些革命题材影片中的“男人”和“英雄”更加可信、更让人感到亲切，其生命力也就更加长久。

值得一提的是，影片人物塑造得成功与否，导演的功力、演员的演技等因素固然重要，但除此之外，演员的自身气质和外在形象等天赋条件也是不可忽视的重要因素，因为这些非技巧性的本色因素不仅是塑造人物形象所需要的，同时也是单靠演员的演技所无法掌控的。导演凌子风当年之所以看中了崔嵬，非崔嵬演朱老忠不可，除了看中崔嵬的表演功力外，就是看中了崔嵬身上所具有的那种中国北方血性男子汉的外在气质，认定了只有他才能演绎出朱家两代英雄的精神魅力。崔嵬没有让凌子风失望，他凭着精湛的表演造诣和不同凡响的本色性格，浑然天成地将朱老忠塑造成了一个最具艺术感染力的“品牌”人物形象。崔嵬堪称中国电影界与金山、赵丹齐名的最优秀男演员。

## 三、夺“影戏观”与“影像观”相结合之先声

“影戏观”作为电影创作的主导，在中国百年电影史上也是源远流长，中国电影的前 70 年几乎所有影片都是在“影戏观”指导下拍摄出来的。然而，到了 20 世纪 70 年代末 80 年代初，在西方电影理论的影响下，一种新的电影观即“影像观”开始发端，并慢慢进入了主流地位。这种电影观认为，与电影最接近的兄弟艺术不是戏剧和文学，而是摄影和美术，因而主张电影应当与戏剧、文学分家，电影要有自己特定的语言，其本质要素是“影像”，主要元素是图像、造型、光线、色彩、声音、镜头变换等，而不是故事、情节、人物、对

话。影像观强调了电影的独特性，应当说是有道理的，在影像观的指导下，也出现了像《沙鸥》《黄土地》等让人耳目一新的影片。但是，任何一种电影观念都不能陷入片面性，就像片面强调“影戏”就不可能充分发挥电影的长处一样，片面强调“影像”，一味追求画面的绚丽多彩，情节却胡编乱造，人物也随心所欲，这样的影片即使一时好看，但很难有长久的生命力。事实上，电影是综合艺术，它既是叙事的，又是造型的，偏于“影戏”或“影像”哪一方面都会有失偏颇，而真正成功的电影均是“影戏观”与“影像观”相结合的产物。

仅以人们熟知的《泰坦尼克号》和《红高粱》为例。《泰坦尼克号》之所以能创造电影世纪神话，绝非偶然，它既标志了现代电影技巧发展的最高水平，又有动人心魄、催人泪下的故事情节。而《红高粱》的“可看性”也是一目了然的：随风摇曳的高粱地、神秘莫测的青杀口，即使是那一只只排成方阵的“十八里红”的酒缸也十分的有气势，“九月九，酿新酒”的乐曲令人回肠荡气，不仅如此，《红高粱》还成功地塑造了“我爷爷”“我奶奶”两个人物形象，伴着“喝了咱的酒，见了皇帝不磕头”的歌声，男主人公充满了桀骜不驯、厉锋劲健的阳刚之美，女主人公也让人久久难忘，因而“我爷爷”“我奶奶”双双被列入了百年电影百名经典银幕形象之列。

在我们历数中外电影“影戏观”与“影像观”相结合上的成功范例之际，殊不知，早在40多年前拍摄的《红旗谱》就是中国影坛上这样一部优秀影片：无论用哪一种电影观来衡量，它都是一部成功的作品，尤其是《红旗谱》在图像、光线、色彩、音响、镜头变换等电影技术手法的运用，及其与影片的故事、人物形象塑造的结合上，均达到了当时技术条件下的最高水平。可以说，《红旗谱》是新中国“十七年”电影中“影戏”与“影像”完美结合的一个典范。这是除了编导之外，摄影大师吴印咸对中国电影做出的杰出贡献。

影片的画面处理颇具感染力。银幕上，一望无际的冀中平原、一片片柳林、奔腾咆哮的滹沱河水、高高筑起的千里堤坝、巍然屹立的铜铸大钟，寥廓苍茫，构图饱满，浓墨重彩；一簇簇村庄，熙熙攘攘的保定府车站，接踵交臂的北方小集镇，朴素沧桑，意蕴幽远，展现了华北农村特有的景象；“脯红鸟事件”写出了河北民间玩鸟的风俗文化，赶年集、赶庙会的场面富有浓郁的地方文化特色。如此江山如此人，不仅极具观赏性，也为主人公朱老忠形象的塑造营造了一个浓重的文化氛围,朱老忠粗犷、豪迈的性格就是在这样一种自然和社会人文环境中孕育而成的。春兰和运涛在瓜棚里恋人相约的远景拍摄,如行云流水、画意诗情,在滹沱河边,春兰送运涛远行,岸边野花绽放,河中小船划动,水波荡漾,摄影家将仰拍的远景、俯拍的近景相结合,以自然美揭示人物的心灵美和性格美,将一对恋人依依惜别的场面刻画得淋漓尽致。滹沱河南岸朱老忠参加贾湘农领导的农民抢粮的场面,以及后来的"反割头税"农民暴动的场面,都拍得大气磅礴、波澜壮阔。总之,在摄影和画面的构思上,影片流溢出人景融合、和谐流畅的美学风格。

不仅是画面,影片的音响也别具民族特色。火车站上大鼓书摊艺人演唱朱老巩大闹柳林的故事,慷慨激越,用河北梆子来烘托和渲染人物的内心感情,悲凉感人,洋溢着醇厚的冀中乡土气息。又如朱老明与朱老忠初次会面的一场戏中,当朱老忠说到与冯兰池不共戴天,这个仇一定要报时,一下子点燃了朱老明内心积蕴已久的复仇烈火,像感受到一种巨大的支持力量似的,他从心底里爆发出一句"嗨!我心里痛快!"这时连眼睛也像看清了什么,只见他猛地将手中的拐棍摔掉,踉踉跄跄地向前冲了几大步,张开双臂,高声呼喊道:"乡亲四邻们听着!当年大闹柳树林的朱老巩的后代朱虎子回来啦!"由于影片的音响效果,这一喊声比现实生活中加强了无数倍,"回来啦、回来啦——"的声音残响回荡天际,与滹沱河拍岸的涛声以及水面上一轮红红的落日浑然一体,此情此景给人一种震撼人心的力量。

在刻画人物方面,影片运用了多种手法,从影像上为农民英雄造型。如恰当地运用"我仰敌俯、我正敌偏、我亮敌暗"等"十七年"电影中惯用的阶级斗争对切镜头结构,承载主题意蕴。在大闹柳树林一场戏中,朱老巩手握铡刀跃上高高钟台时的亮相,与处在树荫下面部灰暗带着铁青色的冯兰池,从构图和色调上构成了强烈反差,前者刚正磊落,显示出不可撼动的力量,后者则阴险心虚,狡诈狠毒。

影片还恰如其分地利用具象物为人物造型。如朱老巩、朱老忠父子手里反复出现的那把大铡刀,就是具有直观性的神来之笔。朱老巩的第一个亮相,就是磨那把大铡刀,随着阵阵磨刀声,他向严老祥甩出一句斩钉截铁的话:"我主意拿定了,冯兰池再厉害,就是火坑我也跳了。"在铜钟前,他挡着企图砸钟的冯兰池，喝道："冲我这把铡刀说话！"铡刀一横，一个双目怒视的亮相，构成雕塑式的造型美。25年后，大贵被抓丁，朱老忠同样提起这把大铡刀要去拼命，随后朱老忠停住了，一个手握铡刀怒目而立的特写，接下来朱老忠扔了铡刀坐下来抽烟，沉思后决定将大贵送去当兵，以实现他"一文一武"的理想。同一把铡刀，一前一后两个具有不同造型美的特写镜头，既塑造了两代北方农民真正男子汉大义凛然、铁骨铮铮的性格，又细微地刻画了父子两代的差别，影像动人，内涵深刻。

朱老忠手中赶马车的鞭子，也成了人物"影像"造型的最佳"配角"。影片中朱老忠挥鞭过冯兰池家门的镜头，这原本是小说中没有的：大车沿着破败的乡间路，载着朱老忠一家和严志和回到阔别25年的锁井镇，远远看到冯兰池大院门口时，严志和跳下车来，说按老规矩在冯家门口要下车，朱老忠怒不可遏，"我朱老忠就是要破一破这个规矩！"他将手中的长鞭愤然一挥，伴着一段激昂的音乐，马匹昂首呼啸而过，向远处奔驰而去。整个片段运用一俯一仰、一高一低、一大一小的不同视角拍摄，音乐声、挥鞭声、马蹄声、响铃声，激扬回荡，一气呵成，一下子就将农民与地主的世代矛盾爆发到顶点，这成了整部影片中影像造型与人物主题结合得最完美的经典片段。

1962年第1届《大众电影》百花奖评选时，《红旗谱》连夺两项大奖：最佳男演员奖和最佳摄影奖，所得奖项仅次于最佳故事片《红色娘子军》。这绝非偶然，这表明60年代的观众从两个方面承认了影片《红旗谱》的价值：一是它契合了中国观众"影戏观"的审美传统，观众希望在银幕上看到像朱老忠这样集传统美德和革命意识于一身的艺术形象；二是它满足了观众"影像观"的审美需求，观众希望能从银幕上得到感官的享受，看到赏心悦目的镜头，听到悦耳动听的音乐，而《红旗谱》正是从"影戏"和"影像"的完美结合上征服了观众。

拍摄《红旗谱》的年代已经过去近半个世纪了，然而对于中国观众，特别是20世纪60年代的中国观众来说，电影版的《红旗谱》和崔嵬版的朱老忠却成了岁月永远带不走的美好记忆，这也许就是"品牌"的魅力吧。

《当代电影》，2006年第4期

## 注释

1.梁斌:《漫谈〈红旗谱〉的创作》,《人民文学》1959年第6期。

2.胡谱忠:《革命谱系与民间传奇——〈红旗谱〉读解》,见《经典名片读解教程》,北京师范大学出版社2001年版,第181页。

3.梁斌:《漫谈〈红旗谱〉的创作》,《人民文学》1959年第6期。

# 文学·绘画·精神
## ——当代文学家、国画家梁斌绘画的艺术品格

陈世宁

作为20世纪50年代后期问世的中国文坛上的惊世力作——梁斌的《红旗谱》，在那个年代，可以说感染了成千上万的中国人，连同它的续篇《播火记》《烽烟图》等，构成了一幅中国近代民主革命时期农村变革的历史画卷，成为当代文学创作的不朽丰碑；而作为他的中国画作品，虽然还不及他的文学作品具有那样广泛的影响力，但品味着由水痕墨迹的交融而形成的他的画作，确实被他那创变的新奇水墨话语所折服，他用自己的方式描绘着各种植物和山水，筑成了属于自家墨象的特殊语境。在梁斌的“忠魂”与“美曲”之中，同样能感受到他的坚定信仰和崇高的精神境界以及他所具有的独特的艺术品格。

### 一、精神之魂

经典艺术，总能跨越国界、民族、时间，而长久地滋润着人们的心灵，经典艺术不仅是外在形式的表现，更是蕴涵于“形式”之内的一种精神张扬。这一点，不仅体现在梁斌的《红旗谱》中，也彰显在他的中国画作品里。

正如他自己所说：“作家为真理而战，为真善美而战。我的态度就是：……用我的作品参与解放全人类，为共产主义战斗终生。”[1]这种信仰和火热的豪情壮语，正是源于他的精神之魂。这种精神境界不仅使他塑造出朱老忠等许多人物形象，也使他能以独特的方式赋意于梅、竹、荷等视觉符号。当代文学评论家言之《红旗谱》，无不赞叹其“有浑厚之气而笔势健举”“高亢嘹亮的调

子”“浑厚而豪放的风格”，[2]无不肯定“梁老笔下的朱老忠是充实的，又有光辉，可以称之为‘大’，是一个大写的中国人，是一个大写的中国农民，是一个大写的共产党员，是人中之龙”，[3]是“在风雷激荡的时代背景下，追寻民族历史的本根，弘扬民族魂魄和民族精神”，[4]是“融传统美德和时代精神于一体的民族气魄”。[5]以至我们今天重温此作，仍有一种“它像锁井镇上的那口巨钟发出的声音一样，悲壮、浑厚、豪迈，声声叩击着人们的心灵，壮人胆魄，催人猛进。”[6]之感。

在他的翰墨之境里，这种信仰与精神也是显而易见的。如同原天津画院院长白金先生评述梁斌画作所言：“他在北京西山，漫步在古老的树林中，松风贯耳，清气满山，朝阳升起，霞光四射。这时，便使他顿时想起《红旗谱》中挺身而出的朱老忠等英雄人物，想起他们如挺拔的青松耸天而立的伟岸形象，进而酝酿成《古木参天》《南山不老松》等迸发着无限生命活力的画作。”[7]梁斌的画作具有别样的审美意韵，其中既有对传统绘画法理的传承，又有在创变传统中形成的独特的绘画语言方式。他的作品有两个鲜明的特点：一是突破了传统文人以自我的“小我”为基点的审美视角，确立了以“信仰”为根本的“大我”的审美视角。在传统文人笔墨中，多以个体为基点，在借物表意中更多地流露出“入仕”与“出仕”的矛盾心理；抑或是因怀才不遇而愤懑不平下的孤、悲、衰、冷、一步三叹，抑或是孤芳自赏下的高、幽、雅、洁等。而梁斌却是以“信仰和精神”下的大视角为根本，去表现作者与国家民族同欢乐、共命运的思想境界，从而使他的画“充满激情、希望与生机”。[8]二是突破了传统文人梅、竹、荷定势化的审美取向，拓宽了梅、竹、荷审美表现的领域，这一点正如黄胄先生所言：“他画墨荷、芭蕉，水墨淋漓，以淡墨渲染，细线斜穿，点点滴滴，富有诗意地显示出夏日阴霾雨雾的气氛。所画葡萄、葫芦、山花，枝叶丰满，果实累累，洋溢着乡土气息。他画梅，多做满枝，老干虬曲，新枝横斜，全凭自己个性造型”。[9]

## 二、梅竹之志

在他的咏梅作品里，抑或是画梅则不显梅，而侧重以梅来衬托树干的风骨之韵；抑或是以奇特夸张的表现方式，凸显梅花繁茂之气势。所谓“众芳摇落独暄妍”[10]的隐居中自我高雅的感叹和“无意苦争春，一任群芳妒。零落成泥碾作尘，只有香如故”[11]中“入仕”难酬的悲愤抑郁心理，在他的作品中是不多见的，更多的是“大视角”下的豪情壮志。

如《雪中寻梅》，画中以浓淡水墨赋予了梅之神韵。其中视觉直感，是将老干与新枝虬盘折于画面整体，并以浓墨凸显冬梅老干的骨韵。其审美效果，不仅能形似地体现出梅树的自然结构和质感，而且在老干新枝的纵横交错之中，更是凸显出梁斌“信仰”之情志和“雪中寻梅”之寓意。特别是基于“老干”所滋生出的各形新枝，别有一番情趣，他以淡墨细线形之其状，有横有竖、交错有致。观赏者不仅能品味到淡细中的锋芒，而且能感受到竖的遒劲、横的气势、错落的恣意与放纵的狂逸。满于枝头上的朵朵梅花，仿佛是在老干新枝的携手之下，于寒冬之中，忽而挺然屹立、忽而翩然起舞，以此展示雪中之梅的傲骨娇姿，使静态的画面充盈着生命的律动。

梁斌的另一幅作品《香雪海》，则给人一种强大的视觉冲击和心理震撼，其奇特夸张的咏梅形式，仿佛使观赏者进入了一种赏梅却忘梅的意境之中。画面将老干节疤绘于画面中心，以新奇夸张的“满天星”的手法凸显出梅花盛开之势，恰似寒冬里的风雪铺天盖地的漫天飞舞。这种手法，完全不同于传统绘画中多以“少梅”来赋意的格式化形式，从而寓意出他的豪情、他的精神。难能可贵的是，他咏梅时的奇特夸张手法，尽在合情合理之中。他在画面上虽然突出梅花盛开之景观，但却不去细绘，而是用淡墨细线仿佛随意、随情地去圈勾，洋洋洒洒地点活了千万朵梅花，展示出梅之繁盛的图画。那枝上、枝下、新枝老干之中，弥漫着层层叠叠的梅花，如同无数个天使冲破寒门，争先恐后地向大地飞来报春。那千万朵梅花，又仿佛是无数个音符，在梁斌的指挥下高奏着生命的交响曲。使观赏者在自觉的“观梅”之中，不自觉地进入了“故不知何者为我，何者为物”的审美境界之中。[12]同样，在他的墨竹中，不仅笔法上不同于前人，且其作品的内韵也颇具特色——于“小竹”中见大情怀。《伸手挥得三竿竹》中的超然洒脱，并视风雨不屑一顾的品格给人留下了深刻的印象。

他画三竹，单纯简洁，用笔沉着而又轻快，墨色的浓淡掩映得宜，同时书法意趣甚浓，他以飞动的笔势表现出画面竹叶摇曳的动势，将草书的性格巧妙地融合于三竹的姿态之中，竹之风姿、竹之神韵跃然画面。他在画面的三分之二以上，突出的是竹叶，看似概略随意，却是谨细意赋。细观竹叶，他以深墨为面，淡墨为背，顺应叶之动势浓写淡扫，将竹叶于萧瑟风中摇曳、翻卷，或挣扎伸展，或折旋向背之态活脱脱地真显出来。他于画面的三分之一以下，着重刻画了“三竿竹”的苍劲和奇崛，细细的竹竿于风中载叶，似同风雨拼搏、在挣扎中高耸、屹立，使观赏者在读画的过程之中，获得一种“举头忽看不似画，低耳静听疑有声”[13]的审美享受。

## 三、墨荷之韵

梁斌的墨荷系列，更是有着别一番的情趣使观者回味无穷。特别是相对传统对荷之审美而言，他有着截然不同的视角，且赋予了荷之不同的寓意。他用同是“荷”的题材，却能表现出不同的主题思想，用同一“荷”之符号，竟能表现出荷的千姿百态。其中不仅有着自北宋周敦颐赞美荷花“出淤泥而不染”之后而形成传统主题的意味；更有梁斌赋予荷花的丰富的当代内涵。他将自我融进“信仰”之中，将自我融进祖国所经历的不同历史时期的大环境之中，去审视生命的价值。如：从 1962 年的《朝露》荷，1972 年的《雨露》荷，1978 年的《丰年》荷，1979 年的《艳阳》荷。到 1987 年《接天莲叶无穷碧》荷，1989 年《千年难忘白洋淀》荷、1992 年《西风叶》荷，乃至 1980 年《南柯梦改革开放》荷。其中，即有荷与《朝露》《雨露》《雨雾》《艳阳天》的大自然环境的关联性；也有隐藏于《千年难忘白洋淀》《西风叶》之中的“战时”与“战后”两种“自然”环境与荷之审美。同时在《接天莲叶无穷碧》《南柯梦改革开放》中，更是凸显出当下市场经济改革的大环境与“荷”之喜悦之情、高洁之志。在不同环境中所表现出的各异荷姿，无不彰显出梁斌将“小我”融入与祖国和人民同生息共命运、同生存共欢乐的“大我”之中。

他的《朝露蒙蒙图》和《丰年雨雾》等作品，在咏荷中，首先是捕捉到了荷与各种自然环境相互作用中的动态过程，以此形成极富动感的视觉审美效果。从而打破了传统画荷习惯于定格在荷之清静、花之幽雅洁美，乃至以“出淤泥而不染”为不变主题这一千篇一律的审美方式。梁斌丰富创新了传统水墨的表现手法,凸显了荷与环境的相互关系。在《朝雾蒙蒙图》中,画面不仅突出了几株荷,更妙的是用浓淡的墨点随意洒落在画面中,仿佛呈现出满池荷之盛韵,使观赏者能够感受到荷叶、荷花、莲子彼此在朝露中各自微妙的动态。同时,从荷之动态中,甚至能感受到朝露的弥漫动势。画面上虽然少了对荷的精描细画,却在酣畅淋漓的随意渲染中表现出梁斌对荷的独特审美观念。虽然没有花之娇美,却能感受到荷之生命在朝露中的生机盎然的律动,乃至天人合一的深刻内涵。

诚然,中华民族天人合一的理念,并不仅仅是指大自然中的自然。自西汉董仲舒以自然之道释义儒家之“仁”“礼”之后,于民族文化意识中,更是将以社稷为本位视为大自然之理,从而形成民族审美特性的主要标志。这一点在梁斌系列墨荷中表现得尤为突出。例如,他在表现荷与自然的关系中,不仅有荷与“朝露”“雨露”“艳阳天气”等大自然中的自然环境;也有“战争”“改革开放”等社会政治环境。正如他自己所说,“昔日曾游泮水边,少年泮上走玉莲;白发做完南柯梦,改革开放又一程。”[14] 所以于各种环境中,他以荷喻已,其中不仅表现出生命与自然的和谐性,也寓意着“小我”与“大我”共生的融合性。正是这种审美意识,使《千年难忘白洋淀》《西风叶》等作品,在赋花的主题中,却激荡着当年为民、为国与敌征战的豪情。难怪梁斌画荷不言荷,却题为“千年难忘白洋淀”,画“西风叶”却情不自禁地提笔写下“谁想当年征战事,安知老翁栽藕秧”;在《南柯梦改革开放》《接天莲叶无穷碧》中,却能感受到他在改革开放大环境中的情志。在这两幅画作中,虽然凸显着荷花的绽放,从花蕾到花开;从花蕊到花瓣恣意展露的姿态,其中的意蕴却洋溢着“荷”与时代“环境”的相融之情。

## 四、山水之境

梁斌的山水画更是别具一格,给人以强烈的审美感受,他的立意布局之奇,品位起点之高,表现手法之新,这使我自然想到石涛的一句名言:“至人无法,非无法也,无法而法,乃为至法。”

在作品中融入意境之美是梁斌作品的一大特色，为了表现新颖独特的意境，他往往辅之以奇特的构图来体现。1982年画的《赤壁之游》，即是以奇特的构图成功地表现了画面的幽静和主题的深远，葱郁的山脉、明镜的倒影以及渔船的点缀，无不显示出画家的独出心裁。1990年所作的《杏花村落江南雨》，也堪称奇妙之作，雨点、杏花相得益彰，淡墨云层与趣味村落相辅相成，坚实浓重的巨大山石则有效地强化了画面的精神，营造出十分高远的意境，体现了梁斌超群的艺术品位。

在梁斌的山水画中，还有一个值得称道的绘画特色，即郑板桥的著名论断："画到生时是熟时"，体现在画面上，也就是我们通常所说的"拙味"，这是一个需要修炼才能获得的艺术的高境界。其实，大凡艺术大家在其艺术的鼎盛期，往往都选择了这样的艺术取向。他于1990年画的《牛棚村小景》，其稚拙的房屋的表现手法，巨大的南瓜和瓜藤以及树木的描绘，鲜明地透露出他的艺术追求和高品位的情趣。同年所画的《纪念延安文艺座谈会讲话》，其新颖的构图和浓郁的拙味，均给人以极大的视觉冲击和深刻的印象。他1993年的《纪念五一反扫荡51周年》，更是以浓重的笔墨、强烈的色彩和拙意的手法，与众不同地绘就了一幅浓烈的风景画，崎岖的田埂、饱满的莲子、满塘的荷叶、茂密的芦荡、弯垂的树木，所有的景物都统一在稚拙的造型语汇之中，令人叹为观止。

品味梁斌的山水画，不少作品均能体现"大音希声，大象无形"的品格。他1990画的《陈庄战斗51周年》，1991年画的《神圣的狼牙山》，1992年画的《洪紫店花椒》，1994年画的《白洋淀渔歌》等，均属于这种类型。在《神圣的狼牙山》一画中，他以浓重的焦墨在似与不似之间涂抹出狼牙山的壮美与险峻，笔墨不多却内涵丰富。在《白洋淀渔歌》一画中，他以孩童般的天趣，"似是而非"地勾勒出鱼汛时节的繁忙景象，原生态地"唱"出了美好生活的赞歌。

梁斌的山水画还显现出画家深厚的生活底蕴，这在他的许多作品中是不难感受到的。譬如前面提到的所有作品，抑或是画家曾经战斗过并深情怀念的地方，抑或是画家采风或生活过的地方，在这些作品中自然流露出浓厚的生活气息，提示出了生活的本质和真谛，增添了画面的感染力。其他诸如《一九四三年太行山反扫荡》《阜平大黑山》《进太行》等作品也都是画家对故土的情思与眷恋，都是在深厚的生活基础之上的艺术创造。

文学与绘画虽然是两个领域，但它们在表现人与自然的过程中也有相通的地方。作为文学家的梁斌涉足绘画，且取得令人刮目相看的成绩；作为画家的吴冠中涉足文学，也同样获得了人们的赞誉，这种现象给我们以启迪，为我们研究名家大师的成功，为提升我们作品的精神与品格，为我们这个时代再出名家大师提供了很好的参照。

《艺术百家》，2007 年第 3 期

注释

1.参见宋安娜主编《梁斌新论》，百花文艺出版社，2004 年版，第 125 页。
2.参见宋安娜主编《梁斌新论》，百花文艺出版社，2004 年版，第 242 页。
3.参见宋安娜主编《梁斌新论》，百花文艺出版社，2004 年版，第 159 页。
4.参见宋安娜主编《梁斌新论》，百花文艺出版社，2004 年版，第 62 页。
5.参见宋安娜主编《梁斌新论》，百花文艺出版社，2004 年版，第 134 页。
6.参见宋安娜主编《梁斌新论》，百花文艺出版社，2004 年版，第 23 页。
7.参见宋安娜主编《梁斌新论》，百花文艺出版社，2004 年版，第 220 页。
8.参见《梁斌山水画选》，黄胄序言。
9.同上。
10.参见（宋）林逋著《山园小梅》。
11.参见（宋）陆游著《卜算子咏梅》。
12.参见王国维著《人间词话》。
13.参见（唐）白居易著《画竹歌并》。
14.参见宋安娜主编《梁斌新论》，百花文艺出版社，2004 年版，第 219 页。

# 《红旗谱》的八种译本

田英宣

当代著名作家梁斌的《红旗谱》出版后，曾先后被译成不同的文字传播到海外。但是有关资料对《红旗谱》多语种译本的记载非常少。1997 年百花文艺出版社出版的温超藩、张金池、宋安娜编著《梁斌作品评论集》附录《梁斌著作年表》中关于《红旗谱》的译本记载如下：

1960 年俄文版《红旗谱》、越文版《红旗谱》分别在苏联、越南出版。1961 年外文出版社出版英文译本。1963 年《红旗谱》日文版和朝鲜文版分别在日本和中国的延边出版……1979 年法文译本和西班牙文译本由外文出版社出版。

近期有关梁斌文学及其艺术活动的研讨和展览涉及《红旗谱》译本时所作的介绍也非常简略。2006 年 5 月份在北京炎黄艺术馆举办的大型展览“大地之子——梁斌文学艺术展”对于《红旗谱》的译本情况仅有如下的文字介绍：

《红旗谱》的出版轰动文坛，他的影响力 50 年不衰，据不完全统计，《红旗谱》发行 600 余万册，译成英、俄、日、法、朝、西班牙等国文字，先后被改编成电影、话剧、评剧、京剧和电视剧。

《红旗谱》的民族气魄与民族风格证明“只有民族的才是世界的”。《红旗谱》总印数达六百余万册，被翻译成七国文字出版。

可见，五十年来对《红旗谱》译本的关注和研究基本上是静止状态。所有涉及《红旗谱》译本的记载和介绍都非常简略，并且都称有七种译本。但据我们目前的搜集和了解发现,《红旗谱》现存有八个译本:日、俄、越引进翻译的译本三种,中国外文出版社组织出版的英、法、西班牙语译本三种,还有朝鲜、哈萨克语两种少数民族语译本。这八种译本除越南语译本之外,中国国家图书馆均有单本或多本藏书。

对《红旗谱》最早进行版权引进、翻译出版的是苏联。Н.巴哈莫夫(Н.Пахомов)和Н.扬诺夫斯基(Н.Яновсюай)两位译者根据原著《红旗谱》中朱、严两家三代与恶霸地主冯兰池的仇恨、斗争主题,把俄文译著命名为《三代人》,在1960年由苏联的莫斯科外国文学出版社(Издательство иностраннойштратуры)出版。

俄文译本非常忠实于原著,再现了《红旗谱》的风格,体现了农民追随共产党闹革命的斗争精神。译者在翻译的过程中尽量直译,以保持原著的文学风味。译者根据俄、汉两种语言各自的特点,采用增加、注解、替代等多种翻译手法,力图使译著传神。译文中很多地方都使用了俄语的口语、俚语、成语和惯用语,增强了译文的感染力,具有生动、贴近苏联读者的特点。如:原著"一块儿待熟了"译为"Он всёвремя вместе с их Чуиь—лань.Водой не разольёшь."(用水泼都泼不开),就运用了俄语的常用表达。而"走起道儿来,一步迈不了半尺"译为"Да и ходит.как черепаха:пока ШЗГ сделает–ПОЛДНЯ пройдёт"(走起路来像只乌龟,迈一步,一天的一半都过去了),则采用了比喻的表达方式。

苏联莫斯科外国文学出版社1960年版《红旗谱》
俄文译本,译者:Н.巴哈莫夫、Н.扬诺夫斯基

作为朱老忠口头禅的“出水才看两腿泥”，译者采取了机动、灵活的翻译方式，根据上下文采取符合俄罗斯民族思维习惯和语言表达习惯的方式随时做调整，而不是作为一个固定短语一译到底。这是最为体现译者的智慧和翻译风格的地方。随便举两例，如 62 页：“出水才看两腿泥” 译为“Веревочкавьётся—конецвсегданайдётся.”（不管绳子如何缠绕，总能找到它的头儿）；63 页“闯吧，出水才看两腿泥”译为“Остаётсяодно—бороться，тогдаинамбуцетсветитьсолнце”（我们只有一条路可走——斗争，只有这样，我们的生活才有希望）。

越南语《红旗谱》两卷本译本（译名为《在红旗下》）1961 年由越南文化出版社出版，此译本是根据中国青年出版社 1959 年版《红旗谱》直接翻译的作品，分上下两册，13×19cm 开本，初版印刷了 8580 套。译者是陈文迅、徽莲、阮大。

三位译者都精通越南、中文两种语言，对翻译颇具造诣，他们对《红旗谱》的翻译非常到位，竭力保持了原著的风格和特色。20 世纪五十年代末六十年代初期，越南的很多翻译作品都是根据其他语种的翻译文本进行转译，而《在红旗下》却是根据中文译本做的直接翻译。翻译过程中，译者还多次和梁斌通信请教有关问题。所以越南语译本《在红旗下》出版之后，受到越南国内读者热烈欢迎，得到了读者和文艺评论家的高度评价，越南的报刊、新闻媒体曾有不少相关报道、介绍以及评论。

《红旗谱》越南语译本的翻译和出版在当时很大程度上是为了满足越南国内反抗侵略和强权，兴建越南民族文学的需要。根据 1954 年 7 月 20 日的“日内瓦协定”，以北纬 17°作为分界线，越南被分裂成南北两部分。根据自由普选制度，1956 年越南南北两部分趋向统一。但是美帝国主义进攻越南南方蓄意破坏“日内瓦协定”推辞协商统一越南。美帝国主义的侵略行径激起了越南人民反抗的怒火，全国上下迅即掀起抗美救亡的风潮，文人志士们也拿起笔墨投入反抗侵略的斗争中。除了创作作品之外，文艺工作者还翻译了大量外国优秀文学作品。《红旗谱》越南语译本就是在这样的背景下诞生的。

越南文化出版社 1961 年版《红旗谱》越南语译本，
译者：陈文迅、徽莲、阮大

越南译者选择翻译《红旗谱》，一方面因为它代表了新中国成立后革命历史题材创作的最高成就，另一方面梁斌对文学创作的不懈追求以及《红旗谱》所具有的革命斗争精神、史诗性品格也正是当时的越南所迫切需要的。

译者采用直译的手法再现了原著的主题和丰富多样的人物形象。朱老忠、江涛、春兰、贾湘农等具有鲜明时代特征，作为社会不同阶层代表的典型人物形象分别受到越南读者不同程度的热爱和关注。

《红旗谱》越南语译本在中国国家图书馆没有收藏，在越南国家图书馆（即河内图书馆）收藏有四本上册，三本下册，在越南胡志明市综合图书馆收藏有一本上册，一本下册。

《红旗谱》日文译本的出版发行则是随着日文《红旗谱》译制电影在日本的上映、走红才出现的。译者松井博光是日本著名的汉学家，生于 1930 年，1957 年毕业于东京都立大学人文学部研究生院中国文学专业。除《红旗谱》外，还译有《茅盾评论集》《中国古代神话》等。松井博光参考了译制电影《燃之ぬがゐ大地》(《燃烧的大地》)，以及日本出版的杂志《Chinese Literature》上连载的《红旗谱》英译本《Keep the Red Flag Flying》(《红旗飘扬》)，而将《红旗谱》的日文译本命名为《燃えぁがる大地》(意为《燃烧的大地》)。从译文来看,译者注意到了中日语法、句式的区别,有意识地把原著中的长句转换成了日文短句,在表情达意上更精炼、传神。日文译本的缺憾是译者对原著中突出的河北方言俗语的理解有一定的局限性,只能是根据故事情节、人物的语言、举止行动等上下文进行大概的意译,有些方言俗语的翻译也不是特别准确。

中国外文出版社组织翻译、出版的英、法、西班牙语译本的情况相对来说比较复杂。英文译本有三种版本,分别是 1961 年初译本,1964 年翻印本,1980 年修订本。英文译本的译者是著名英籍翻译家戴乃迭先生(Gladys Yang)。但是有关翻译的背景资料甚少,在有关戴乃迭的研究资料中,英译本《红旗谱》也很少被提起,内中原因和详细资料还有待进一步了解。从现在搜集到的三种英译本来看,1961 年的初译本中,附有 1959 年梁斌特为英译本做的序,序文面向英文读者介绍了《红旗谱》的创作情况,如书中所反映的时代,作者经历的战争年代的情况,作品创作的素材等等。正文前附有人物列表,对作品中的主要人物进行了简单的介绍。文后有译者的跋,介绍了原著者梁斌的生平经历。1964 年的版本是对 1961 年初印版的翻印,内容上基本没有变化。1980 年的版本是修订本,译者在原版本基础上作了细致的修订。修订本没有序,但在书的正面封皮内侧对梁斌的生平及其经历以及《红旗谱》诞生的过程作了简短的介绍。正文前的人物列表仍然保留着,文后的跋也存在。修订版在人名、地名的翻译上,有了一些变化。人名全部采用了汉语拼音,地名除个别的采用了意译之外,大部分也是用汉语拼音表示的。修订版的外在装帧和设计也更趋美观。

日本至诚堂出版社 1961、1962 年版《红旗谱》
日文译本,译者:松井博光

中国外文出版社《红旗谱》1961 年版英文插图译本，
译者：戴乃迭；插图：黄润华

戴乃迭先生的翻译忠实地遵循了原著，基本上是逐句翻译，只是在某些段落划分上有些变化，或是两段合成一段，或是将一段分开，但并不影响对于文章的阅读和理解。对于原著中地方色彩浓厚的人物语言，戴乃迭先生在翻译时特意作了平常化的处理，虽然生动性、形象性、韵味性有所减弱，但基本体现了原作的风格。

《红旗谱》的法文版于 1964 年首次由北京外语印刷厂印刷，北京国际书店出版发行，1981 年又出版了修订本。1964 年的初译本翻译了 1959 年梁斌为英文版写的序，正文前有活页人物列表，文后有法文版的跋，其内容也是对梁斌生平经历的简单介绍。1981 年的修订本只保留了文后的跋。两种版本均未提及译者。经过查找，也没有发现任何有关译者的记载。从译文来看，该书可能是由多人分章节翻译，最后再进行统稿。

法文译本语言比较流畅，基本上也传达了原著的意思，但是错译、漏译现象比较多，直译和意译的把握处理也不是很得当。译著中有的句子翻译得极其细致，比如“把我这一罐子血倒给他！”这句话被译作：“Jel' empecheraidedemolir la cloche, meme si je dois verser tout le sang de mon corps！”译者加入了自己的理解，在原文的基础上增加了“我将阻止他砸钟，即使要把我全身的血液倒出来！”这样的词句，但原文的真正含义——同别人拼命——并未准确传达，也未做任何注释。而有些句子译者可能想完全采用意译，但译文的意思却有了一些出入。例如：“本来一句话说完的事情，他就得说半天。”本义指严志和天生性子慢，而译文：“s'arretant un moment apres chaque phrase”，则表示“他每说完一句话都要停顿一会儿”，很显然这句话和原著有很大差别，这样就造成了读者在理解上的偏差。

中国外文出版社 1964 年和 1981 年版《红旗谱》法文译本。均无译者署名，疑为多人翻译；黄润华插图

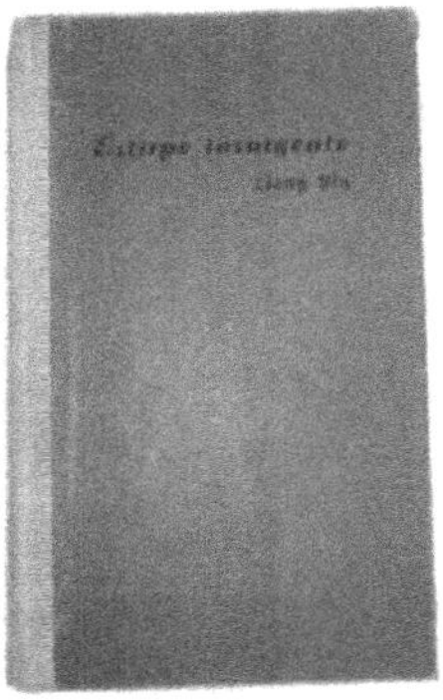

中国外文出版社《红旗谱》1980 年版西班牙文译本，译者：路易斯·恩里克·德拉诺

法文版本的漏译现象出现得比较频繁，漏译的大都是方言、俗语、俚语、土语。这种情况的出现大概是因为译者找不到恰切的对应词语，所以有些方言、俗语要么是大概翻译，要么是进行了转译，而更多的是在不影响意思表达的时候，干脆就不译了，这样就造成了频繁漏译的现象。

《红旗谱》的西班牙语译本是由智利人路易斯·恩里克·德拉诺（1907—1985）于 1980 年翻译并由中国外文出版社出版的。路易斯·恩里克·德拉诺是智利著名的作家，诗人，艺术家，曾荣获智利国家新闻奖。

德拉诺的翻译忠于原著的基本精神和表达方式，总体把握比较得当。德拉诺在其一生的写作生涯中，也曾致力于政治题材小说的创作，并把其经历过的智利暴力统治下的社会不公，人民与统治阶级的对抗作为其小说的主题。从这一方面看，德拉诺曾有着和梁斌相似的创作追求。因此，在翻译中，译者就特别能把握原著者的创作意图，并力图准确无误地把这种创作意图翻译、传达出来。

西班牙语译本突出地刻画了中国共产党旗帜下农民英雄朱老忠的形象，用生动准确的词汇描述了朱老忠与其死对头地主冯老兰的斗争。对其他人物形象的描述也非常符合原著，不带有任何个人的褒贬倾向。

吉林延边出版社 1962 年版《红旗谱》朝鲜语译本，译者：李东椘

西班牙语译本的语言，也基本上保持了原著的特色。流畅，简单自然，通俗易懂。德拉诺在译文中，或使用与方言含义相似的词语，或通过标注解释的方式对原著中大量具有明显冀中地方色彩的语句进行了传神的翻译，极力使译著再现原著的特色和神韵。

两种少数民族语译本的翻译，朝鲜语译本翻译的比较早，1962 年由吉林延边出版社出版，译者李东椘。从译文中可以看出李东椘的翻译充分结合了当时的时代环境，把原著的内容翻译得淋漓尽致，书中的人物形象也是栩栩如生。对于地名的翻译采取了意译，而翻译人名时则采用了音译。五六十年代朝鲜文用意译翻译人名几乎是不成文的法则，而后来朝、韩语对地名或人名的翻译则都倾向于音译。由此可见在六十年代译者用音译方法翻译《红旗谱》中大量的人名具有一定的超前性。译者还多处引用朝鲜民族文学中特有的比喻，力图使作品更加生动，使朝鲜文读者更容易理解。例如：将原著中

“如今老霸道还是无事生非”翻译成“现在的土豪就是诺尔夫”，诺尔夫是朝鲜民族传统故事中一个非常贪心，爱偷懒要滑的反面人物的典型。将原著中“手眼为活”翻译成“有双手不可能嘴里结蜘蛛网”等，都比较生动活泼。当然，所有的翻译都不可能与原著百分之百的对等，朝鲜文译本也存在一些与原著有出入的地方。

哈萨克语译本是由哈孜木别克·阿拉宾（1945–1998）翻译，新疆人民出版社在1981年出版的。译者哈孜木别克·阿拉宾是哈萨克族当代杰出的诗人、翻译、编辑，生前创作了许多脍炙人口的作品，也翻译了许多优秀的汉语文学作品。由于没有合适的人参与本文写作，哈萨克语译本的情况尚不明确。

《红旗谱》八种译本的翻译各有其长，也存其短。进一步寻找各译本的研究资料并对这些译本做出系列翔实评介仍是将继续的工作。

新疆人民出版社1981年版《红旗谱》哈萨克语译本，译者：哈孜木别克·阿拉宾

《红旗谱》外文译本的收集和整理工作得到了梁斌文学研究会罗会长的关注和支持，在此我深表感谢。同时也再次向给予该课题以帮助的各界朋友表示感谢。

《红旗谱》外文译本有关资料的收集和整理工作仍在继续，热诚欢迎前辈学者、各界朋友为我们提供信息和参考资料。

《新文学史料》，2007年第3期

# 论《红旗谱》的日常生活描写

阎浩岗

在20世纪50到60年代的著名小说中,《红旗谱》显得有些另类。这并非是说它完全突破了当时意识形态与主流创作方法,而是说由于作者有意识地追求自己的创作个性,作品呈现出一些独特的审美品格。与《林海雪原》《红岩》《铁道游击队》《敌后武工队》《烈火金刚》等小说相比,《红旗谱》的故事没有那么复杂、曲折、传奇,人物也没有许云峰、江雪琴、杨子荣、刘洪、萧飞那么高大,它集中表现的斗争,无非是地主老头儿和几个农家孩子争鸟,农民们私自杀猪、暴力抗税,几十名学生闹学潮与当局发生流血冲突;即使写战争——高蠡暴动,其参加者总计不过千人,正面表现的锁井大队仅百余人,谈不上波澜壮阔,远不及《保卫延安》《红日》那么壮观。当年看惯了正面人物叱咤风云、酣畅淋漓的战斗与胜利的读者,会感到第二部《播火记》结局令人有些压抑。另外,冯家大院的长工也不像《暴风骤雨》中郭全海们那样富于斗争精神,但作品并不缺乏感人的艺术效果。笔者以为,这是小说将一定的传奇成分与作为文本基质的日常性描写相结合,从而产生的独特魅力。

谈到《红旗谱》的创作追求,梁斌曾说:"我不得不借鉴《金瓶梅》《水浒传》《红楼梦》《战争与和平》《毁灭》《卡尔曼与高龙巴》,而要突出自己的创作个性,这一点要凭我的爱好与性格,不能迁就别人。"[1]迄今为止,不论评论家还是普通读者,大多是把《红旗谱》当作传奇类作品来看,突出其中的"水浒气"。北京电影制片厂1960年拍摄的同名电影突出了阶级斗争,天津电视台2004年拍摄的二十八集同名电视剧则完全把它改编成了一个红色武侠传奇：主人公朱老忠武艺高强，在关外当过胡子，嘴里不时流露出江湖黑话，冯家父子则道德极其败坏，以至于乱伦；情节也传奇化，加进了比武、劫法场等。改编者对作品的这种理解自有其道理，也有一定的原著依据。作者确曾明确表示要写一个阶级斗争的故事，并承认受《水浒传》的影响。

但不容忽略的，是这部书也深受《金瓶梅》和《红楼梦》的影响。梁斌曾屡次表示，他喜欢读《金瓶梅》，晚年写成的《一个小说家的自述》中说，"一读起《金瓶梅》，四壁皆空，就什么也不想了"，他"一面看着《金瓶梅》，一面想着《红旗谱》，受益不浅"。[2]笔者认为，像《金瓶梅》《红楼梦》一样，《红旗谱》主要靠日常生活描写取胜。本文要做的，就是从日常性描写的角度，重新解读这部曾经风靡一时，而今却被忽视的作品。

## 一、人物性格的日常性

《红旗谱》的日常性，首先体现于人物形象的塑造方面。先从主人公朱老忠说起。梁斌曾表示，要把朱老忠塑造成高大完美的形象，许多论者也认为这是个理想化形象。但细读文本，朱老忠的"理想化"只体现在为人的仗义，比从未离开过故土的农民多一些胆识和个人能力，并未超出现实人物的常态。论外形，和其父朱老巩一样，他身材并不高大，"小敦实个子"，比严志和矮了一头（电影电视剧的演员高大魁梧，与原著的描写反差很大）。论经历，在冀中农民中，朱老忠确实有些与众不同：少年丧父后只身流浪，先在北京当小工，又到天津学织毯子，后来下关东，在长白山挖过参，在黑河里打过鱼，在海兰泡淘过金；娶妻生子后，四十开外时回到家乡。民国时期，有类似经历的北方农民也不少。走南闯北的经历使朱老忠身上有江湖侠义，但回乡后仍是一个地道的农民。小说原著多次交代，他的归来，更多由于思乡，和在异乡生活的难处。第三章写朱老忠听说严志和也要下关东：

"他也愣了一刻，心里想起他在关东三十年，多咱一想起家乡，想起老街旧邻，想起千里堤上的白杨树，想起滹沱河里的流水，心上就像蒙上一层愁。这才一心一意要回老家……"（《红旗谱》，中国青年出版社

1957年版,第24页。以下简称《红》)

第七章写朱老忠去看朱老明时,得知冯兰池仍然很霸道,他一方面说:“我就是为咱这穷哥们回来的,不是的话我还不回来呢!”一方面:

> 他想:“不回老家吧,死想家乡。总觉得只要回到家乡,吃糠咽菜也比流落在外乡好。可是一回到家乡呢,见到幼年时的老朋友们,过着腌心的日子,又觉得起心眼儿里难受。”心里说:“知道是这个样子,倒不如老死关东,眼不见为净,也就算了!”转念又想道:“在关东有在关东的困难,天下老鸹一般黑!闯吧,出水才看两腿泥!”(《红》第71页)

作品描写朱老忠回乡后种地盖房子,过起庄稼日子来。作者把一个有可能成为传奇的故事日常化了。第六章写朱老忠回锁井镇初见老驴头,老驴头听说他带回一点金瓜籽儿,对他说:“一听你就是有心计的人,打算回来好好种庄稼哩!”朱老忠回答:“咱是正南巴北的老实庄稼人嘛!”回家后朱老忠的日常生活,一是在朋友帮助下盖起土坯小房,一是从事田间劳作。第一部中他做的最大的事,除了步行去济南探监,就是带领乡亲武装(拿着三截鞭)抗税。但这也未超日常范围,甚至未上升到“暴力”程度(未伤一人)。论勇力,虽然书中交代他会拳脚,但并不出奇。第一部里首次正面写到他的“功夫”是在第三十六章:他们为准备反“割头税”而组织纠察队,他当众“闹了个骑马蹲裆式”,踢了个腿,耍了套拳。再就是第三十七章在集市上面对”不敢伤害请愿的群众”的保安队,举起三截鞭打落两把刺刀……作品并未写他功夫如何出众,都比不上《铁道游击队》中的刘洪、《林海雪原》中的杨子荣、姜青山等人物形象。在见识和品格方面,由于他曾走南闯北,确比一般农民心胸开阔,比如遇到儿子被抓兵的突发事件没有暴跳如雷乱了方寸、对于被乡里人歧视的运涛和春兰的爱情,他表示“咱穷人家,不能讲那个老理”,可他并无少剑波式的神机妙算,也没有许云峰、江雪琴身上那种神圣感,而仍是一个地道的农民。

在“反面人物”的塑造方面,也可看出《红旗谱》艺术描写的日常性。其时类似题材的文艺作品中，地主几乎都是反面人物，其中最著名的，大概要算黄世仁、南霸天、周扒皮和韩老六了。这些地主形象都很霸道，像周立波《暴风骤雨》里的韩老六，外号“韩大棒子”，“他常常提根大棒子，遇到他不顺眼不顺耳的，抬手就打。”他总共害死27条人命，是完全违背日常伦理道德的典型的恶霸。这种人古代有，例如《水浒》中的镇关西郑屠户；当代也有，例如新闻媒体报道过的东北黑社会头子。对比一下《红旗谱》里的冯老兰明显有所不同。他的所作所为，对乡规民约还有所忌惮。例如“脯红鸟事件”是作者在第一部中除反“割头税”，二师学潮以外重点表现的一场冲突，但确属小事：运涛逮住一只脯红鸟，准备拿到集上去卖时被冯老兰看见，一辈子喜欢养鸟的冯老兰，开出比别的买主都高的三十吊钱想买下，运涛已有意卖出，大贵却为和冯老兰斗气，宣称扔到“臭水坑里沤了粪”也不卖给他。最后鸟被猫趁夜吃掉。冯老兰终于没有买到手！这种事绝对不会发生在韩老六、南霸天身上。再比如，小说里讲冯老兰“是个老色鬼”，可“从表面上看，是个‘古板’的老头子”。书里写他“好色”的具体表现，除了娶了个“现在也不年轻了”的“年轻的太太”做续弦，再就是看中春兰。发现春兰和运涛恋爱，出于嫉妒，他唆使春兰的大娘宣称“春兰可招了汉子了”，并招来老驴头追打。[3] 为得到春兰，一贯吝啬的他还狠心要拿出一顷地、一挂大车。遭到拒绝后，冯老兰“也再不敢想着她”（第304页）。总之，如作者所说：“这些素材，在乡里并不少见。冯老兰的形象性格比比皆是。”[4] 这里并不否认冯老兰是坏人，但作者对他的描写是贴近日常生活的，并未脸谱化。

《红旗谱》不乏传奇性的人物，例如白洋淀一代的绿林好汉李霜泗，作者有意把他作为传奇人物来写。另外，张嘉庆枪法出众，还有独特的身世，也具有传奇色彩。锁井镇人物中，与一般人性格有所区别的是朱老巩和春兰：前者开篇就“大闹柳树林”，后者在那个极端封建封闭的年代和环境里敢于自由恋爱，并且为了一个似乎无望的结局无限期等待，拒绝习以为常的生活。但是作者在处理“奇”与“常”的关系时，做到了“酌奇而不失其真”，[5] 即表现新奇也不失常态。他没有无限制的表现“奇”，书里面的这些“奇”都有现实依据，真实可信，并不让人感到与读者的日常经验隔膜。他写朱老忠比一般农民高大，先交代了他走南闯北的经历，“有过这种生活经历的人，性格上才有慷慨豪爽的可能。”[6]书中的主要人物和事件都有生活原型或历史依据。朱老巩和春兰的形象有理想的成分，为此，作者思考过：“在那个时代，是不是可能产生朱老巩和春兰这样的人物呢？”结论是：“在当时是可能的”。[7]这样，在日常背景上的传奇性给作品增添了色彩，却没影响全书的写实基调，使人物的传奇性显得真实可信。

## 二、人物关系与叙事逻辑的日常性

《红旗谱》表现的主要矛盾冲突都与阶级斗争有关，书中主要人物也可分为地主与农民两大阵营，但《红旗谱》之间的人物关系给我印象最深的却不是阶级关系，而是日常人伦关系，最打动人的也是人物之间的人伦情感，包括夫妻情、亲子情、朋友情以及青年男女之间的爱情。作品重点表现了朱老忠与严志和以及朱老明、朱老星、伍老拔之间的感情，可以解释成“阶级情”，但给人更直接的感受是“朋友情”，是朋友之间的仗义。楔子写朱老巩大闹柳树林，保护河神庙前后四十八亩官地，其出发点并非为阶级仇，是看不惯冯兰池的霸道，为四十八村的人们打抱不平。这四十八亩地既然是公产，当然就既有穷人的份，也有冯兰池以外其他地主（例如冯老锡）的份，只是大家都不敢管或觉得没必要管。朱老明带头和冯兰池打官司，既有切身利益的因素，也有见义勇为的冲动。严志和、伍老拔、朱老星被卷进这场官司并为此倾家荡产，也是出于义愤。朱老忠乍一听到严志和参与了这场官司，第一反应是“锁井镇上的事，碍着你什么了？”（严志和是小严村人），严志和的回答是“心里不平”。老忠因此觉得志和“是个义气人，够朋友”，更佩服朱老明是个硬汉子（《红》第29—30页）。如果说这种情感是“阶级情”，或朴素的、自发的阶级感情，那怎么解释老驴头、老套子、老栓、冯大有、冯大狗大个头领青等人没有和他们建立这种感情呢？按书中描写透露给我的信息，所谓阶级感情，实际上是贾湘农对他们之间这种友情的一种意识形态解释。相近的经济地位——贫穷，只是促使他们相互接近的因素之一。没有这种仗义，即使再贫穷，也不是这个团体的核心成员。

比较而言，《红旗谱》对于青年男女爱情的描写并不是最精彩的，这可能是受作品的日常性基调所限。但这部作品的爱情描写仍带着乡土气息，能给人留下比较深刻的印象。例如，春兰对运涛的感情，初期是出于青年男女自然而发的互相悦慕，后期则由于庄严的承诺。到了《播火记》里，作者又写到，关于嫁给大贵，“说心里话，她心上也曾思量过这件事情。和运涛、大贵，他们都是从小一块儿长大的，心思知心思，脾气知脾气。可是她觉得那么办了，对不起运涛，她想，久后一日，运涛还有个出狱的日子，拿什么样的脸面去见他呢？于是她暗里下定决心，宁自舍弃青年人的幸福，也不辜负运涛给她的好心”（《播》第 26 页）。这样，终于又给了人物比较符合生活常态的解释。

的确，《红旗谱》《播火记》也写了非日常的事件——“二师学潮”写的就是不同于学校日常生活的流血冲突，“高蠡暴动” 写的是农民打破日常生活的壮举。而且，这两个非日常事件和基本不超出日常的“反割头税”一起，往往是人们提及这部作品时首先想到的。但事件的非日常性与叙事的日常性并不矛盾，判断叙事是否属于“日常”，要看它是以日常的逻辑，还是传奇的写法。笔者认为，在《红旗谱》中，对于非日常的行为和事件，作者也是以日常逻辑来把握，或以日常逻辑来比照衡量的。

“高蠡暴动”爆发前夕，书中主要人物以及锁井镇一带的居民还处于日常生活状态中，对于这种状态的突然打破，他们一方面感到兴奋，一方面心理上感到不安，有些事还不能马上适应。小说用了整整六章的篇幅（第22—27 章）表现暴动的具体准备过程。虽然仍是以写人物语言和行为为主，但这部分很重心理描写，有些对话描写其实也是意在表现人物的心理。这六章表现他们此时遇到的“日常”问题是：暴动者开拔后家属怎么办？起义者聚齐后吃穿用住怎么安排？除了写起义者家属怎么来“闹”、朱老忠等怎么安抚，作品还写了朱老忠等人到冯老锡家“起枪”、到大竹镇计取警察局的枪。这是全书少见的但有一定传奇性的、有些类似于《铁道游击队》《敌后武工队》的情节。但《红旗谱》将此写得仍是那么平易，并无血腥，也不算惊险，却真实可信，因为这里的敌人不是穷凶极恶、训练有素的鬼子，而是和他们一样出身农家的乡村警察。不太惊险，却饶有趣味。写暴动者家的主妇支持丈夫起事，动机也很具体。贵他娘展望的未来是“扛长活的，能吃到白面；新春节下，也能吃顿过年的饺子；十冬腊月里能穿上棉衣裳；咱女人家，生孩子坐月子。也能吃套烧饼果子，喝碗红糖水了”。虽然朱老忠马上用“子子孙孙不当亡国奴”来“纠正”，但没见出什么实际效果；他本人说服冯大狗家的支持丈夫闹暴动，也是以很实在的理由：“你等着吧，暴动起来就有大囤的粮食，大垛的衣裳，任凭你要多少就要多少。”暴动发生以后，进入短暂的战争状态，作者写锁井大队的游击队员冲击冯家大院时乱糟糟一哄而上，如同肖洛霍夫《静静的顿河》写红军战士歪歪斜斜骑在马上一样，没有拔高新起的红军的战斗能力。

《红旗谱》的故事虽然并不神奇，但它的情节却能紧紧抓住读者，是因它用朴实真挚的人伦情感打动了读者，引起其对人物命运的强烈关注。作品表现人物之间的夫妻情、亲子情等人伦情感，往往借助于离合悲欢场景的描写与情感气氛的渲染：第一部第二至九章写朱老忠与严志和等世交老友的久别重逢，第十三章写大贵被抓兵、第十六章写运涛出走的亲人离别，第十七至十九章写运涛来信之“大喜”，第二十一至二十三章写运涛入狱：老奶奶猝死、志和卖地的“大悲”，都给人以强烈印象和情绪感染。

## 三、“闲笔”的魅力

《红旗谱》日常性的另一表现，在于书中有大量游离于“主题”之外的“闲笔”，就是对主要人物和次要人物、正面人物和反面人物，他们的衣食住行及其独有的悲欢苦乐的描写。作者称之为“生活描写”。

王蒙在论《红楼梦》时说：“中国的传统小说是不大写日常生活的，如果写宴会，或者是鸿门宴，或者是王婆、潘金莲与西门庆一起吃酒，总是作为忠奸、贞淫斗争的一个环节来写，像《红楼梦》这样写日常生活，写琐事平常事，写细节，是绝无仅有的。”[8] 笔者认为有道理，但需要纠正一点：“写日常生活，写琐事平常事，写细节”的“中国的传统小说”并非只有《红楼梦》，起码还有《金瓶梅》《儒林外史》《红楼梦》的日常生活描写，有不少游离于主干情节之外，却生动摹绘出一种人生情态、表达了某种人生感悟因而耐人寻味的“闲笔”。《红旗谱》与同时期其他小说名著的不同之处，也正在于它有许多与作者明言表述的“阶级斗争”主题无必然联系的日常生活描写的“闲笔”。

这类“闲笔”中值得关注和分析的，首先是对人物饮食的描写。对于“食”

的描写，在50—70年代中国大陆那批著名小说中，大概《红旗谱》及其续篇《播火记》算是最突出的了。这里所说“食”的描写，不是指简单交代故事时间或事件过程的，而是指把“食”的内容具体写出，特别是还写出食物给人的味觉或嗅觉。这样的描写，两部书中大约有四五十处。由于篇幅长、容量大，不论是日常型还是传奇型，长篇小说一般都免不了要写到人的饮食行为，但作者写这些时的动机与态度不同，写法与详略及效果也不尽相同。一般来讲，小说里写人的吃喝，有时为交代事件过程或时间推移，有时为塑造性格或揭示人物关系。《红旗谱》里饮食场面的描写，也大多具有这种功能。比如第一部第31章写严萍的奶奶招待江涛吃饭，奶奶一边讲她们家过去如何“黄芽韭猪肉饺子，四碟菜：一壶酒”招待来往朋友，一边亲自动手剁馅和面包饺子，吃饭时自斟自饮，就显示了她独特的身份与性格。但若只有这些，《红旗谱》就和其他作品没有什么两样了。细读作品可以发现，《红旗谱》中的饮食描写，除了塑造性格、推动情节，其本身还具有一定的独立意义，其内涵与意义是多重的。

作家中讲究饮食的不少，比如周作人、梁实秋都写过谈吃的散文，汪曾祺、无名氏（卜乃夫）对于口腹之欲的讲究屡被提及。写过著名小说《美食家》的陆文夫认为：“对一个有文化的食客来讲，吃喝应当追求一种境界，或称为环境、气氛、心情、处境等等”。[5]梁斌对于饮食之美的讲究显得与众不同。他除了写过一些专门谈论饮食的散文，如《地方风味在保定》《日本的“茶道”》，在自传体回忆录《一个小说家的自述》中也有充分表现。这本书写的是作者童年到60年代《播火记》完成的50年间的事，对几十年前吃过的饭菜，都有具体的记载。开篇写他三四岁随父亲赶集的情景，写童年记忆里各种吃食。写成年后的经历，客居北平、济南求学、抗战时期的游击生活，以及此后当了干部和作家，类似这样的描写随处可见：“老同学不外待我，吃了一顿家常便饭：杂面汤，小米面窝窝，葱花炸辣椒”（第123页）。“管理员刘田端来半桶白面，还为我找了一个做饭的师傅。也无非是烙饼、面条，我不记得吃过饺子”（第222页）。其他人未必没有一些印象深刻的饮食经历，但一般不会对多少年前吃过的东西记得这么清楚具体，不会在自己的自传、回忆录里如此不厌其烦、津津乐道地写出。

《红旗谱》《播火记》中，梁斌写的多是家常便饭，特别是农家饭菜、市井小吃，没有《红楼梦》那么奢侈讲究。作者的出身以及成长环境决定了作者饮食方面的趣味：梁斌出生于民国时期冀中平原比较富裕的农户，其生活水平与清代贵族子弟有着天壤之别。作者对于饮食的理想，一般情况下是不求丰盛，但求可口；不求多么奢侈，但求有所变化，并伴随着精神的愉悦。这些描写透出人物（同时也透出作者）对生活的热爱，对生之乐趣的向往。《播火记》里起义者家属关于革命成功后“人们有吃有穿，扛长活的，能吃到白面；新春节下，也能吃顿过年的饺子；十冬腊月里能穿上棉衣裳；咱女人家，生孩子坐月子，也能吃套烧饼果子，喝碗红糖水了”的憧憬，攻克冯家大院后起义者大会餐时“冯大狗用头号大黑碗盛了岗尖一碗肉，把三张白面大饼中间咬了个大窟窿，套在脖子里，蹒跚走着，张开大嘴狼吞虎咽”的喜剧式描写，反映了农民“革命”想象的感性一面。《播火记》写豪绅在蠡县县城宴请陈贯群，“在小城市里，没有讲究的餐具，桌上摆的尽是一些花色的江西瓷器和白铜用具”，透露出作者本人对于饮食文化的内行。

《红旗谱》对于人物具体生活环境的描写也很重视。据作者自述，他构思这部作品时先构思人物，人物表写完之后，就画出东西二锁井的地图。他说：“不要小看这张地图，这是多年来构思故事的结果，谁家宅院是什么布局，住在哪条街巷，是有一定的。这是诸多人物活动的舞台，好像《红楼梦》的荣宁二府一样，像大观园一样，各人有各人的住处，谁走哪个门，通过哪条巷……多少人物多少故事，尽在胸中。”[10] 许多优秀的现实主义小说家很重视对作品中人物的生活居住环境的设计，例如巴尔扎克为写好外省生活，就曾托朋友绘出某一外省城市的地图。这样做的艺术效果是大大增强了作品的逼真感，使读者觉得真的有这样一些人物在这样一个地方生活过。《红旗谱》《播火记》里的自然环境与乡村风光描写，除了作为人物活动的背景，为塑造人物、推动情节服务，本身也具有独立的审美意义。这些描写的意义犹如顿河一带风光的描写之于《静静的顿河》。

《红旗谱》写得最多的是锁井镇和白洋淀的景色。在写法上，作者有时借人物的眼睛写出，有时以叙述人语言直接描绘。借外来者眼睛看，实际是以新鲜而亲切的心情去感受，如第 1 部第 5 章写朱老忠在离开故乡 30 年后重返故土，第2部第2章写严萍避难回乡，都写了他们眼中的锁井。他们出生于此，在这里度过了童年，又离开家乡多年，对故乡景色的感受与外地生长的、终生不曾离开家乡的人都不同。第14—15章写二贵看白洋淀，用的则是异乡人的好奇眼光。这些景物描写穿插得非常自然，犹如拍摄电影电视剧时的“跟拍”，与人物的活动、情节的展开有机融合，具有强烈的现场感。穿插在作品中的景物描写，地点包括锁井镇村里村外、河边地头，时间囊括夜午晨昏、春夏秋冬，从而得出冀中乡村的四季全景图。如果没有对故乡农村生活的深情，是写不出这样的文字的。老舍曾说：“我们幼时所熟悉的地方景物，即一木一石，当追想起来，都足以引起热烈的情感。”《红旗谱》中老忠回乡见到老祥奶奶一段的写景，就来自作者的幼年记忆：

> “在我年幼的时候，村北和村东还有两大片梁家老坟，年深月久，已成乱椽，无人管理，只有几棵小树和一株老杜树，在日暮夕阳的时候，有一群乌鸦在树上呱呱地乱叫。这种日暮鸦鸣的印象，概括在《红旗谱》中。”[11]

他不止一次谈到对景色的“感情”：“儿时对于大苇塘是有感情的，不知不觉写进作品里。水坑、苇塘，不知写了多少次。”[12]“我在几部书中都写到梨林和梨花，这是因为我对于梨林有了深厚的感情”。[13] 三部书写得最多的景物，还有千里堤上的大杨树、风吹大杨树叶子时哗哗的响声。

梁斌在创作自述中说：“文学美化生活，这是我在长期的艺术生活中总结出来的。”[14] 这里所谓“美化生活”，与为了某种政治目的而进行的“粉饰生活”不同，它应当是孙犁早期作品以及废名、沈从文的某些田园题材小说所追求的那种艺术境界。作者对故乡生活有美好的回忆和深厚的感情，在写作时“越想越有滋味。”[15]

## 四、日常生活描写的题外之旨

《红旗谱》对日常生活细腻而生动的描写，丰富了它的艺术内涵，也产生了一些“题外之旨”。梁斌遵循现实主义创作原则，不因自己的政治态度和主观倾向而违反艺术真实，今天读《红旗谱》和《播火记》后可以发现，“二师学潮”和“高蠡暴动”这两次政治行动，当时学潮和暴动的组织者确实犯了“左”倾盲动主义错误，造成人员伤亡，使农民的生活处境更加艰难。

《播火记》还涉及了日常逻辑与“革命逻辑”之间的冲突。作品所写朱老忠等人第一次打破日常伦理的“革命”行为是到破落地主冯老锡家“起枪”，没收他家自备的枪支。主意最先还是与冯老锡家关系不错的朱老星出的。朱老星打官司失败，卖掉了房子无处居住，此时住的就是冯老锡家的小屋。谈到怎样“起枪”，老星准备用“日常”的方式，对冯老锡说：“咱们老街老邻的，父一辈子一辈的都不错，也用不着费事，今天我们有事要借你的枪使使。”其他人认为不可行，这时朱老忠用“革命”逻辑代替了老星的“日常”逻辑，告诉他“暴动不是作揖求情，也不是请他吃火锅，不能轻拿轻放”。[16] 提出把菜刀搁在冯老锡的脖子上，逼他交出枪支。这时：“朱老星一下子叫起来说‘不行，这不成了土匪吗？和明火、路劫有什么两样？’说着忙用手捂上嘴，合紧眼睛，缩着脖子，不再说什么。（《播》第 249 页。）

忠实于写实原则带来的另一个艺术效果是反面人物的非妖魔化，作者没有随意对“反面人物”进行漫画化描写，他认为那样“人物的艺术形象也难树立”。虽然《红旗谱》《播火记》对冯老兰和冯贵堂、冯焕堂父子这样的地主形象不可能作新时期以后“新历史小说”那种描写，但这部小说中作为朱严家族对立面的这父子三人却是“人”，而不是“魔”，这几个人物作为艺术形象确实“树立”起来了。作品写冯老兰听了冯贵堂的话把大庙拆了盖上学堂（《红》第 79 页），江涛接受小学教育，应当就是在这个学堂。关于冯家发家的方式，作品既写到了他们巧取豪夺，又提到他们的勤俭持家，例如写冯老兰对儿子说：“你老辈爷爷都是勤俭持家，向来人能吃的东西不能喂牲口，直到如今我记得结结实实。看天冷时候我穿那件破棉袍子，穿了有十五年，补丁摞补丁了，我还照样穿在身上。人都说白面肉好吃，我光是吃糠糠菜菜”（《红》第 81 页）。他的三子冯焕堂是冯老兰的翻版，作品对他的描写是：

“这人穿着紫花小褂，穿着一双开了花的破鞋，他这人斗大的字不认识二升，光学会勤俭治家，过好庄户日子。他和大哥二哥不一样：舍不

得吃,舍不得穿。一件棉袍子穿十年,拿麻绳头子当褡包。冬天不烧炕,夏天就是那个破草帽子。"(《播》第89页)

第一部还写到地主冯老兰与长工老套子在喜欢养牛、反对冯贵堂买大骡子大马这一点上有共同语言,所以"说起老套子,冯老兰最是喜欢这样的人"(《红》第106页)。冯老兰和老套子并非真正的朋友,但《红旗谱》在这一点上,采取了更加生活化、日常化的描写。

将出色的日常写实作为全书基调,使《红旗谱》具有了超越特定时空的独特艺术魅力,并且形成它在文学史上无可取代的地位的一个重要方面。

《文学评论》,2008年第4期

注释

1.梁斌:《一个小说家的自述》,中国青年出版社1991年版,第514页、501-502页、523页、524页、3页、13页、242页、546页、508页。

2.同上。

3.这使人联想到《围城》中高松年校长带人捉汪太太和赵辛楣的"奸"的事。

4.梁斌:《一个小说家的自述》,中国青年出版社1991年版,第514页、501-502页、523页、524页、3页、13页、242页、546页、508页。

5.刘勰:《文心雕龙·辨骚》

6.梁斌:《漫谈〈红旗谱〉的创作》,《梁斌文集(五)》,百花文艺出版社1986年版,第242页、238页、255页。

7.同上。

8.王蒙:《红楼启示录》,《王蒙文存》第18卷,人民文学出版社2003年版,第48页。

9.马鹏举:《文坛上的美食家》,《食品与生活》,1994年第5期。

10.梁斌:《一个小说家的自述》,中国青年出版社1991年版,第514页、501-502页、523页、524页、3页、13页、242页、546页、508页。

11.同上。

12.同上。

13.同上。

14.同上。

15.同上。

16.与毛泽东“革命不是请客吃饭,不是绘画绣花”的话相似。

17.梁斌:《漫谈〈红旗谱〉的创作》,《梁斌文集(五)》,百花文艺出版社 1986 年版,第 242 页、238 页、255 页。

# 革命洪流中的家族、个体与他者
## ——电影《红旗谱》解读

李焕征

有学者提出了重新理解“十七年”文学史的问题，“重新理解十七年的文学史，是如此重要，它所唤起的不只是一种记忆，一种空泛的思想史的责任，更重要的是真正面对历史中的那些症结性的问题，清理我们现在依然立足的根基”。对于“十七年”电影来说何尝不是如此呢？作为研究革命历史叙事的经典样本，电影《红旗谱》被学者们反复阐释和解读，也在情理之中了。

“《红旗谱》表征着中国文学的革命历史叙事所达到的成熟阶段。它所建构的那种革命历史观念、那种叙事法则，它的审美趣味，都标志着中国社会主义文学的高度。”[2] 它不仅是新中国革命历史记忆的书写，而且将历史的进程革命化了，它呈现的是一种对于崭新的现代民族国家历史革命化的叙事文本，是对新的社会秩序合理性的一种艺术化的体认和确证。

然而，要把这样一部成熟的作品搬上银幕，简单的移植或翻译显然并不能保证其成功，重要的是编、导、演等电影艺术工作者准确把握住小说的核心要素，并进行艺术的再创作，那么，作为“十七年”经典究竟把握了哪些核心要素呢？

### 一、传统农村的家族与个体

家庭是人类社会一定发展阶段出现的社会现象。在初民社会，原始人类的联合是为了在强大的自然面前赢得生存的机会，这时的共同体是杂乱而不稳定的，没有所谓的亲属和家庭。经过漫长的岁月之后，逐渐出现了婚姻的萌芽，进而形成血缘家庭。这样，古代社会成为“一个许多家庭的集合体”，而不再是“一个个人的集合”。[3]

中国古代宗族制度的起源同祖先崇拜是紧密联系的。宗族亦称“家族”“族”，指父系单系亲属集团，即以一成年男性为中心（称“宗子”或“族长”），按照父子相承的继嗣原则上溯下延，组成的家庭联合体。春秋战国时期，一个宗族所包含的人口往往可达几千人；魏、晋、隋、唐时，个别豪门大姓甚至有上万人。《左传·僖公二十四年》谈到宗族时说：“召穆公思周德之不类，故纠合宗族于成周而作诗，曰：‘常棣之华，鄂不韡韡。凡今之人，莫如兄弟。’”[4]古代辞书《尔雅·释亲》对宗族的解释是：“父之党为宗族。”[5]汉代班固《白虎通·宗教》中的说法更为具体：“族者何也？族者凑也，聚也，谓恩爱相流凑也。上奏高祖，下至玄孙，一家有吉，百家聚之，合而为亲，生相亲爱死相哀痛，有会聚之道，故谓之族。”[6]

宗族制度是中国古代以家长制为核心、以血缘关系为纽带的特殊社会体制。我国近代政治家对宗族问题都非常重视。梁启超先生曾谓：“中国古代的政治是家族本位的政治。”[7]孙中山认为：“中国人最崇拜的是家族主义和宗族主义，所以中国只有家族主义和宗族主义，没有国族主义。外国旁观的人说中国是一盘散沙，这个原因在什么地方呢？就是因为一般人民只有家族主义和宗族主义，没有国族主义。中国人对于家族和宗族的团结力非常大，往往因为保护宗族起见，宁肯牺牲身家性命。”[8]毛泽东在《湖南农民运动考察报告》中则指出了近代中国的宗族组织，是一个“由宗祠、支祠以至家长的家族系统”；近代中国以“祠堂族长”为代表的族权，是一种“有系统的权力”。[9]

对于电影《红旗谱》来说，如果我们不从意识形态的角度而是换一个角度去看影片中的农村社会，看到的将是传统农村的家族与个体。在这部影片中，无论是正面人物——农民朱老巩和他的儿子朱老忠，还是反面人物——地主冯兰池和他的儿子冯贵堂，都还在中国传统的“父之家”的家族模式下，而“乡村社会本质上是一个民俗的社会、礼治的社会。因此，决定一个人行为准则的往往是习惯或习俗，而不是国家的法律”。[10]影片开头的序幕是25年前的一段血泪史：在冀中平原滹沱河畔的锁井镇，恶霸地主冯兰池为霸占四十八村的公产，阴谋砸碎作为公产凭证的古钟，这时候，农民朱老巩挺身而出，手持一把铡刀横眉冷对冯兰池。但冯兰池倚仗强大的封建势力，砸碎了古钟。朱老巩因斗争失败，一气病死，女儿受辱自尽，幼子虎子——朱老忠被迫逃离家乡。

对于父亲来说，儿子是家族血脉的延续，负有振兴家族的重任。25 年后，流落关外的虎子怀着一颗复仇的心，带着全家返回家乡。这种精心的叙事上的设计，一下子就把观众吸引住了。

对比小说和影片，我们发现其成功之处，恰恰在于其充分利用了民俗的力量。

小说开头写道：平地一声雷，震动了锁井镇一带四十八村："狠心的恶霸冯兰池，他要砸掉这古钟了！"《红旗谱》在艺术上的一个创造性的特点是其开笔定调和一句抓住人心。影片也是如此，一开始就把地主冯兰池与农民朱老巩在砸钟、护钟上的尖锐矛盾迅速展开并很快推向高潮，一下子紧紧扣住了观众的心弦。

表一 《红旗谱》开头段落分析

| 序号 | 内容 | 时长 | 镜头呈现 |
|---|---|---|---|
| 1 | 波涛翻滚（字幕：1901 年） | 02:49—03:00 | 固定镜头，淡入 |
| 2 | 枯树枝枝蔓蔓 | 03:01—03:06 | 摇镜头，叠画 |
| 3 | 大钟 | 03:07—03:19 | 从大钟拉开至全景，叠画 |
| 4 | 朱老忠（少年）和严志和（少年）守在钟的旁边 | 03:20—03:25 | 固定镜头，切 |
| 5 | 朱老巩磨刀，严老祥在旁边劝说 | 03:26—03:43 | 固定镜头，切 |
| 6 | 朱老巩特写<br>（交代：冯兰池要霸占 48 亩公产） | 03:44—03:52 | 固定镜头，切 |
| 7 | 朱老巩与严老祥对谈<br>（交代：朱严两家几代世交） | 03:53—04:12 | 固定镜头，切 |
| 8 | 朱老忠（少年）和严志和（少年）守着钟 | 04:13—04:15 | 固定镜头，切 |

| 序号 | 内容 | 时长 | 镜头呈现 |
| --- | --- | --- | --- |
| 9 | 朱老忠(少年)近景 | 04:16—04:20 | 摇镜头,切 |
| 10 | 严志和(少年)近景 | 04:21—04:22 | 固定镜头,切 |
| 11 | 朱老忠指给严志和看 | 04:23—04:24 | 固定镜头,切 |
| 12 | 三三两两的人向河堤走来 | 04:25—04:28 | 固定镜头,切 |
| 13 | 朱老忠让严志和去报信 | 04:29—04:32 | 朱老忠的脸切换成朱老巩 |
| 14 | 朱老巩面部特写 | 04:32—04:35 | 固定镜头,切 |
| 15 | 朱老巩的手磨刀特写 | 04:36—04:38 | 固定镜头,切 |
| 16 | 朱老巩继续磨刀,女儿端粥过来 | 04:39—04:53 | 固定镜头,切 |
| 17 | 严志和(少年)跑来报信 | 04:54—04:56 | 固定镜头,切 |
| 18 | 朱老巩近景 | 04:57—05:03 | 固定镜头,切 |
| 19 | 朱老巩持刀离开家，众跟随 | 05:04—05:16 | 固定镜头,切 |
| 20 | 冯兰池提鸟笼上场 | 05:17—05:18 | 固定镜头,切 |
| 21 | 砸钟的众人举起锤子 | 05:19—05:20 | 固定镜头,切 |
| 22 | 朱老巩走过来,高喊:住手 | 05:21—05:22 | 固定镜头,切 |
| 23 | 砸钟的众人回头 | 05:23—05:23 | 固定镜头,切 |
| 24 | 冯兰池回头 | 05:24—05:24 | 固定镜头,切 |
| 25 | 朱老巩率众赶来 | 05:25—05:34 | 升格,摇镜头,由远到近 |
| 26 | 冯兰池 | 05:35—05:46 | 过肩镜头,拍冯兰池 |
| 27 | 朱老巩一把拉住冯兰池来到钟前 | 05:47—05:54 | 固定镜头,切 |

| 序号 | 内容 | 时长 | 镜头呈现 |
|---|---|---|---|
| 28 | 钟文特写 | 05:55—06:03 | 固定镜头,切 |
| 29 | 朱老巩推冯兰池 | 06:04—06:09 | 固定镜头,切 |
| 30 | 俯拍冯兰池,狗腿子拿出红契 | 06:10—06:17 | 固定镜头,切 |
| 31 | 朱老巩(仰拍) | 06:18—06:19 | 固定镜头,切 |
| 32 | 冯兰池红契被朱老忠一把夺下 | 06:20—06:27 | 固定镜头,切 |
| 33 | 俯拍众乡亲 | 06:28—06:29 | 固定镜头,切 |
| 34 | 仰拍朱老巩 | 06:30—06:39 | 固定镜头,切 |
| 35 | 群众甲 | 06:40—06:41 | 固定镜头,切 |
| 36 | 群众乙 | 06:42—06:43 | 固定镜头,切 |
| 37 | 群众丙 | 06:44—06:44 | 固定镜头,切 |
| 38 | 朱老巩撕毁红契 | 06:45—06:47 | 固定镜头,切 |
| 39 | 冯兰池(“你敢造反”) | 06:48—06:53 | 固定镜头,切 |
| 40 | 冯兰池与朱老巩争执 | 06:54—07:04 | 固定镜头,切 |
| 41 | 朱老巩奔到钟前 | 07:05—07:07 | 固定镜头,切 |
| 42 | 仰拍朱老巩手持铡刀,虎子走到朱老巩前面 | 07:08—07:12 | 固定镜头,切 |
| 43 | 俯拍冯兰池(过肩镜头) | 07:13—07:16 | 固定镜头,切 |
| 44 | 俯拍:严老尚从群众中走来 | 07:17—07:21 | 固定镜头,切 |
| 45 | 俯拍冯兰池 | 07:22—07:23 | 固定镜头,切 |
| 46 | 仰拍朱老巩 | 07:24—07:24 | 固定镜头,切 |

| 序号 | 内容 | 时长 | 镜头呈现 |
|---|---|---|---|
| 47 | 俯拍:严老尚走过来 | 07:25—07:26 | 固定镜头,切 |
| 48 | 严老尚一路走来,转过脸与朱老巩站在一起 | 07:27—07:52 | 固定镜头,切 |
| 49 | 朱老巩对严老尚解释 | 07:53—07:57 | 固定镜头,切 |
| 50 | 仰拍严老尚 | 07:58—08:11 | 固定镜头,切 |
| 51 | 冯兰池带人撤走 | 08:12—08:24 | 固定镜头,切 |
| 52 | 群众逐渐散去 | 08:25—08:27 | 固定镜头,切 |
| 53 | 严老尚劝走朱老巩 | 08:28—08:47 | 固定镜头,切 |
| 54 | 冯兰池回头 | 08:48—08:51 | 固定镜头,切 |
| 55 | 严老尚与朱老巩、群众走下大堤 | 08:52—08:55 | 固定镜头,切 |
| 56 | 冯兰池下令动手 | 08:56—09:02 | 固定镜头,切 |
| 57 | 开始砸钟 | 09:03—09:08 | 固定镜头,切 |
| 58 | 群众回头 | 09:09—09:10 | 固定镜头,切 |
| 59 | 砸钟人特写 | 09:11—09:11 | 固定镜头,切 |
| 60 | 砸钟人特写 | 09:12—09:12 | 固定镜头,切 |
| 61 | 朱老巩——严老尚 | 09:13—09:16 | 拉开至中景 |
| 62 | 朱老巩一把推倒严老尚 | 09:17—09:18 | 固定镜头,切 |
| 63 | 砸钟人特写 | 09:18—09:19 | 固定镜头,切 |
| 64 | 砸钟人特写 | 09:19—09:20 | 固定镜头,切 |
| 65 | 破碎的钟(特写) | 09:21—09:21 | 固定镜头,切 |

| 序号 | 内容 | 时长 | 镜头呈现 |
| --- | --- | --- | --- |
| 66 | 砸钟人特写 | 09:22—09:22 | 固定镜头,切 |
| 67 | 冯兰池带狗腿子走 | 09:23—09:29 | 固定镜头,切 |
| 68 | 砸钟人离开,朱老巩和群众赶到 | 09:30—09:35 | 固定镜头,切 |
| 69 | 砸钟人逃走 | 09:36—09:39 | 固定镜头,切 |
| 70 | 朱老巩追来,口吐鲜血 | 09:40—09:43 | 固定镜头,切 |
| 71 | 地上的鲜血 | 09:44—09:44 | 固定镜头,切 |
| 72 | 朱老巩站立不稳 | 09:45—09:46 | 固定镜头,切 |
| 73 | 朱老巩倒地 | 09:47—09:49 | 固定镜头,切 |
| 74 | 朱老巩临终要儿子报仇 | 09:50—10:04 | 叠画 |
| 75 | 墓地白幡特写 | 10:05—10:09 | 叠画 |
| 76 | 乡亲在墓旁 | 10:10—10:15 | 固定镜头,切 |
| 77 | 虎子特写 | 10:16—10:28 | 推镜头,渐黑 |

也许,如陈晓明所指出的:“这场做足了功夫酝酿气氛的序幕,并没有多少激烈的斗争场面……这里面连中国传统小说的杀父之仇都没有。”[11]那么,这个长达近8分钟77个镜头的段落里面到底表现了什么打动了观众呢?

从中国人的文化观念来看,农村伦常关系和传统宗族的矛盾表现得也许比阶级斗争令人印象更为深刻。所谓伦常关系即尊卑长幼关系,嫡庶亲疏关系。尊卑关系表现为“孝”,长幼关系表现为“悌”,孝是核心,悌是从孝派生出来的。这种伦常关系不限于五服,而是扩大到一个村镇的整个同族,在这种情况下则更多地体现为睦。宗族关系的生活准则即孝、悌、睦三字,这是宗族伦理的基本内涵。

朱老巩虽然不是冯兰池直接杀死的,但他却是因为冯兰池砸钟,阴谋霸占四十八亩公产这件事而死的，民间所谓“冤有头，债有主”，这笔账是要记在冯兰池身上的，有关这一点，冯兰池也是心知肚明。

正因为复仇是为了孝，而孝是宗族伦理的重要内涵，所以朱老忠发誓要为父报仇。同样，为了防止复仇，冯兰池也是从伦常关系的链条上下手，急欲“斩草除根”，彻底清除埋藏的隐患。

《红旗谱》一向被视为反映农民革命的史诗作品，但如果从其表现阶级斗争和家族仇恨的双重主题来看，“它又在一定程度上继承了现代家族小说的传统，成为‘十七年’时期家族叙事的典型。这既符合小说创作的客观实际，也是其成为当代小说经典的原因之一”。[12] 影片《红旗谱》的成功首先就在于它准确把握住了家族与复仇这个牵一发而动全身的核心议题。影片以此为线索，不仅对地主与农民的冲突予以充分展示，也对朱老忠与农民穷兄弟们的世交友谊多有描写，成功塑造了具有中华民族特征的农民群像，尤以崔嵬饰演的朱老忠和蔡松龄饰演的严志和形象为最突出，前者侠义豪放，后者质朴厚道。以后者来说，他身上更能体现中国农民的性格特征。影片表现运涛被投进济南监狱时，严志和为了解救儿子，居然还想去找地主冯老兰借钱，这既可以说明农民阶级觉悟不高，“也不自觉地表现出乡土中国农村的人伦关系并不是绝对的阶级对立，地主与农民之间的经济关系，还带着浓重的小农经济色彩，远没有到无产阶级革命的地步”。[13] 显然，影片在表现这方面的问题时，是符合现实社会实际的。

## 二、革命洪流中的家族与个体想象

章柏青、贾磊磊所著《中国当代电影发展史》指称 20 世纪 50 年代为“历史的年代”、60 年代的中国电影为“国家的时代”，并特别指出：“20 世纪 60年代，中国电影始终在整个国家政治体制的控制之下。”“60 年代电影从内容到形式进行了一系列带有革命化色彩的探索和实践，形成了一套独特的体现国家意志的经典叙事话语。这种电影的主导样式是在题材上直接表现人民革命斗争，表现反抗、觉醒和革命的故事。通过英雄人物的个人成长反映中国共产党在中国革命中的权威形象和领导地位，使人民群众在获得革命历史知识的同时，在思想意识中浮现出活生生的历史图景。”[14]

电影《红旗谱》典型地反映了“国家的时代”，凸显了浓郁的民族风格。这主要表现在内容和形式两个方面。在内容方面，一是描写了具有民族特点和气魄的农民革命斗争。电影着力描写的锁井镇农民几代人的斗争，特别是“反割头税”斗争，既带有民族的传统色彩，也染上了国家意识形态的色彩。二是电影所塑造的农民英雄形象，植根于广袤的冀中大地，继承了“燕赵多慷慨悲歌之士”的民族传统精神，充盈着我们民族的人格魅力和风采。三是电影以冀中平原为深广的背景，具有浓郁的地方色彩；地方风情、民风民俗、民间说唱都洋溢着乡土的气息。

下面是朱老忠从关外回到保定的那一段影片：

表二　火车站朱老忠、严志和相逢段落

| 序号 | 内容 | 时长 | 镜头呈现 |
|---|---|---|---|
| 1 | 单弦声，保定城外景（字幕：25 年后） | 16:36—16:55 | 黑场，淡入，俯拍，摇镜头 |
| 2 | 火车头（外景） | 16:56—16:58 | 固定镜头，切 |
| 3 | 火车内景：朱老忠一家 | 16:59—17:05 | 固定镜头，切 |
| 4 | 车轮滚滚（近景） | 17:06—17:11 | 固定镜头，切 |
| 5 | 火车内景：朱老忠一家准备下车 | 17:12—17:18 | 固定镜头，切 |
| 6 | 锁井镇外景——说书场 | 17:18—17:57 | 全景，摇——推至说书人，切 |
| 7 | 朱老忠一家走出火车站 | 17:58—18:41 | 跟拍朱老忠，中景——全景，切 |
| 8 | 朱老忠一家在站前，买包子 | 18:42—18:59 | 全景——近景，切 |
| 9 | 女说书人（评弹：朱老巩大闹柳树林） | 19:00—19:14 | 固定镜头，切 |
| 10 | 二胡艺人 | 19:15—19:18 | 固定镜头，切 |
| 11 | 朱老忠对儿子说（近景）“唱的你爷爷的事呢” | 19:19—19:28 | 固定镜头，切 |

| 序号 | 内容 | 时长 | 镜头呈现 |
| --- | --- | --- | --- |
| 12 | 严志和喝茶近景 | 19:29—19:28 | 固定镜头，切 |
| 13 | 茶摊全景，严、朱走来，二人交谈 | 19:29—20:20 | 固定镜头，切 |
| 14 | 严志和背影 | 20:21—20:24 | 固定镜头，切 |
| 15 | 朱老忠近景 | 20:25—20:27 | 固定镜头，切 |
| 16 | 朱老忠背影 | 20:28—20:30 | 固定镜头，切 |
| 17 | 严志和在人群中 | 20:31—20:34 | 固定镜头，推，切 |
| 18 | 朱老忠去追严志和 | 20:35—20:40 | 固定镜头，切 |
| 19 | 朱老忠特写 | 20:41—20:42 | 固定镜头，切 |
| 20 | 严志和近景 | 20:43—20:44 | 固定镜头，切 |
| 21 | 朱老忠认出严志和 | 20:45—20:45 | 固定镜头，切 |
| 22 | 严志和认出朱老忠 | 20:46—20:47 | 固定镜头，切 |
| 23 | 二人手拉在一起 | 20:48—20:51 | 固定镜头，切 |
| 24 | 二人从人群走到一边交谈 | 20:52—21:20 | 摇跟—固定镜头，切 |
| 25 | 朱老忠近景（问起仇人冯兰池） | 21:21—21:24 | 固定镜头，切 |
| 26 | 严志和近景 | 21:24—21:26 | 固定镜头，切 |
| 27 | 朱老忠近景（名言“出水才看两腿泥呢”） | 21:28—21:40 | 固定镜头，切 |

从电影表现的形式来看，电影《红旗谱》具备了成为经典的一切要素。它对于革命斗争中的中国农村，是准确地把握了其中的各种关系的。像朱老忠和严志和，既是世交，又是农村革命中两个不同的典型。

演员崔嵬十分熟悉《红旗谱》所描写的历史环境以及华北农民的生产生

活，他的表演较好地把握住了人物的性格特点。崔嵬认为：“尽管因为年代不同，时势使朱老忠所继承的燕赵英雄的性格又有了很大的发展，但他和父亲朱老巩的性格还是一脉相承，说直理，讲义气，好打抱不平，敢于斗争，这是中华民族的传统作风，因此不管演朱老巩或他的儿子朱老忠，首先应当具有历史上革命农民的特点——淳朴、深厚而又有战斗的韧性。演员在创造的角色身上，必须洋溢着农民的气质、民族气派和民族感情，然后在特定环境中，使他的性格有所表现和发展。”[15]

影片的成功之处还表现在画面的摄影与剪辑。导演凌子风和摄影吴印咸很注意影片画面构图、场面调度和用光的技巧处理，如朱老忠携家带口还乡复仇，正遇到冯兰池和李德才，“仇人相见分外眼红”，朱老忠在大车上“啪啪啪”连甩三鞭，并对冯兰池怒目而视。此刻，朱老忠高大而饱满的特写镜头充满整个画面。对比画面中冯兰池的萎缩卑琐形象，也预示着“山雨欲来风满楼”，一场激烈的斗争火焰即将点燃。再如严志和在酒馆被骗卖宝地一场，影片给严志和以明快柔和的光线，突出其憨厚朴素的性格；对狗腿子李德才则用反差较大的硬冷光，突出颧骨、眼窝的阴影，表现其狡诈、阴毒。这种对比手法，增强了正面人物的气势，削弱了反面人物的淫威，收到了真实感人的艺术效果，也散发出浓郁的生活气息。

作家梁斌曾讲过这样一段话：“社会主义革命和建设，是人类历史上最彻底、最广泛、最伟大的一次革命，它要求作家深入到社会主义革命、生产斗争、科学实验三大革命斗争中去。有人说，抗战时期的作家是在游击战、土地改革运动中锻炼成长起来的。这话说得很有道理。因为当时的作家，参加了一系列的运动，在运动过程中认清了当时我国农村的阶级关系、阶级矛盾和阶级斗争，认识到了当时社会人与人的关系，正确地在作品中反映那一历史时期的生活和斗争。”[16]

梁斌这段谈话是1964年讲的，从这里可以看出，他是准确地把握了写什么和为谁写的问题。据考证，事实上，在他的创作之初，就有这样的意识在他的脑海里。梁斌自己讲，小说《红旗谱》最初的雏形是发表在冀中油印刊物上的短篇《三个布尔什维克的爸爸》，1943年又扩展成中篇，还是写朱老忠。后来通过对毛主席《在延安文艺座谈会上的讲话》的学习，到乡下熟悉农村，经历了减租减息、反奸复仇、土地改革等运动，1953 年才正式动笔写作《红旗谱》。[17] 同样，凌子风等人将它改编为电影是在 1960 年，从凌子风的经历 [18] 我们也知道，他的创作观念正是在延安时期形成的，他对农村的全面认识也应该是在这个时期。所以，无论是梁斌的小说还是凌子风拍摄的电影，都是建立在以马克思主义观点认识农村的阶级关系、阶级矛盾和阶级斗争，认识当时社会人与人的关系这一基础之上的。

从梁斌写作小说《红旗谱》到凌子风拍摄电影《红旗谱》，他们首先想到的是革命历史题材的创作，作为研究者，笔者把它作为"十七年"农村题材创作的经典来解读，并非刻意回避其时代政治的主题，而是因为"革命之所以和造反或王朝更迭区分，最终是因为革命不仅只是从一个国家机器向另一个国家机器的过渡，而同时是最大规模的社会结构变迁"。[19] 笔者更关注的是革命所带来的社会结构变迁，当然还包括受影响或冲击最大的那一部分人和事。

"当社会变革发生时，受影响或冲击最大的还是生活在变革时代的人及其生活方式，因为，新的制度和组织必然要重新规范人的行为，或者说新制度对社会经济带来的变化最终将直接影响人的行为。"[20]

如果说，原著的重头戏是"保定二师学潮"，到了电影中，以朱老忠为代表的农民革命斗争已成为重要的叙事内容。这已不仅是一个"五四"背景下知识分子的启蒙故事，也不是一个传统的乡村复仇故事，而是一个被革命叙事"改造"过的新复仇故事。作家曾强调："书是这样长，都是写的阶级斗争，主题思想是站得住的，但是要让读者从头到尾读下去，就得加强生活的部分，于是安排了运涛和春兰，江涛和严萍的爱情故事，扩充了生活的内容。"[21] 在两种叙述套路中间游走的作家为了使"读者从头到尾读下去"，他特意加进朱老巩大闹柳树林的传奇和因"复仇"而一波三折的运涛、江涛的爱情故事；为超越一般乡村"复仇"的传统叙述陈套，突出"阶级斗争主题"，并使之最大限度地获得由无产阶级政党所赋予的理想主义和集体主义精神，作品安排了运涛、江涛和贾湘农相识的"细节"，设计了运涛去南方投身北伐革命等内容。这些为了目的而增加的细节，或者说为了衬托革命斗争这朵红花而设置的片片绿叶，都在影片中得到了很好的呈现，也使得影片更加鲜活起来。由是观之，使《红旗谱》从一个民间的复仇故事变成中国共产党领导农民取得革命胜利的“十七年”红色经典的并不只是政治因素，还有某些非政治的民间因素在发挥作用。

戴锦华教授为我们列出了“以朱老忠为圆心建立的几组人物关系式：朱老忠（朱老巩）与冯兰池（敌/我、世仇、阶级斗争）、朱与贾湘农（人民/党、追随者/引路人）、朱与严志和、朱老明（危难之谊/阶级兄弟）、朱与运涛、大贵、江涛、二贵（父与子、人民/战士）”[22]，这几组人物关系比较典型地代表了“十七年”电影对革命洪流中的家族与个体的想象。

作为一部农村题材影片，《红旗谱》不仅表现了革命斗争，更重要的是成功地塑造了大革命洪流中三代农民的形象，特别是横跨两个时代的农民英雄朱老忠的形象。在朱老忠身上，既集中了中国农民的传统性格，又体现了新时代农民革命的特色。

与朱老忠形成鲜明对照的是严志和，这是一个“地道的农民”形象，是一个具有双重性格的复杂人物，他既有与地主抗争的一面，也有软弱的一面。作为朱老忠的衬托，严志和这一形象收到了相得益彰的艺术效应。除了这两个第二代农民形象的典型外，作为第一代农民形象的朱老巩、严老祥，第三代人物的运涛、江涛、大贵、春兰等，也被赋予了鲜明的个性，使人历久难忘。

“正如影片的片名所喻示的，这是一部‘谱系’，一部关于红色——革命的谱系，它的真正被述体是父子秩序，是革命者的前仆后继。”[23]革命者打烂的是旧的传统秩序，建立的是新的革命秩序。革命洪流过后，家族与个体又将被纳入一个新的社会体系，这恰恰是“十七年”农村现实题材影片（如《槐树庄》）所揭示的内容了。作为一部农村革命历史题材影片，《红旗谱》的任务已经完成了。

## 三、他者的进入与意识形态的渗透

早在20世纪50年代末，《红旗谱》的编剧之一胡苏就认为：“这是一部比美玉珍贵千倍的书。作为史诗，它记录了三十年代战斗的声音；它以令人信服的真实的艺术形象描述了党和劳动人民直可追溯至远祖的血缘谱系；

从而也有力地感召了我们，以使我们的后代：要无愧于前辈，把绵延不绝的革命谱系，更加发扬光大地接续下去，直到千秋万代。”[24]

为了“把绵延不绝的革命谱系，更加发扬光大地接续下去”，编导者们借助传统的武侠电影模式，对小说进行改编，塑造了朱老忠这样一位革命洪流中的农民英雄形象，也重塑了一个有关家族复仇的民间故事。但是怎样才能把农民的革命斗争区别于武侠故事中草莽英雄的杀富济贫呢？

回顾中国历史，在民间社会真正发生影响并长久不衰的恐怕就是那些扶危济困、行侠仗义的民间英雄了。对于文学艺术来说，水浒英雄、七侠五义的故事为什么广为流传？中国二三十年代武侠电影为何能大行其道？确实值得深思。可喜的是，20世纪60年代，中国主流的武侠电影“重新找到了替换它的另一种空间样式。从昔日的寺庙、客栈、荒野，变成了漫长的铁道线，苍茫的林海，无边的青纱帐，银幕上驰骋纵横的英雄豪杰，也不再是刀客、剑侠、义士，而成为在《红旗谱》中手持大刀站在古树之下、面对恶霸地主的朱老忠，在《林海雪原》中飞山滑雪、深入敌人虎穴的传奇英雄杨子荣……在这些传奇英雄的身上多少都带着中国古代侠士的那种舍生取义的精神品质。只是中国电影关于革命历史的叙事语境，使中国传统文化中的传奇故事化为原型的侠义文本，演化成了一种以革命英雄主义为核心的历史本文”。[25]

在“十七年”反映农村革命斗争的影片中，新时代的农民英雄，显然已不是笑傲山林、打家劫舍的瓦岗义士和梁山好汉，而是以前中国历史上从来没有过的、在中国共产党领导下的革命队伍的一员。然而，怎样完成这样一种身份的转变？靠自身的努力显然办不到，事实上也没有可能。于是，他者的进入变得不可避免。在革命史的叙述中，以宣传马克思主义、引导农民走革命道路为己任的知识分子形象开始出现。

尽管，电影《红旗谱》把小说重头戏——保定二师学潮删掉，从头至尾讲述的是朱老忠等贫苦农民与本乡异姓地主冯兰池的斗争史，整体来看，影片对知识分子的描写减少了，但是所起的作用并没有减少。在这个传奇般的故事中，贾湘农是一个外来者，又是基层党组织的代表；既是一个启蒙者，又是农民革命斗争的策划者和领导者。可以说，对于锁井镇来说，从城市来的革命者贾湘农无疑是一个他者。但是，正是因为这个“他者”的进入，朱老忠他们的斗争与他们的父辈有了质的不同。正如片中朱老忠从济南回来，在滹沱河边，贾湘农对他所讲的一席话：“早先你就知道报私仇，如今你是把私仇和被压迫阶级的命运连在一起了。”这个转变，一是运涛入狱宁死不屈带给他的震撼，再就是贾老师这些共产党人的启发，没有贾湘农这样的外来者，点燃不起革命的火种，朱老忠的私仇只是私仇。有了贾湘农，当然还需要本乡本土的革命者运涛的示范带动作用与朱老忠的报仇心理，三方面的合力共同促成了朱老忠的转变：他开始从一个侠肝义胆的农民成长为中国共产党领导下的农民英雄。

在“十七年”农村题材影片中，与此类似的影片不在少数。如电影《红色娘子军》讲述的是一个贫农女儿吴琼花与恶霸地主南霸天斗争的故事，红军干部洪常青既是一个革命的启蒙者，也是椰林寨的外来者。在电影《暴风骤雨》中，元茂屯的贫苦农民之所以能斗倒地主韩老六，不是他们自身的力量所能独立完成的，萧队长所率领的土改工作队，他们的启发、支持、包括武装的捍卫是绝对不可以少的。

在这一时期的影片中，反映土改与革命的影片是这样，歌颂社会主义新农村建设的影片也有类似的特点。影片里都有一个外来者的形象——他在影片中代表了一种对于社会理想和道德的标准规范。如《我们村里的年轻人》《槐树庄》《分水岭》等影片都有一个外来者的形象，他们既是党在基层的代表，同时又代表了当时的社会理想和道德标准。

以《我们村里的年轻人》为例，男主角高占武是一个复员军人，尽管他是本乡本土的农民，但他的复员军人背景，则使他具有了外来者和启蒙者的双重身份。高占武退伍回乡看到山村干旱缺水，之所以能够顶住迷信思想的压力，决心开凿几十里以外的山崖，为乡亲们引水，是因为党的教导以及在部队所受到的锻炼使他养成了不顾生命危险，事事冲锋在前，一心想着为集体办事的高尚品格。

我们还是回到电影《红旗谱》，影片结尾，群众高举长矛、木杈包围县衙，割头税被宣布取消，冯老兰也颓然倒在地上。这是一个意犹未尽的结尾，但是，故事也只能到此为止了。

尤其是对于贾湘农这个外来者而言，他的任务可以告一段落了。因为他发动群众的工作已经奏效，反割头税的斗争也以冯老兰的失败而告终，再加上片尾冉冉升起的一堆火焰，更成为“星星之火，可以燎原”的再明显不过的象征。作为一部农村革命历史题材影片，主人公朱老忠摒弃了传统农民苟且、懦弱、自私、短视的病根，一变而为无私无畏、英勇果敢、胸怀大局的农民英雄，人物塑造的成功，对导演来说这也算是大功告成。如果说朱老忠这一形象的理想化色彩遮蔽了传统农民的弱点，遮蔽了旧中国农村家族矛盾的错综复杂，这是有道理的。但是，如果说，“影片的基本叙事动机：家庭血仇、阶级复仇，并没有得到完成和封闭，反割头税的胜利即使作为一场共产党领导下的农民经济斗争的完全胜利，充其量也只是‘出了一口气’”。[26]这就有可商榷之处。硬要说仇还没有报、革命还没有最后胜利，那么一部电影将无穷尽地演下去了，这当然是不可能的。影片总得有结束的时候。当贾湘农作为一个外来者，已经成功地完成意识形态渗透，革命也已取得初步胜利的时候，影片何不见好就收呢？！

《当代电影》，2011年第4期

注释

1.陈晓明：《个人记忆与历史的客观化》，《当代作家评论》2002年第3期，第113页、114页、120页、113页。

2.陈晓明：《个人记忆与历史的客观化》，《当代作家评论》2002年第3期，第113页、114页、120页、113页。

3.[英]梅因：《古代法》[M]，商务印书馆1984年版，第72页。

4.西晋·孔晁注，《逸周书》，中华书局1985年版，丛书集成初编本，第1817—1818页。

5.见《尔雅·释亲》：“父之党为宗族”，周祖谟校笺本，江苏教育出版社1984年版，第52页。

6.见《白虎通·宗族》“九族”，陈立疏证本，中华书局1994年版，第398—400页。

7.梁启超：《先秦政治思想史》，中华书局、上海书店1986年版，第40页。

8.孙中山：《三民主义》，《孙中山选集》，人民出版社1981年版，第617页。

9.毛泽东:《湖南农民运动考察报告》,《毛泽东选集》合订本,人民出版社1971年版,第33—34页。
10.梁景之:《清代民间宗教与乡土社会》,社科文献出版社2004年版,第318页。
11.陈晓明:《个人记忆与历史的客观化》,《当代作家评论》2002年第3期,第113页、114页、120页、113页
12.曹书文:《家族小说的当代转型——梁斌的〈红旗谱〉新论》,《河北师范大学学报》(哲学社会科学版)2005年第28卷第1期,第102页。
13.陈晓明:《个人记忆与历史的客观化》,《当代作家评论》2002年第3期,第113页、114页、120页、113页
14.章柏青、贾磊磊:《中国当代电影发展史》(上册),文化艺术出版社2006年版,第10页。
15.陈涺、崔新琴、王劲松、扈强:《中国电影专业史研究·电影表演卷》(上),中国电影出版社2006年版,第200页。
16.转引自《梁斌研究专集》,海峡文艺出版社1986年版,第47页。
17.参见《老战士话当年——"文艺报"举行"红旗谱"座谈会纪录摘要》,原载《文艺报》1958年第5期,转引自《革命英雄的谱系——〈红旗谱〉评论集》,作家出版社1959年1月北京第1版,第2—3页。
18.凌子风1917年生于北京一个满族的书香门第世家。1933年,凌子风考入北平国立艺术专科学校油画系,后转入雕塑系。1935年,凌子风考入南京国立戏剧学校舞台美术专业。复杂的教育背景培养了凌子风的多才多艺。抗日战争初期进入影坛,曾在影片《保卫我们的土地》《热血忠魂》《八百壮士》等影片中出演过角色。1938年到延安,导演了多部话剧,他编导的独幕话剧《哈娜寇》获晋察冀边区鲁迅文学奖。1943年在鲁迅艺术学院戏剧系任教,1945年任华北联合大学艺术学院戏剧系教员。1948年任东北电影制片厂导演。应该说,凌子风作为导演的艺术观念的形成期应该是延安时期。
19.黄宗智:《中国革命中的农村阶级斗争——从土改到"文革"时期的表达性现实与客观性现实》,《中国乡村研究》第二辑,商务印书馆2003年版,第66页。
20.王跃生:《社会变革与当代中国农村婚姻家庭变动——一个初步的理论分析框架》,《中国人口科学》2002年第4期,第23页。
21.梁斌:《漫谈〈红旗谱〉的创作》,转引自《梁斌研究专集》,海峡文艺出版社1986年版,第24页。
22.戴锦华:《〈红旗谱〉——一座意识形态的浮桥》,《镜与世俗神话》,中国人民大学出版社2004年9月第1版,第301页、第309页、第296页

23.同上。

24.胡苏:《革命英雄的谱系》,《文艺报》1958年第9期,转引自《革命英雄的谱系——〈红旗谱〉评论集》,作家出版社1959年1月北京第1版,第74页。

25.章柏青、贾磊磊:《中国当代电影发展史》(上册),文化艺术出版社2006年版,第10页。

26.戴锦华:《〈红旗谱〉——一座意识形态的浮桥》,《镜与世俗神话》,中国人民大学出版社2004年9月第1版,第301页、第309页、第296页

# 革命与“乡愁”

## ——《红旗谱》与民族形式建构

贺桂梅

在40—70年代的当代文学建构过程中,“民族形式” 是一个反复提及但却并没有受到应有重视的问题。人们常常把注意力放在与阶级议题相关的“工农兵方向”“英雄人物”“典型”“新人”以及“社会主义现实主义”等问题上,而认为“民族形式”不过是这些超越性意识形态问题的点缀性装饰,正如“形式”一词通常被理解为“内容”的装饰物那样。但是,民族形式不仅事实上深刻地参与着新中国的国族想象与文化建构,更重要的是,超民族——国家的社会主义意识形态,即使在50—70年代的两大冷战阵营对峙格局中,也始终是以民族——国家的形式被实践的。因此,考察当代文学/文化建构,不能仅仅在马克思主义——社会主义的话语脉络内部进行,而需要同时纳入作为历史语境的民族—国家建构和民族主义话语的运作形态。

当然,这并不意味着需要把民族形式问题从当代文学建构过程中独立提取出来加以讨论,更不意味着把社会主义与民族主义视为两种对立的意识形态,而是需要意识到:当代文学那些超越性的现代/社会主义议题,总是需要经过民族形式的转化才得以呈现。并且,怎样的形态被指认为是“民族”(或许更准确的词是“国族”)的,在当代中国不同时期的历史语境中也是发生变化的。而特定文学作品的实践形态,由于多种因素的参与与介入,也表现出自身的独特性。在这样的意义上,文学文本、历史语境与理论问题之间,并不存在明确界限,相反,需要将三者结合起来,民族形式问题才能得到较为深入的讨论。

本文将围绕小说《红旗谱》展开对民族形式问题的讨论。由于《红旗谱》在革命史叙述和民族形式建构上所具有的突出特征,论文将以它为媒介,综合文本构成、历史语境、理论命题与作家风格等各个层面的复杂因素,探讨40—60年代这个时段中中国革命史书写与国族叙事间的独特关系。

## 一、普遍性与特殊性的辩证法:“民族形式”的提出

尽管《红旗谱》一经出版就引起了广泛关注,很快被列为新中国成立10周年“社会主义文学”成就的突出代表,而且从那时起一直被当代文学史视为“社会主义现实主义”经典,不过,它的丰富而复杂的历史内涵,似乎并没有得到足够深入的讨论。

《红旗谱》是由三卷本构成的所谓“长河小说”。第一部出版于1957年11月,此后经过多次修改并出版,因此有不同版本[1]。第二部名为《播火记》,虽然写作时间早于第一部,但到1963年才公开出版。第三部《烽烟图》则直到1983年才出版。一般讨论的《红旗谱》大多指的是第一部。小说总体讲述的是20世纪上半期冀中平原的锁井镇上,朱、严两家三代农民与地主冯兰池父子两代的家族矛盾,并以此为线索串联起30年代河北平原上发生的重要历史事件。对于这些发生于特定地域的革命事件的书写,一开始就确定了一个超越性的主题,即“阶级斗争”[2],并与中国革命史的经典话语建立起直接关联:“开始长篇创作的时候,我熟读了毛主席的‘在延安文艺座谈会上的讲话’……时时刻刻在想念着,怎样才能遵照毛主席的指示,把那些伟大的品质写出来”[3]。这种超越性的主题,此后也成了批评者和研究者阐释《红旗谱》的惯例。《红旗谱》第一部出版后,很快就被作为“革命历史题材”小说。这一类型小说的意识形态功能被研究者如此概括:“它们讲述革命的起源神话、英雄传奇和终极承诺,以此维系当代国人的大希望与大恐惧,证明当代现实的合理性,通过全国范围内的讲述与阅读实践、建构国人在这革命所建立的新秩序中的主体意识”[4]。不过,从一种后革命乃至后现代的历史视野中看去,《红旗谱》关于革命历史的讲述并不是如此“自然”地获得其全国性的经典意义的。

《红旗谱》讲述革命史的方法,在它所处的时代事实上是较为特殊的。与

《保卫延安》《红日》《林海雪原》《红岩》等其他革命历史小说经典相比，它讲述的并不是中国革命史上的重大历史事件，而只是在一个特定地域发生的并不具有全国性影响的事件。《红旗谱》的重要性显然不在其叙述对象，而在其叙事方式。这种叙事的一个重要而突出的特点在于，小说的叙述过程乃是一个提升和缝合的过程，即将特定区域的革命事件和故事，转换为有关中国革命史的某种元叙事。这里包含的裂缝是不同层面的，既是革命的地方性（河北冀中平原）和全国性（中国革命）之间的差异，也是特定而具体的历史故事（抗捐抗税和农民暴动）与"革命""阶级斗争"这一抽象历史主题之间的缝合，同时也有真实经历和事件（作家作为亲历者和调查者）如何转化为文学叙事（"《红旗谱》中的故事不是革命生活的实录"[5]的构造过程。故事自身的具体性和中国革命经典话语的抽象性或普遍性之间的落差与缝合，构成了小说叙事的关键所在。

除了这种叙述内容和主题思想上的缝合，更值得注意的是，《红旗谱》还因此表现出了叙事文本内在文化构成上的裂缝与缝合。后一点是作家梁斌自觉意识到的。他这样写道："书是这样长，都是写的阶级斗争，主题思想是站得住的，但是要让读者从头到尾读下去，就得加强生活的部分，于是安排了运涛和春兰、江涛和严萍的爱情故事，扩充了生活内容"[6]。梁斌清楚地意识到了超越性的阶级斗争主题，与所叙地域特定的语言文化（即所谓"生活内容"）之间的差异。不过，在他的理解中，前者显然是第一位的和统领性的，而后者则是辅助性的和次一等的，并且相信这两者尽管不同但却可以融合在一起。两者因何可以融合被看作是不言自明的，因此没有得到任何解释。

但事实上，这涉及的却是现代中国革命史上一个极其关键的问题，亦即"民族形式"得以提出的历史动因和文化语境。很大程度上应该说，《红旗谱》这部小说所表现的冀中平原这一特定地域的革命事件与超越性的现代革命主题之间的关系，正类同于中国这一特定民族—国家范围内发生的革命，与国际共产主义运动之间的关系。如汪晖所说，"在国际共产主义运动和马克思主义的理论框架内，'民族'问题是相对于'国际'问题——无产阶级的普遍解放——的'地方性'问题"[7]。冀中平原的地域文化，与阶级斗争的现代性主题之间的"结合"，其"特殊性"与"普遍性"之间的辩证关系，某种程度上正是马克思主义中国化问题一个具体而微的实践形态或缩影。

中国革命很早就被毛泽东视为“世界革命的一个组成部分”,但其民族性主体表述,在关于“民族形式”的讨论中才被提出来。这也构成了当代文学民族形式建构问题的独特历史起点。毛泽东在1938年发表的《中国共产党在民族革命战争中的地位》中,强调“国际主义的内容”和“民族形式”必须结合起来,并提出“使马克思主义在中国具体化,使之在其每一表现中带着必须有的中国的特性……教条主义必须休息,而代之以新鲜活泼的、为中国老百姓所喜闻乐见的中国作风和中国气派”[8]。这一民族化诉求首先是在一种超民族——国家的国际共产主义运动的关系体系内提出来的。与那种把民族——国家与“国际主义”(或“全球化”)对立起来的思路相反,民族——国家实际上正是在国际关系体系中才得以发展起来。如同安东尼·吉登斯所说的那样:“现代国家的主权发展从一开始就离不开国家间关系的反思性监控……‘国际关系’不是前民族——国家之间建立的关系(没有它们这些国家也能维护其主权),它们只是民族——国家存在的基础。国际组织的萌芽生长(包括国际联盟与联合国)并没有超乎民族——国家之上”[9]。中国与国际共运的关系也需要如此看待。尽管这里的民族——国家并不是西欧式的资本主义民族——国家,而是在社会主义动力下展开的建国诉求,但民族主义依然在其中扮演着极其重要的角色。而且,尽管国际共运组织在1943年被解散,但国际共产主义运动中的民族主义政治一直延续到冷战时期。冷战格局更强化了民族——国家之间出于意识形态和经济利益的组合,在强调社会主义与资本主义两大阵营对垒的背后,是社会主义国家强大的民族自决诉求和民族——国家现代化的动力。

在意识到“民族形式”问题提出的国际政治背景的同时,还需要意识到在同一时期的中国内部语境中,与之构成竞争关系的民族主义话语的表述形态。显然,在抗日战争的背景下,民族主义成了中国各种政治和文化力量争夺的最有效意识形态。在中国共产党发起“民族形式”论争的前后,中国出现的最重要的民族主义话语是国民党的文化保守主义话语。从“新生活运动”到蒋介石《中国之命运》的发表,国民党越来越清晰地把自己的民族文化认同确定在中国传统主流文化之上。这种民族主义采取的是类似于印度或韩国等非西方国家在面对发达的西方或准西方国家的侵略时，所采取的“文明主义”方式，即通过认同于传统文明来组织现代民族主义认同。这与“五四”新文化运动中的知识精英所采取的反传统的民族主义形成了直接对照。这样的文化民族主义在“抗战建国”的背景下，事实上成了民族主义表述的一种主流形态。一方面是启蒙主义的知识精英对待传统文化的态度有所调整，最有代表性的是1938—1941年间出现的“新启蒙运动”，提出的口号由“五四”时期的“打倒孔家店”变成了“打倒孔家店，救出孔夫子”；而另一方面，在“五四”时期被作为新文化运动反面的文化保守主义群体，在抗战期间也获得了新的活力。

不过，这种文化保守主义的民族主义话语遭遇的最大困境在于，日本对中国的侵略，正是通过中国传统的文化主义逻辑而寻求其合法性的，亦即日本虽是“异族”，但它已取代衰落的清王朝而成为中华文明圈的真正中心，因此其对中国的侵略也就是合法的。“大东亚共荣圈”“亚洲主义”、伪满洲国的“中华正统”身份等，都建立在这样的逻辑基础上。这背后带出来的理论问题，是王朝国家的文化主义（及其变形形态）与现代民族主义之间的复杂关系。程美宝在论及现代中国从“天下”向“国家”的转换时写道：“传统的天下观实际上是一种文化主义，当演化为现代的国家观念时，民族主义便取代了文化主义成为新的政治理论的核心”[10]。可以说，文化主义或“天下”观是以中国为中心的亚洲古代国家朝贡关系体系的文化表述，它处理的是一种前现代的国际关系。正是对文化主义的超越中，民族主义观念和现代民族—国家认同才得以在中国发生。“五四”时期民族主义与启蒙主义并存的反传统的民族主义话语，某种意义上是一种变相的或颠倒的文化主义，对西方文明的接受某种程度上也就是对“天下”观中的那个更高文明的接纳，而中国则将自己居于那个野蛮的“夷族”位置上。打破这种新的文化主义的关键历史因素，来自日本的侵略。日本在文明/野蛮、进步/落后的逻辑中，来确立其侵略中国行为的合法性，正是在这一应对过程中，中国对国家主权和领土的认同超越了一种文化价值的认同，民族主义才真正完全取代了文化主义。

作为一种全新的现代意识形态，民族主义建立在一种“领土意识形态”的基础上，突出的是国族作为想象的文化/政治共同体的合法性。关于民族主义，人们常常讨论的是它作为一种新的“共同体”的建构性，而很少讨论它是怎样“被想象的”，尤其是它能够激发人们的集体激情和发自内心的依恋情感，这一“自然化”过程是怎样操作的。安东尼·史密斯指出，这一自然化的最大秘诀，在于建立新的共同体与前现代族群经验及其“内在世界”的延续性关联[11]。可以说，抗战时期的民族主义话语正是针对“五四”时期由精英知识分子主导的反传统民族主义，而在重建与传统中国的延续性关系这一脉络上展开的，中国文化的传统因此而被重新“发明”出来。出于对国族认同的地缘和血缘共同体的强调，这个传统不能再是“五四”新文化运动指认的那个“野蛮传统”，而应当是能够“延续”至当下的文化有机体。30年代后期40年代初期新启蒙运动对“孔家店”和“孔夫子”的辨析，新国学的兴起，事实上都是在这样的背景下展开的。左翼文坛对“民族形式”的讨论，也出现在这样的历史语境中。一方面，针对国际共产主义运动和“五四”式的启蒙文化，需要强调中国革命的民族性，另一方面，针对国内的右翼民族主义，需要强调中华民族的革命性。在30年代后期40年代初期左翼文坛关于文学“民族形式”的论争中，可以清晰地辨认出来的几种声音，一是“五四”启蒙主义，一是原始主义的“民间中心源泉”论，而另一最终得到倡导的，乃是在对两者批判基础上形成的新的民族形式构想，即“以发展新形式为主”“从旧形式吸收营养”但又对“旧形式之艺术上思想上的改造”[12]。表现在对“传统”的重新选择上，则是作为传统文艺形态的“旧形式”，和作为“民间文艺”的地方形式、方言土语等，成为新的民族形式创造的重要资源。

综括“民族形式”问题提出的外部与内部两个面向来看，几乎可以说，国际（世界）与中国、中国与地方形成了某种同构关系。这一方面指在国际共产主义运动中作为“地方”的中国，与在中国内部与中央相对的作为特定区域的地方，有着结构性的同一关系；另一更重要的方面是，无论从外部结构还是内部结构来看，新的文化认同和建构的方向都主要指向以“地方形式”“方言土语”形态出现的地域文化。甚至可以说，正是地域文化的出场，构成了“民族形式”建构的关键所在。所谓“地域文化”事实上也并不是一种客观存在，而同样是一种现代的发明。由于现代民族—国家重构了此前基于文化主义而确立的中央王朝与地域文化之间的中心/边缘、文明/野蛮的关系等级，而将之建构为一个文化共同体的有机构成部分，因此可以说与现代民族——国家的国族认同同时被发明的，还有作为民族—国家的地域文化。正是在这样的意义上，所谓“马克思主义中国化”表明的，是现代中国革命、民族形式与地域文化的表述之间极其紧密、暧昧而复杂的关联。

在这样的历史和理论视野之下，《红旗谱》在地域性的革命事件和超越性的现代革命主题、在阶级斗争主题与生活叙事之间的裂缝与缝合，显示出的事实上是复杂而深刻得多的历史与理论问题。这里并不存在任何一个先定的统合性因素，比如不是生活叙事来点缀革命主题使其具有可读性（如梁斌自己理解的那样），也不是革命主题赋予地方故事以意义（如50—60年代的革命史批评模式所阐释的那样），相反，被“结合”在一起的这些因素始终处在彼此建构的过程当中。阶级斗争话语、地方性的革命暴动故事和地域性的语言文化，在这样的结合中，呈现出了复杂的互动关系。对这种建构关系及其叙事过程的讨论，不仅可以使我们较为清晰地看到马克思主义话语与民族主义话语交互运作的轨迹，而且可以窥探到被有意无意地遗漏的诸多历史内涵。

## 二、锁井镇的故事：历史、空间、主体

像《红旗谱》这样的50—60年代主流小说，在80年代以来（尤其在“重写文学史”的思路上）的阐释中，常常被解释为是对政治话语的“图解”或转述。这种阐释方式或可概括为政治/文学的对抗模式。这是在批判和否定50—70年代的历史逻辑中展开的，革命话语被看作“政治”，而“文学”的意义乃在于反抗这种政治。50—70年代的主流文学形态，在这种逻辑中被概括为“政治式写作”[13]或“转述式文学”[14]。

这种评价方式显然没有意识到，文学并不简单是对政治话语的模仿和复制，而是深刻地参与了政治话语的建构过程。在某些特定情形下甚至可以说，政治话语正是通过文学叙事才得以确立其合法性的。政治/文学对抗的评价模式在面对《太阳照在桑干河上》和《暴风骤雨》等表现土地改革历史的小说时，或许可以轻易地将之归结为对毛泽东的《湖南农民运动考察报告》的

复制再生产，但在面对《红旗谱》这样的小说时，情形就要复杂许多，因为这部小说的特色并不在对政治元叙事的仿制，而似乎更在其如何偏移了主流革命叙事，尽管这或许并非作家的主观意图。或许更准确的说法是，小说叙事与政治元叙事处于同一话语序列中，并以其自身的方式参与和重构着有关革命史的书写。

《红旗谱》并不是把中共党史上的重要事件作为叙述对象，而试图通过讲述一个特定区域内的革命事件而叙述中国革命的起源。显然，这一选材也决定了《红旗谱》比一般的革命史诗的叙述要复杂得多。因为重大革命事件的意义大致是在中共党史的叙述规范内得到表述的，历史事件的轮廓也不会有太大的出入，但是要讲述中国革命为何和怎样发生，却是一个复杂得多的"理论"问题。"文革"时期，《红旗谱》所叙革命史的"非正统性"和"异端性"变成了严重的政治问题，被视为"歪曲历史事实，不表现正确路线，专写错误路线"，是"为王明路线招魂的反动作品"，谱的是"黑旗"，播的是"鬼火"[15]。这也可见关于哪些事件可以写入革命史，和如何阐述这些革命事件的意义，都是受到严格规定的。就《红旗谱》的故事内容来说，写作这一题材首先存在两个关键问题：一是这一地区革命史与共产党关于中国革命的元叙事的关联，一是这一地区暴动故事如何获得普遍的现代意义。显然，小说叙事的全部张力都来源于此。

1."内部"与"外部"的交互：

《红旗谱》叙事上的最大特点在于，它主要是在锁井镇农民——不只包括朱老忠、严志和这样的农民，也包括严运涛、严江涛、朱大贵这样的新生代——的主观视点内展开历史叙述的。从故事开篇的"楔子"，和朱严冯三家的世仇与矛盾的加深，到严运涛遇到贾湘农而成为锁井镇的第一个共产党员，直到严江涛发动反割头税运动，小说对现代革命的主题和农民运动的意义表述，都是在锁井镇农民的视点中得到理解和阐释的。甚至运涛参与的北伐和"四·一二"反革命政变这样的重大历史事件，也在这样的视角中被呈现。从保定二师学潮开始，故事开始进入城市学生运动层面，但叙事一直以运动的执行者和行动者江涛和张嘉庆的视点展开，朱老忠、严萍则作为学生家属（而不是运动主体）介入并观察这一运动。这种视点发出者的选择，尤其是现代意义的革命如何进入锁井镇及其村民的角度和方式，使得小说叙事一直存在着“外部”与“内部”的界限。这种界限首先显示的是，锁井镇作为一个有着久远历史传统与文化记忆的乡村空间，它的传统伦理及文化与现代革命话语秩序之间有一个“结合”的过程。显然，梁斌把叙述视点放置在锁井镇人的内部，而不是由外部展开叙述，是为了证明现代革命是自发地形成于锁井镇这一北方乡村的。小说无论在人物形象、情节结构还是在叙事文本的构成上，都与传统中国的英雄传奇故事和农民起义叙事传统，有着密切的关联。但仅仅有着这一“内面”，显然无法使锁井镇的故事获得现代意义。

有两个关键的叙事上的节点，直接而清晰地把锁井镇农民的世界与共产党所代表的现代革命话语的相遇，表现为“外部”对“内部”的介入，以及由此而形成颇为复杂的交互关系。

其一是小说写到严运涛外出打短工，偶遇贾湘农这个领导冀中平原农民运动的共产党领袖。这事实上构成了整部小说叙事上的关键转折点，因为正是这个时刻，现代历史的救赎和希望才开始取代并超越了乡村家族恩怨的世代轮回，锁井镇的历史开始进入现代历史。这是一个外部的现代世界进入锁井镇世界的关键节点。不过，从小说的叙事来看，这个情节或许过于接近于传统中国侠义小说或历史演义小说中主人公遇到“世外高人”的奇遇故事。阴雨天、流落街头的异乡人和《水浒传》，显示的是浓郁的传奇故事的氛围。接着贾湘农开始对严运涛进行革命启蒙，小说在这里写道：“运涛听完这句话，心上更加亮起来。一时胸膛里发热，传到脸上，传到手上”。“亮”“热”这样的修辞，直接地对应着启蒙一词的原意即 enlightenment（照亮、使……有光）。此后，小说对锁井镇及锁井镇人视野之外的革命世界的描写，大部来自贾湘农。他成了锁井镇世界的“光源”。小说第二部直接名为“播火记”，取其“星星之火，可以燎原”之意。那场农民暴动的发生源自贾湘农的一次政治动员会议，而暴动的意义被解释为“迎接红军北上抗日，配合苏区反四次‘围剿’，抵抗日寇的进攻”，但小说在此前并没有写到锁井镇农民的生活到了非暴动不可的境地。因此，很大程度上应该说，即使在高蠡暴动这一构成整部“长河小说”核心情节的事件上，也缺乏从锁井镇内部来解释革命之所以发生的理由。

对于贾湘农在小说中扮演的这一叙事功能，作家梁斌曾从人物塑造的角度承认“这个人物没有写好”，因为对人物“感到把握不大”所以在写作时采取的策略就是让他尽量“少出场”，而结果是“越是信心不足，让他少出场，就越写不好”[16]。如果就这个人物在锁井镇革命史上所扮演的重要角色来看，他的“不出场”就不只是人物形象塑造好坏的问题，而是锁井镇革命的现代起源难以得到充分展现的问题。在叙事空间的呈现上，则是他成为锁井镇人之所以革命的全部“光源”，但却始终作为锁井镇的“外部人”而存在。唯一例外的一次，是江涛接受了贾湘农的指示，回到锁井镇发动反割头税运动，那成了与锁井镇世界有着密切关联的一次革命事件。不过，这一地方性的抗捐抗税暴动，正如贾湘农自己所说，并不是一场阶级斗争，而更多是“养猪的主儿”即自耕农，与掌控国家基层政权的土豪劣绅之间的冲突。

显然，正是在如何叙述贾湘农与锁井镇世界的关系这一点上，关涉着外部的现代中国革命史的大事件及话语秩序，如何和锁井镇世界发生交集。在处理中国革命起源叙事的诸多小说中，都大致会以不同的方式触及“外部”的现代革命观念如何输入中国乡村“内部”的过程。与《红旗谱》最为接近的一部小说，或许是赵树理的《李家庄的变迁》。这部以赵树理家乡山西上党地区为背景的小说，叙事的历史时段也是从大革命写到抗战发生。小说以张铁锁为主要叙述对象，在太原遇到的那个共产党人小常，使张铁锁懂得了革命，并因此而使李家庄开始进入革命史。这一情节与严运涛遇到贾湘农具有同等的意义。不过，《李家庄的变迁》与《红旗谱》在内部与外部关系的叙述上有两大不同。一是张铁锁是李家庄的“外来户”，某种程度上这也就意味着他在李家庄遭遇的压迫不能完全在村庄内部关系秩序中得到解释，而可能有着另外的解释脉络，比如本土人欺负外乡人；另一是随着张铁锁离开李家庄，小说的叙述视点也跟着离开，描述张铁锁在太原的遭遇。而在《红旗谱》中，小说并没有跟随人物的行踪去描写闯关东时期的朱老忠、北伐时期的运涛和监狱时期的江涛。从这两个关键地方来看，虽然就其题名而言，“红旗谱”似乎比“李家庄的变迁”更关注现代革命话语的层面，不过，《红旗谱》实际上比《李家庄的变迁》更为集中地把叙述范围集中在锁井镇这一空间之内。这也是与那些有意无意地把特定地域的故事写成中国革命“缩影”的小说相比,《红旗谱》的一个突出特征。这种对锁井镇世界的内部与外部的明晰区分,也使得它关于中国革命史的叙事呈现出别样丰富的内涵。

另一个叙事上的重要关键节点,则是第二部《播火记》中,朱老忠等在贾湘农指示下,组织起红军大队准备发动高蠡暴动。在商量怎样去地主冯老锡家抢夺枪支时,队员们的讨论和反应方式,清晰地显示出了现代阶级斗争逻辑与传统乡村伦理面对面的碰撞。朱老星最先提出的基于"老街老邻交情"的设想,遭到了全体成员的反对和嘲讽。朱老忠把问题提升到了关键所在:"阶级!阶级!要闹清楚,阶级是什么,阶级斗争是什么,暴动是什么"。进而提出了另一套被执行的设想:直接持刀进入冯老锡家以暴力相威胁。尽管听到这一设想,朱老星"一下子叫了起来",说道:"这不成了土匪吗?和明火、路劫有什么两样?"不过,正是在这样的张力和犹疑中,暴动农民获取了他们最早的武器,并因此而汇入现代中国革命史。这个情节之所以关键,是因为它涉及这场冀中平原上的农民暴动,如何因阶级意识的获得而成为现代意义上的"革命"。在一种后革命的阅读视野中,真正有意味的,恰恰是这种近乎"众声喧哗"式的呈现方式不经意地显露出的革命话语与农民意识之间的裂缝和张力。这意味着,即使在小说主人公们采取革命行动并因而成为历史主体的时刻,这两者也没有很好地接榫在一起。

乡村伦理意识中的"明火、路劫",如何转换为现代意义上的"阶级斗争""革命",这并不仅仅是一个农民在观念上进步与落后的问题,而涉及现代革命的全部合法性来源。就其叙事动机而言,《红旗谱》三部是以第二部所写的高蠡暴动为轴心的。第一部某种意义上是革命前史,所叙锁井镇的反割头税运动和保定二师的学潮,基本上都是在乡村伦理世界内部的反抗;而第三部则是因暴动失败(也包括因北伐失败而入狱的运涛,和因学潮失败而入狱的江涛)而离去的人们,在抗日的民族统一政策背景下,重新回到了锁井镇,这也意味着曾经被打破的秩序与平衡的复归。因此,就三部的整体结构来看,第二部所写的暴动,是对整个乡村原有秩序的破坏和真正意义上的革命,它不仅意味着颠覆原有的乡村伦理观念,农民们手执利刃进入"老街老邻"的地主家去抢夺枪支,很快还意味着与他们成为刀枪相对的战场上的对手;更重要的是,这革命也意味着锁井镇的农民们需要哪怕是十分痛苦地舍弃他们亲手建造的家园并离开故土。小说浓墨重彩地呈现了农民们这种依依惜别的深厚情感,似乎是在表明:为了成为真正的无产阶级主体,必须超越其农民性。

2.谁是小说的主人公?

显然,按照经典革命话语中的主体序列,农民并不是合格的现代意义上的革命主体。农民如何超越自身的“农民性”而成长为现代革命的主体,是许多评论文章解读《红旗谱》的主要思路。这部小说的最重要成就,常常被认为是塑造了朱老忠这样一个“农民英雄”:他既表现了传统农民的优秀品格,又获取了现代的阶级意识而成了革命英雄。在李杨的解读中,《红旗谱》因此而成了现代的“成长小说”[17]。但事实上,尤其是就《红旗谱》第一部来看,朱老忠是否构成了这样的现代意义上的主人公,是非常可疑的。他更像是传统乡村秩序中一个具有侠义心肠的长者和一个革命的同路人与支持者,而不是一个从不成熟走向成熟的革命主体。在《红旗谱》第一部中,朱老忠只是通过运涛和江涛才间接地与共产党发生关联,并在积极支持江涛发动的反割头税运动之后,和严志和、伍老拔、朱大贵一起由江涛发展为共产党员。贾湘农始终也与朱老忠没有什么直接的交往,更谈不上思想启蒙和促成朱老忠思想的转变。与之构成对比的是,在1960年由凌子风导演的电影《红旗谱》中,朱老忠遇到贾湘农,尤其是朱老忠入党,都变成了影片刻意渲染的重要情节。但正如戴锦华指出的,即使是这样的渲染,相对于同时期的电影叙事惯例,也显得不寻常:影片叙事所缺乏的,正是引路人、共产党与成长者、准主体之间的仰/俯拍摄结构。这种情形被戴锦华解释为,在入党之前,“甚或在序幕中、父辈故事里,朱老忠(朱老巩)已然是历史的主体”[18]。显然,朱老忠并不是一个如同《青春之歌》中的林道静那样的潜主体或准主体,需要在共产党人的引导下才能成长为真正的主体,相反,他似乎从一出场就已经成熟了。并且作为“人民”的化身,他的历史本质并不是以个人成长故事的方式获得的,而是他生活的历史空间自身似乎就足以赋予他作为“人民/主体”的本质。

不过,朱老忠的这一形象到了小说第二部《播火记》中有了不少改变,特别是有意地强化了朱老忠作为主人公和英雄的位置:他不仅取代朱大贵成为红军大队长,而且他的精神面貌和思想历程也开始得到正面表现。但是,这种叙述明显地受到了第一部出版后的主流批评（农民英雄）以及50—60年代之交渐趋激进的文化氛围的影响，因此无论是朱老忠的语言还是他的行为方式，都表现出与第一部的不连贯。最大的情节上的漏洞，则是第三部中江涛归来，要追认朱老忠为党员，而朱老忠则拿出贾湘农留下的红旗与手枪，证明自己早就是贾湘农介绍的党员。当江涛表现出这样的健忘时，作家梁斌这时显然应该去翻一翻《红旗谱》第一部，在那里面，江涛才是朱老忠的真正入党介绍人。这种叙事上的前后不连贯，或许只说明，在小说第一部中，朱老忠并没有被作为一个现代小说的核心主人公来表现，尤其不是"成长小说"的主人公。在很大程度上应该说，锁井镇村民们的"农民性"是否被超越，在小说的叙事中并不是一个被解决了的问题。甚至就其叙事逻辑而言，农民们并不需要超越锁井镇这一空间所赋予的意义秩序才能进入革命，而是锁井镇这一空间自身就能够赋予他们以革命主体的某种合理性。这与贾湘农在小说中所扮演的角色的含糊性，具有同等的意义。

事实上，这也涉及《红旗谱》这部小说的真正主人公是谁这一关键问题。似乎应该说，在《红旗谱》第一部中的主人公并不是某一个人，而是一群人，更准确地说，那个主人公或许就是"锁井镇"这个特定的对象和空间。锁井镇作为一个独立的被述主体，一直贯穿于小说叙事的始终。尽管小说力图以现代中国革命史的发展阶段而展开长时段历史叙述，其目标是进化历史脉络上展开的"长河小说"，不过有意味的是，小说叙述却一直围绕着一个稳定的空间轴心即锁井镇而展开。这一被叙空间并没有因为历史的进步，如同赵树理的《李家庄的变迁》那样，经历翻天覆地的变化而完全改变了原来的面貌。相反，锁井镇一直存在在那里，如同千里堤上的春风杨树，如同那些与土地同在的母亲、女儿和情人们，直到小说结束也没有改变面貌，尽管在叙述者和归来者的眼里，它或许增添了许多的沧桑。因此，《红旗谱》里的锁井镇似乎并不是"历史"的化身，相反，它更像是"故乡"，置身现代时间洪流中的具有牧歌情调的田园。

3.离去/过来的内在叙事结构：

更有意味的是，故事的主人公们也没有因为获取了先进的历史意识而最终离开这一空间，相反，曾经离开故乡的主人公们最终陆续归来，以大团圆的笑声和有情人终成眷属结束全书。在很大程度上，甚至可以将这部小说的基本情节模式，解读为离去/归来的复沓与变奏。这构成了整部小说在结构上最重要的对应。这种离去与归来的复沓表现在不同人物身上：

第一部的开篇，便是身负杀父之仇闯关东的朱老忠，25年后携妻带子重归故里。他的归来仿佛当年的英雄朱老巩重生。有意味的是，归来的朱老忠巧遇正欲离去的严志和，并因此而呼应着多年前闯关东而杳无音讯的严老祥，这在小说一开篇便构成了一组变奏。小说第一部结束时，朱老忠救出了学潮中负伤的张嘉庆。他瞭望着故乡的平原，笑着说："天爷！像是放虎归山呀！"这不仅使得第一部在整体叙事上再度由离去摆荡回归来，而且也呼应了开篇朱老忠父子的归来，当时正是他们的仇敌冯兰池不断地念叨："一只虎（指朱老忠）没杀绝，三只虎（指朱老忠和大贵二贵）回来了！"

另一组复沓出现在运涛和春兰身上。作为小说中最重要的"生活叙事"内容，运涛和春兰的爱情构成了小说的重要情节之一，即使在运涛入狱因而他们的关系无关"大历史"时，小说对春兰情感的描述仍旧细腻而感人。这也正是小说第一部给人以抒情和沉郁感觉的诸多细部。小说细致地描绘了春兰送别运涛的情形，这个送别和等待的姿态，在此后的叙述中变成了春兰的一个标志性的沉郁表情。这一姿态也呼应着朱老忠归来时，在千里堤上看到的那个等待着的老人，严志和的母亲。小说的叙事似乎有意地把千里堤的风景与那些在故乡等待着离去的男人（丈夫与情人）归来的女人们，重叠在一起。这种性别修辞，既是乡村人伦的一种现实的性别秩序，事实上也构成了对锁井镇的一种女性化的书写：那个忠贞的痛苦而被动地承受着苦难的女人，成了"故乡"的化身。在小说第三部《烽烟图》中，离别多年的运涛的归来，使得这个多少带有苦情戏味道的爱情故事，终于有了一个大团圆故事的喜剧结局。从小说第一部中段运涛离去和入狱开始，小说的叙述始终没有忘记忙中偷闲地表现春兰和她的思念，这种郁积甚久的情绪终于在小说结束的时刻得到了疏解，从而把革命成功的喜悦融合进古老的有情人终成眷属的故事程式中。似乎唯有在这样的、依照锁井镇人的伦理与愿望而得以完满的故事中，现代革命才能真正给人带来情感上的满足。

小说情节上的这种离去/归来的复沓与变奏，还表现在江涛回到家乡发动反割头税运动时，对他雪夜归家的情形所作的充满抒情意味的描写；表现在他离家去往保定求学前，朱老忠送别时的嘱托；也表现在第三部写到5年后出狱在高蠡县担任中共县委书记的江涛重归故乡的所见所想。这种复沓更突出地表现在小说第二部参加红军暴动的人们的惜别与离去，和第三部那些离去的人们的归来。这在小说的整体结构上，也构成了一种离去/归来的大叙事节奏。

总之，小说情节上这种离去/归来的内在复沓结构和叙事节奏，显示的是锁井镇作为一种稳定的叙事空间的存在。这使得这部力图在进化的时间图景中展示无穷未来的历史长河小说，在某种程度上偏移了那种“深深地意识到自己置身于滚滚向前的历史洪流之中，浩浩荡荡，顺之者昌，逆之者亡”[19]的历史想象，而具有象“田园诗”那种时间空间化的特点。正是在这一稳定的空间结构体中，人物的现代意义被改写了。在小说的人物安排上，采取了相当有意味的对称结构：朱老巩与严老祥、朱老忠与严志和、大贵二贵/运涛江涛、运涛春兰/江涛严萍、江涛/张嘉庆。人物和故事都是以对称的形态双双出现的。甚至包括他们的对头地主冯家的描写，也采取了同样的父子相继的人伦形象。小说人物在锁井镇世界中所占据的这种结构性的对称位置，使得他们很难超越其生存空间而成为现代西方小说意义上的“成长小说”的主角。人物的意义不是通过对环境的反抗而获得的，毋宁说他们首先是环境的一个组成部分。由此，锁井镇这个空间，也并没有站到人物成长的对立面，而某种程度上成了人物意义的归属。

## 三、“倒置”的乌托邦：阶级斗争与民族认同

锁井镇这一叙事空间在《红旗谱》中占据着中心位置，可以视为一种关于“中国故事”的书写形态。事实上，不仅在《红旗谱》中，在赵树理的《李家庄的变迁》，在丁玲的《太阳照在桑干河上》，在周立波的《暴风骤雨》和《山乡巨变》，也在柳青的《创业史》中，有关中国革命史的书写都有着一个突出的空间主体，尽管不同小说中的主要人物在这一空间中占据的位置并不完全相同。这些空间常常表现出较为明确的地域色彩，小说叙事对民族形式的追求

也使得这些空间的具体性得到进一步强化;但同时,这些空间也被有意识地作为民族形象的化身或缩影,使得它们的故事超越了自身的具体性。《红旗谱》对锁井镇的书写,表现得尤为明显。这里必然产生的问题是:特定地域的故事是如何自然地被接受为关于"中国"的表征的?更进一步地,强调民族认同的故事中,如何处理阶级斗争必然带来的分化倾向呢?

在一般的情形下,民族认同与阶级斗争似乎处在尖锐的对立状态中。如本尼迪克特·安德森指出的,民族主义的特点在于,民族总是被想象为一个"共同体"和一种"深刻的、平等的同志爱"[20]。而阶级斗争则强调的是社会群体因在社会结构中所处的分化位置而彼此对抗, 并且这种分化是超越民族—国家界限的。关于中国共产党的政治立场的一般叙述是:抗日战争爆发后,共产党的基本原则从阶级斗争转向"民族统一战线",主要的政治认同方向从阶级转向为民族;而从40年代后期国共内战开始后,则再度把主要认同纬度转向阶级。这种理解的含混之处在于, 它把阶级与国族认同对立起来, 同时也不能很好地理解中国共产党在抗战期间形成并一直延续到新中国的国族认同,与一般的民族主义形态的差别。这也是需要再度关注并重新解读"民族形式"论争的原因。新的民族形式必须在两个纬度上展开,一是相对于国际共产主义运动和马克思主义普遍话语的民族性, 一是相对于国内文化民族主义话语的阶级性。很大程度上,这就是毛泽东将新民主主义文化界定为"民族的科学的大众的文化"的原因。柄谷行人曾提出,作为民族—国家之想象共同体的 nation 一词,包含着两个侧面的含义。其一是"建立在血缘和地缘上之共同体",常被译为汉语中的"民族";另一则是"脱离了此种血缘和地缘性共同体的诸个人(市民)而构成的"现代契约关系,常被译为汉语中的"国民"。他认为,"如果没有超越血缘和地缘的普遍性契机,nation 是无以确立的",但同时仅仅有这一"理性的侧面"还不够,还必须"根植于如亲族和族群那样的共同体所具有的相互扶助之同情心"[21]。尽管柄谷行人论述的是资本主义民族—国家的构成,不过在很大程度上,中国共产党基于新民主主义文化而构想的新中国,也表现出这样两个侧面的结合,即基于阶级纬度的作为政治共同体的"国民"即"工农劳苦大众",和基于民族纬度的作为文化共同体的"民族"即"中国作风与中国气派"。在这里,相对于资本主义民族—

国家,其文化共同体(即“民族”面向)的想象方式发生了变化。

从这样的理论视角来看,当基于现代阶级认同的革命主题,在锁井镇这一基于地缘与血缘的民族共同体空间中发生时,关键的问题不在于革命源自锁井镇的内部还是外部,而在于锁井镇自身便是一个在民族—国家这一装置内被发明的现代空间。换一种说法,锁井镇正是一个协调阶级与民族认同、并经由地方文化所建构的共同体想象的空间。在很大程度上,它成了一个协调“中国”与“革命”的象征性空间。而关于它的书写与想象方式,正是革命主题与民族形式这两者在特定历史语境中结合而彼此建构的产物。当锁井镇被作为中国革命的实际主体时,它就已经不再是一个仅仅基于地缘和血缘认同的共同体空间了。而且,它也并不简单地处在作为现代认同政治的阶级斗争主题的对立面上。就小说的叙事而言,它力图表明:在这个地缘与血缘共同体空间内部,就蕴涵着阶级斗争的分化政治,即作者所谓“朴素的阶级观点和阶级本能带来的反抗性”[22]。现代革命则扮演着推进并完善这一内部分化的功能。因而最有意味的地方就在于,小说叙事将哪些历史现象指认或叙述为“阶级斗争”。

《红旗谱》开篇的“楔子”朱老巩大闹柳树林,如梁斌所言,其意图是“以阶级斗争概括全书”[23]。不过,如果我们具体地分析故事所描述的冲突事件之历史内涵的话,会发现其中包含的历史想象并不完全吻合革命史关于“阶级斗争”的经典叙事。朱老巩和冯兰池的冲突,起源于作为村长和千里堤堤董的冯兰池利用职权损公肥私,试图砸掉作为48村公有财产证物的大铜钟,从而独吞48亩公田。朱老巩出头护钟,不为“私仇”而为“公愤”。不过他维护的并不是特定阶级或阶层的利益,而是48村村民的公共利益。值得注意的是,这里所谓的“公”乃是传统乡村自治世界的自我管理,而冯兰池作为现代国家基层管理者的形象,则意图破坏这一乡村公共秩序。从这样的角度来看,正是作为“现代”国家代理人的冯兰池才是恶势力,而朱老巩维护的恰恰是乡村世界自发存在的管理秩序。这种所谓的“公”与“私”,并不完全是现代意义上的“阶级斗争”,而更像是乡村自治世界与杜赞奇所谓的代表现代国家渗透乡村的“赢利型经纪人”[24]之间的斗争。

就小说的革命主题而言,将故事的开端放在朱老巩保护古钟,而不是比如朱老忠或严运涛遇到共产党员贾湘农，所带来的最大困扰倒不在于两套话语秩序的碰撞，而在于它将革命的发生叙述为一种古老秩序的被损害，也就潜在地预设了革命的目标或许就在于那一古老秩序的“复归”。显然，在这里，革命的理想似乎并不是朝向未来，而是一个逆行的回归过去的“倒置的乌托邦”；革命的功能，则不在摧毁一个旧世界，而在复活并重组既有乡村世界的理想。古钟上的铭文铭刻的不仅仅是48亩公产的所有权，它几乎可以被视为源自远古的理想秩序，也就是传统和公理世界的化身。

冯兰池在整部小说中，事实上一直在扮演的是那个传统乡村伦理秩序的“砸钟人”形象，而并不是一般阶级斗争叙事中那个罪大恶极的阶级敌人。霸占脯红鸟不成而抓了大贵的兵，想娶春兰为妾不成而挑唆春兰的大娘去败坏春兰和运涛的名声，趁运涛下狱而强买去了严家“宝地”，承包锁井镇地区的割头税而当了包头商——这是小说所写冯兰池的主要罪状。在考虑如何设计朱严两家与冯兰池的矛盾冲突时，作家梁斌有意识地避开不写“催租逼债”这样的情节，尽管他认为这是“地主和农民关系中最尖锐的矛盾”，但只是因为不想也写成“白毛女”，所以才改写为脯红鸟事件[25]。不过，这里显然并不完全是避免情节重复的问题，因为是写“催租逼债”还是写玩鸟风俗，事实上涉及如何叙述中国农民革命发生的历史原因。在经典叙述中，农民与地主之间尖锐的租佃关系和地主放高利贷压迫农民，是农民革命的关键成因[26]。不过这样的阶级剥削在《红旗谱》中很少得到呈现。小说的主人公并不是老套子那样的贫雇农，而主要是朱老忠、严志和、伍老拔、朱老星这样的自耕农或农村小手工艺者。小说的主要故事情节，也并不是地主和佃农之间的阶级斗争，而是自耕农反抗代表国家盘剥农民的乡村劣绅。

这里带出来的理论问题，不仅是《红旗谱》的文学叙事与经典论述之间的偏差问题，更关涉到中国革命的普遍叙事与不同区域/地域的社会状况之间的差异问题。对于中国乡村社会的地域性差异的关注，构成了80年代以来中国历史研究，尤其是社会史、历史人类学、经济史等研究领域关注的重要问题。这突出地表现在费孝通、秦晖、王铭铭、赵世瑜等人的研究著作中，也表现在海外中国学研究者如黄宗智、杜赞奇等人的研究中。对地域差异的关注，并不能完全改写阶级斗争的普遍叙事模式，但却使阶级斗争的具体形态发生了变异。表现在文学叙事上，则是作家基于特定地域生活的历史经验，与其试图达成的普遍阶级叙事主题之间的关系，需要做更为复杂化的理解。

在很大程度上应该说，《红旗谱》关于滹沱河畔锁井镇农民生活的呈现，倒是更为吻合社会史研究著作对于华北农村基本状况的描述。比如杜赞奇的研究提出，不同于华南地区和西北地区，华北农村的农民主要是自耕农而非佃农，因此主要的社会矛盾不是地主和佃农之间的阶级斗争，而是农民对国家苛捐杂税的反抗。“农民暴动的主要目的是反对苛捐杂税，而不是阶级斗争”。造成这一现象的关键原因，在于乡村政权的“内卷化”，即国家政权对乡村的渗透，是通过类似于冯兰池这样的“赢利型经纪人”即所谓“土豪”“劣绅”“恶霸”为中介的，这加重了农民的负担，构成了乡村社会的主要矛盾[27]。《红旗谱》所表现的这种“历史真实性”，也是小说的基本特色。事实上，不同于那种简单地将其视为“政治写作”或“转述式文学”的评价，50—70年代诸多的社会主义现实主义经典小说，对其时代的表现都某种程度上具有人类学、社会学的深度。梁斌多次强调《红旗谱》所叙事件的真实性，以及这一叙事空间与自己华北平原上的故乡之间的密切关系。这种穷其一生累积的经验和学养所完成的小说，尽管可能使许多人成为“一本书作家”，但这些作品的“纪实性、自传性”，却可能呈现出别样的社会与历史的丰富性。《红旗谱》对华北农村社会冲突状况的表现，也可作如是观。

《红旗谱》的主要叙述对象并不是贫雇农而是自耕农或农村小手工艺者，在有意或无意的层面上，就构成它与经典叙事可能发生偏差的关键所在。某种程度上应该说，《红旗谱》所书写的农村革命，事实上一直没有超越“国民革命”的层次。与那些表现土地革命的小说不同，如果说《白毛女》书写的是“旧社会把人变成鬼，新社会把鬼变成人”的社会革命主题的话，那么《红旗谱》所书写的则主要是传统乡村的地缘与血缘共同体秩序与现代革命之间的复杂关系。地主和农民之间的斗争，被改写成了对这种传统乡村秩序的破坏与维护之间的斗争；而“革命”也成了对被颠倒的秩序的再颠倒。它的功能和意义并不像80年代以来的新启蒙思潮所理解的那样，对地主阶级的打击便是对乡村社会的破坏，而是在改造既定权力关系结构的基础上，重建乡村社会的活力。朱老巩与冯兰池所代表的冲突，某种程度上变成了乡村社会传统秩序及其破坏者之间的斗争。这里涉及的是对于“革命”的特定的、历史的理解方式。

贾湘农第一次向运涛解释的“革命”是：“腐朽的军阀政客们，不能推动社会前进，只能是社会的蟊贼。受苦的人们，工人，农民，就要起来打倒他们，自己管理自己”。可以说，朱老巩所维护的铜钟上的铭文，便是这种“自己管理自己”的实践。因此，看起来朱老忠和严运涛等两代新人的革命理想，并未超越或远离朱老巩的斗争目标。尽管方式不同（个人赤膊上阵、打官司、依靠组织），但却似乎分享着同样的革命理想。而这理想由于早就铭刻在了古钟之上，因此它看起来更像一个由古而今的“倒置的乌托邦”。陈建华对“革命”和 revolution 这两个关键词意义流变的考察[28]，显示它们最早在中国与西方的各自历史语境中，都包含有“回复到被破坏的天理（道）”这样的内涵。这一乌托邦想象的暧昧之处，在于“未来”与“过去”关系的某种倒置，即现代世界的愿景建立在对“过去”的重新想象基础上。自然，当一种远古的革命理想在现代视野中被重新提出时，它本身就已经是“现代的”，因此这一“倒置的乌托邦”并不意味着“复古”，而是对过去的理想的重新建构，是在既有历史中找到了那个从远古延续至现在并伸展向未来的有机体。从这个角度可以说，《红旗谱》所书写和想象的“革命”，既来自贾湘农这个外来者所带来的现代理想，也来自铜钟这个锁井镇世界自身的铭文和古老律法，尤其是这两者的汇合、交换和互动。也正是在这里，朝向未来的乌托邦和朝向过去的“乡愁”得以相遇。

更值得分析的是，尽管贾湘农关于“革命”的解释出自中国革命史上的北伐运动，不过这种对“国民革命”意义的阐释，却有着不着痕迹的改写和重构。费约翰写道：“1920 年代的国民革命以政治革命开始，针对的是帝国主义和封建主义，却以社会革命而告终，其矛头对准的是地方自治运动的社会基础”，即构成军阀政治社会基础的地方“士绅”阶层[29]。“国民革命”在《红旗谱》的叙述中，具有打倒冯兰池这样的劣绅和土豪，而由锁井镇农民们自己管理自己这样的含义。这也被理解为“革命”的具体含义。这里面隐含着国家革命与阶级革命的双重议题。费约翰曾提出，“对于联邦体制下民族（可能）瓦解的担忧”，在国民革命中催生了“阶级斗争”这一新的基本原理：“阶级斗争将统一国家,否则,分裂的危险也许将更加严重。阶级斗争被视为一项中央集权国家模式基础上的民族建构事业”[30]。这也就意味着,如果说土豪劣绅乃是军阀地方自治和分裂国家政权的社会基础的话,那么革命阶级就成了统一民族—国家的最合法主体。正是在这一层面上,阶级斗争与国家建设具有了同一性。因此,《红旗谱》中朱严两家对冯兰池这样的地方恶霸和劣绅的斗争,不仅是阶级斗争,也是建立新的民族—国家的斗争。阶级斗争在这里,同时也是争夺谁是更合法的国家主体的斗争。有意味的是,到小说第三部大团圆结局中,“翻身”确实被理解为秩序的颠倒:“形势好了,咱也就翻了身了。冯贵堂过去一跺脚四街乱颤,现在他也该下地狱了”,和政权由地主冯家转移到了朱严代表的农民手中:“如今孩子们有的当了县委书记,有的当了县长,有的当了队长,你又当了参谋长”。

阶级斗争与民族—国家认同之间互相声援的关系,在《红旗谱》中是以不同方式被加强的。尽管被称为“革命史诗”,不过《红旗谱》一个很少为人讨论的重要特点是,其叙事情节上的重心,事实上一直倚重于抗日所带来的民族认同情感。自第一部反割头税运动之后,保定二师学潮的动因是学生要求抗日,其背景是1931年“九一八”事件;第二部中的高蠡暴动,其动因不是反抗苛捐杂税和阶级斗争,而是为组织队伍迎接红军北上抗日,而农民们进入地主家抢夺枪支的理由,也是出于维护民族独立的需要;更有意味的是,小说第三部结束在抗战爆发后的国共合作,离去的人们纷纷回到锁井镇展开抗日活动。小说最早的构思还打算写“抗日民主根据地的黄金时代”,写“两面政策和地道战”,最后写“土地改革”,不过这些后续的长篇最终因为“人物和性格成长不能再有所变化,只有写故事,写过程,也就没有什么意思了”[31],而被作家梁斌放弃不写了。显然,在这里,人物并不是“在历史中成长”,他们的性格在抗战爆发之前就获得了其完整性。这或许也意味着,并不需要等到土地革命,这些人物的阶级性就已经完成了。这也就使得小说关于革命史的叙述,一直与抗战史重叠在一起。阶级斗争的合法性,其实一直倚重的是民族认同和重建民族—国家的理想。

从这样的纵深来看,《红旗谱》关于革命史的叙述,事实上完成的是阶级斗争与民族认同的双重叙述,并且阶级斗争的合法性是由民族认同来确立的。

小说赋予锁井镇以超越于作为阶级主体的人物的重要位置，并将叙述的开端放置于冯兰池砸钟和朱老巩护钟的冲突，就显得别有意味。在很大程度上，锁井镇正是“中国”的象征，它不仅划定了阶级斗争的叙事范围，也成了阶级斗争合法性的来源。农民和地主的冲突不只是阶级冲突，这种斗争更关联到谁是更合法的民族—国家主体。而所有叙述中最有意味的地方在于，相对于革命和阶级斗争主题的叙事性和建构性，锁井镇这个历史空间和它的意义秩序是充分自然化的。它的历史自足性和秩序的有机性，使得阶级斗争和革命在其中扮演的，更像是维护其古老的公理世界这样的功能。不过，显然从来就不存在所谓“自然的”因而是非人为建构的对象，尤其在文学文本所虚构的世界中。因此，这个充分自然化的对象，其实恰是建构最为成功的对象，它使得自己好像是“天然如此”。这其实正是“民族气魄”“生活叙事”在小说中扮演的真正角色。

## 四、“民族”/“地方”叙事的发明

孟悦在分析歌剧《白毛女》时，曾这样论及其中的革命主题与乡村再现的关系：“政治运作是通过非政治运作而在歌剧剧情中获得合法性的。政治力量最初不过是民间伦理逻辑的一个功能。民间伦理逻辑乃是政治主题合法化的基础、批准者和权威……在某种程度上，倒像是民间秩序塑造了政治话语的性质”[32]。显然，这里所谓的“政治话语”也就是阶级斗争和革命话语，而所谓“民间秩序”则是乡村中国的传统意义秩序。当它们被描述为“政治”与“民间”的对立时，事实上就隐含了“强制”和“自然”这样的价值判断，似乎是现代的也是人为的阶级斗争政治话语，压制了传统的也是自然的乡村意义话语。这种评价方式最有意味的地方，其实不在于它发现了“民间”这一范畴，而在于它将“民间”视为是充分自然化的和非建构性的。在这一点上，政治/民间的评价模式其实并没有摆脱现代/传统评价模式那样的二元对立，它们在一定程度地揭示出革命话语运作的意义轨迹的同时，又造成了另一种遮蔽，即认为“民间伦理秩序”是非政治的和自然发生的，它扮演的是功能性角色，使得革命这样的政治话语借助它的自然性而得以实施。

将传统乡村的意义秩序和话语空间指认为是与“现代”或“政治”相对的“传统”或“民间”，透露出的实则是民族话语运作有多么成功，因为将这一建构的空间视为是充分自然的，恰恰是民族意识的结果。如前述及，nation包含着公民权和文化共同体这样的两个面向，如果说阶级斗争与革命涉及的是前者，那么民族形式则关涉后者。民族形式通过确立特定的文化认同，而将前者（即阶级斗争主题）表现为是基于地缘和血缘这样的情感共同体的自然而合法的行为。在很长的时间中，当人们把“民族形式”（梁斌将其表述为“民族气魄”）视为辅助性的“形式”问题时，其实就是将它看作是“自然”的因素。当梁斌在他的创作谈中提出，“阶级斗争”的主题只有依靠“加强生活的部分”，只有借助写故乡的人民风貌、民俗、地方风光和方言土语，才能“让读者从头到尾读下去”时，很大程度上，他在触及与孟悦所论的同样问题，并且分享着同样的思路。政治/非政治、不可读/可读、不自然/自然、现代/非现代等，构成了这种理解背后的“革命”与“民族形式”的二元对立基本思路。而事实上，如果说革命与阶级斗争这种政治话语是一种现代的发明的话，那么无论是《红旗谱》还是《白毛女》所呈现的“民间”伦理和乡村意义秩序，也都并不是如其给人的感觉那样是远古而今的自然的田园诗，相反，它们都是特定的书写效果，而这种书写方式自身则同样是现代民族—国家的发明。问题只在于，这项“发明”是如此的成功和精巧，以至人们很长时间都无法意识到它是被发明的。或许正因为此，可以说构成《红旗谱》叙事关键的，其实并不是所谓“阶级斗争”主题，而是那个被作家视为辅助性的、处在第二位的、但却是如此自然的“民族形式”。

锁井镇这一叙事空间（这也是作家所追求的“民族气魄”建构的结果）的民族性如何被建构出来，其实是梁斌在创作谈中反复提及的问题。不过，他的这些议论常被人当作“写作技巧”，而没有意识到这正好显示出民族形式的书写/建构性。这主要是因为，关于如何表现“民族性形式”，已经形成了一套既定的自然化的思路和模式。如梁斌所言，它包含着人物性格、人民风貌、民俗、地方风光和特定地域的语言即“方言土语”这样几个关键因素。这事实上也是社会主义现实主义小说经典在构造“民族形式”时所遵循的一个普遍的叙事模式。不过人们并不将其视为“叙事”，而视为对“真实”与“自然”的呈现。

就人物性格方面而言，《红旗谱》为人称道的，就是它成功地赋予了人物以民间英雄传奇的色彩，尤其和冀中平原自古被称为“燕赵多慷慨悲歌之士”的地方传奇性格关联在一起。小说甚至因此被称为具有“新时代的‘燕赵风骨’”[33]。为构造出这一特点，小说颇为自觉地借重了传统中国小说的经典文本，尤其是《水浒传》中的人物性格和叙述方法。而在小说整体风格上所追求的“比西方小说粗一点儿，比中国小说细一点儿”的写法，特别是借鉴中国古典小说主要依靠行为和语言来表现人物性格这一点，《红旗谱》显得格外成功。有关小说中的“民俗”描写，既包括乡村日常生活中的信仰与禁忌，包括传统节日，也包括乡村日常生活的具体样式，如饮食起居，尤其是因运涛和春兰的爱情而涉及的乡村日常欲望的书写和性别关系的呈现等。关于捕鸟、看瓜等民俗，则直接构成了小说情节的内容。正是对这些民俗和日常生活细节的叙述，使得小说具有人类学式的风俗画情调。民族形式构成的另一重要构成因素，是关于地方风光的描写。这几乎是《红旗谱》表现得最为着力的地方。千里堤的春风杨柳和四时变换以及北方平原的风光景物，都始终在小说叙事者的捕捉范围之内，并与人物的情绪变换、与情节的展开、与人物关系的发展等，发生了或隐或显的呼应关联。尤其在表现春兰与运涛的情感时，这一特点几乎达到了极致。与地方性关联的另一关键，则是小说所使用的北方农民的方言土语与古典小说语言的融汇，由此形成了颇为雅致而具有乡土气息的语言。梁斌强调自己所尝试的语言，是“以群众语言为主，书本上的典型性的语言为辅，尽可能地用群众语言，而加以提炼加工”[34]。方言、俚语、古典白话、书本语言的融合，所造就的乃是一种相对新颖的书面语书写形态。

上述四个层面，大致构成了“民族形式”的具体内容。很显然地，这些被用来建构“民族性”的因素，都是特定地域的文化构成。也就是说，在这里，地域文化和民族形式之间构成了一种明显有差异而又看似自然的转换关系。这其实也是作家在构思时明确意识到的问题：“想要完成一部有民族气魄的小说，我首先想到的是要做到深入地反映一个地区的人民的生活。地方色彩浓厚，就会透露出民族气魄”。他也意识到这中间存在差异，以及跨越这种差异的方式——“拿中华民族来说，分布的地区这样广，每个地方的民俗和生活方式、生活习惯都不一样，作家只好尽可能地概括，而不可能全部概括”[35]。显然，梁斌在这里触及了“中华民族”内部构成的地区差异，他将由特定地域到达民族整体性的方式称为“概括”，似乎是通过“概括”所有差异性的区域特性即可提升而为民族性整体。不过，就小说的具体构成而言，明显不是这样：小说只写了冀中平原的地域文化和民情风俗，不过它却被人们直接视为“民族气魄”的呈现。事实上，这也是整个当代文学建构过程中的一个核心问题，这在80年代的“寻根”思潮中，甚至变成了一个普遍的社会论调。而很少有人去追问：从地域到民族，这种跳跃是如何和因何发生的？

或许关键在于意识到，地方性格、民俗、地方风光和语言这四个因素在小说中的呈现，显然不是社会生活的“真实呈现”，而是一种关于“民族性”的叙事结果。如果把人物性格和民间传奇的书写，与“五四”新文化运动提出的“国民性”问题关联起来，这可以清晰地看到它作为一种“民族—国民”建构的特性。至于“民俗”，则根本就是文化民族主义在创造 nation 时的发明。民俗和方言所标示的，不过是民族—国家所发明的中华民族历史有机体的存在方式而已。同样，《红旗谱》对冀中平原的日常生活、民间风情、带有古朴气息的方言土语的描绘，乃是在现代民族—国家的建构视野中，对这些生活形态的叙事和发明。因为将何者指认和叙述为特定地域的标志，正是一种选择和建构的结果。

事实上，用四大因素来叙述特定的地域文化，进而建构其与现代国族认同之间的关联，这种叙事模式并不是从来就有的。程美宝在她的研究中提出，由族群（或种群）、方言、民俗、学术等四个因素来展开关于地域文化的描述，在20世纪40年代已经发展成为一套成熟的“论述地方文化的模式”。她认为这套模式的出现，乃是中国读书人（知识群体）在从“天下”观转换至“国家”认同时的关键所在，并且“恰恰由于中国读书人这种特性，使得中国的国家观念和地域文化观的论述之间，始终保持着一种辩证关系，研究者不能用简单的二元对立观来视之”[36]。这种基于文化建构主义思路而对地域文化叙事与民族—国家建构之关系的讨论，是极富洞见的。而当代文学的民族形式叙事，显然还关联着更为复杂的因素，比如民族属性四要素说（“共同语言、共同地域、共同经济生活以及表现于共同文化上的共同心理素质”），尤其是“民族形式”论争确立的民族自觉意识等。不过这里讨论的关键在于，只有当文学中的“民族气魄”“地方形式”“方言土语”等，被视为一种历史性选择与建构的结果，而非自然因素时，民族形式问题的复杂性才能真正显现出来。

## 五、文学传统、叙事情调与“乡愁”

讨论《红旗谱》与“民族形式”建构的关系，除了分析革命主题与地域文化书写间的复杂关联外，还有另外不得不涉及的重要因素，即小说的抒情气息与由此透露的“文人气”。它关涉叙事人在革命史书写与民族形式建构过程中，对于小说世界所采取的基本态度。

杨鼎川曾如此评价《红旗谱》：“正是那些抒情文字在某种意义上提升了作品的艺术品位，赋予作品一种在革命历史小说中不多见的诗性特征，因而与更富传奇性通俗性的一类革命历史小说有了明显区别”[37]。这种评价方式将那些抒情文字看作了小说“艺术品味”和“诗性”的标志，并且认为这使得《红旗谱》超越了如《林海雪原》《铁道游击队》《吕梁英雄传》那样的“革命通俗小说”。显然，在这种解读中可以辨认出那种“政治”与“文学”对立的评价模式，它把与革命主题相关的内容视为是“政治的”，而将那些游离于这一主题之外的内容看作是“真正的文学性”的标志。不过，问题又没有这么简单，因为杨鼎川的评价中还提出了另一参照纬度，即这种文学性也是参照“更富传奇性通俗性的一类革命历史小说”，在(纯)文学与通俗文学的脉络上提出的。这事实上涉及的，是“民族形式”另一纬度上的重要问题。

关于当代文学的“民族形式”的建构，其实一直存在着两个彼此对立的方向。“民族形式”论争中影响最大的书写路径，是以向林冰为代表的“民间形式”“中心源泉”论；而另一种与之相对的权威性结论，是由周扬等人阐释的，新的民族形式应“以发展新形式为主”“从旧形式中吸收营养”。在抗战时期的大众文艺和《讲话》倡导的“工农兵”文艺背景下，坚持纯粹的“五四”新文艺式精英主义西化立场已经变得不可能，因此，分歧的焦点在于“民族形式”中“新形式”与“旧形式”如何融合。从其具体构成说来，则是特定的地方/民间文化资源与“五四”新文艺以及与此关联的西方 19 世纪现代文学资源如何融合。在文学形式的创制上，这种冲突也具体地表现为丁玲与赵树理所代表的两种文学范式的冲突。与丁玲式的“欧化”，和与赵树理式的“文摊”取向相比，梁斌的《红旗谱》显然试图在更为全面的意义上尝试一种新的文学形态。对此，他是有自觉的追求的：“开始长篇创作的时候，我熟读了毛主席的《在延安文艺座谈会上的讲话》，仔细研究了几部中国古典文学，重新读了十月革命后的苏联革命文学”[38]。在另外的创作谈中，他也明确提出借鉴了托尔斯泰的《战争与和平》、法捷耶夫的《毁灭》、梅里美的《嘉尔曼》[39]等19世纪西方文学作品——政治理论、中国古典小说、19世纪西方与俄苏小说这三个序列的书目以及由此关联的文学传统的组合，其实并不是梁斌个人的发明。1954年公布的“文艺工作者学习政治理论和古典文学的参考书目”[40]，即是由这样三部分构成。可见，梁斌的阅读准备和拟借鉴的文学传统，其实正是50年代初期中国文坛对作家的要求。不过，梁斌及其小说的意义在于，他清晰地展现出这三种文学资源，可以以怎样的方式组合在一起，并构造出怎样的文本形态。

美国学者普安迪在讨论晚明时期出现的“四大奇书”时，曾提出应将它们看作“文人小说”，而不是胡适、郑振铎等人视为的民间白话文学[41]。这也就意味着，需要将四大奇书读成是写作者的价值观和世界观的呈现和创造，而不能仅仅将它们视为通俗故事。事实上，同样的问题也存在于梁斌和他写作的《红旗谱》。人们常常阅读和评价的，其实是小说中既定的革命史素材和经典政治话语，以及地域文化的具体构成，而似乎并不那么关注作家梁斌在叙事中表现的美学趣味和艺术气质。这并不是要把有关《红旗谱》的讨论拉回到“作家论”和“纯文学性”的层次，而是要去关注作家与其建构的文学世界之间的关系，讨论的是叙事主体在小说中的存在方式问题。当然，这同样也不意味着作家梁斌唯有在这一层面上才表现出了他的主体性。就本文对《红旗谱》的整体讨论方式而言，是力图将文学文本视为一个开放的“场域”，观察不同的社会、政治、文化力量如何参与其中。论及作家的艺术个性，也就是讨论在构成文本的整体性关系中，作为创作/实践者的作家在写作中带入的特定文化因素。正是依托于一些超越于这些既定文化构成因素的独特的叙事方式，《红旗谱》才得以成为一部具有个人风格和艺术个性的现代小说。这是构成了《红旗谱》（尤其是第一部）“内在情调”或“诗性”特征的东西。提及普安迪所谓的“文人小说”的另一原因则在于，很大程度上可以将梁斌在《红旗谱》中的景物描写，尤其是抒情方式，视为某种“文人气”的呈现。在创作完成《红旗谱》第一部后的养病期间，梁斌逐渐成长为一个业余画家。梁斌的画作具有文人画的风格，同时又有明朗、刚健和革命乐观主义的色彩，因此被人称为“革命文人画”[42]。事实上，他的小说中的抒情色彩和叙事风格，某种程度也可称为“革命文人小说”。

《红旗谱》的“文人气”可以从两个突出的特征来讨论。其一是其景物描写与抒情意境之间的互动，另一则是其叙述语言的别致。尽管小说主要采用的是方言俚语的“群众语言”，和《水浒传》《金瓶梅》等古典白话文学的语汇和句法结构，不过，《红旗谱》的语言却绝不给人“俚俗”之感。相反，方言土语和典雅的抒情气息之间达到了奇妙的融合。这有时是几句简洁的景物描写所勾勒出的深远意境，有时是背景描绘所具有的画面感和日常氛围，有时则是人物情绪的荡漾和景物描写的奇妙融汇，有时这种雅致的静穆而悠远的情绪在极其紧张的氛围中，也会突然闪现。在《红旗谱》第一部中，这种特定的文字风格和叙述情调所形成的内在韵致，能够贯穿小说的始终，并赋予小说故事一种独特的情感氛围。但是到了第二部《播火记》中，这种氛围却似乎完全消散了。尽管在叙述方法上，小说仍旧会刻意地保持景物描写的细腻和深入，不过几乎所有的景物描写都难以与人物的内在情绪的流动产生呼应，难以让人产生抒情意境的体验，而不过只是西洋式小说中的景物描写而已。到了第三部《烽烟图》中，连景物描写的停顿和舒缓也没有了，确实只像是“写故事，写过程”[43]而已了。这也可见，《红旗谱》第一部能够产生抒情意境的效果，其原因不只是在文字，而是在故事、人物、景物、文字营造的整体“意境”和“氛围”。

这种整体性的抒情氛围，显然与小说第一部对“前革命”的锁井镇这一北方乡村世界的历史把握和特定理解有关。某种程度上可以说，锁井镇成了催生出现代革命的胚胎与母体，笼罩于它之上的那种“乡愁”式的氛围，恰是革命之“中国性”叙事的源泉。而就小说文本对这种抒情氛围的把握而言，或许接近于高友工所谓的“抒情境界”[44]。事实上，在革命主题的主要情节的叙事间隙，《红旗谱》的抒情氛围也不只是表现在这种看似点缀性的景物描写中，正如前面分析已提到的，可以说整部小说在大的叙述结构和叙事节奏上，存在着离去/归来的复沓及变奏形态。这构成了小说在革命主题之下的重要而潜在的文本构成。就文本修辞层面而言，这也涉及叙事人对其所叙对象采取的基本态度，以及由此而采取的叙事方式。正如许子东指出的那样，与那些“后设叙述”的新历史小说不同，《红旗谱》存在着一个全知全能的叙述者，并采取“顺时态隐形叙述”，但是这并不意味着叙事人“在时间上完全受限制，只能随事件的发展作顺时态叙事”[45]。相当有意味的一点是，借鉴了中国古典小说的叙述风格，《红旗谱》第一部总是会把“风景”的描写重叠于人物的视点，不过，有时也会跳出人物视野而作某种全景式的无人称视点描述。这也意味着叙事人与小说人物之间的关系并不是完全重叠的，而一定程度上造成了事件时间与叙述时间的分离。叙事人固然不会游离出事件的时间，但他对事件、人物及其当时环境的观看和书写方式，却使他可能站在比事件时间更“高”的位置上讲述故事。所谓“抒情氛围”，意味着叙事人与锁井镇这个空间/世界之间所确立的特殊关系。这使得锁井镇一直被作为“故乡”的形象存在于人物心理体验中，更重要的是，存在于小说的叙事氛围中，从而整体地带出了一种“田园诗”的氛围，并在时间的指向上营造出一种“乡愁”式的回忆语调和怀旧氛围。这种情调在50年代的评论中，被准确地指认出来[46]。

这种乡愁情调可以在两个层面得到解释。这首先是民族认同本身创造出来的一种情感指向。民族认同总是将自身理解为“一次保证回到原始本质的旅程”[47]，它将个人与族群的关联解释为基于血缘与地缘共同体的先在的、命定的和不可自主选择的归属。因此，“乡愁变成了浪漫派民族主义的中心比喻”[48]。当这种乡愁与“革命”结合在一起时，它造就的是普遍性与特殊性、时间与空间、阶级斗争与民族认同、地方文化记忆与国族认同等多个层面的意义交换关系。另一个层面，则关涉作家梁斌在写作过程中确立的主体位置。与同时代的许多作家一样，梁斌属于那种“学历不高”，但“在生活经验、社会经历上有自己的优势”，尤其与家乡生活关系紧密的作家[49]。尽管在许多回忆中，梁斌都强调写作《红旗谱》是家乡生活经验的累积与“多年酝酿”的结果，不过，他真正开始动笔写作并完成小说的时间，是在离开河北到湖北、北京工作的这段时间。期间，他还多次回到蠡县访问和调查。似乎可以说，离去/归来的抒情情调与这种写作情境密切相关。更重要的是，将对故乡的怀念之情（"乡"愁）提升为一种民族认同的情感，恰恰得益于这一离去与过来的过程——"民族意识来自共同体外部，而非来自内部……怀旧者从来不是本地人，而是一个被放逐的人，他在地方因素和普遍因素之间做中介"[50]。离去/归来的叙事模式背后，隐含着作为书写者的梁斌对于"故乡"的某种乡愁式的再现方式，它把革命者在革命成功后归来时淡淡的感伤情调与对故乡"美"的建构这两者综合在了一起。也可以说，革命理想在这个书写的时刻已经融进了关于故乡的叙述之中。显然，没有革命所导致的历史变化，没有革命所激起的理想愿景，就不会有"乡愁"浮现的契机。在这个意义上，"乡愁"不是对已经在时间洪流中失去的旧日乌托邦的怀旧，而是重归故里的革命者的理想愿景的投射。

因此，"乡愁"也是想象性的，它"颠倒了幻想的时间性逻辑，创造出比单纯的羡慕和模仿、欲望还要更深层次的愿望"[51]。正是这种"想象的乡愁"，构成了《红旗谱》第一部中独特的情绪基调和抒情氛围。

以这种抒情笔调来书写革命史故事，显然使得小说大大不同于"革命通俗小说"。后者并不存在一个抒情的叙事人，更无法提供一种个体的抒情境界。关注《红旗谱》叙事的这一层面，便是意识到它关于"民族形式"的建构，已经并不停留于对"地方形式"或"旧文艺"构成的"民间文艺"的转换与再创造，而一定程度上与文人抒情传统形成了一定的沟通。而这种"文人"体验的形成，实则又与现代知识分子的主体意识直接联系在一起的。如果说"文人气"意味着保持某种对世界的自觉意识和观照态度的话，那么作为现代知识分子的书写者带来的，则是现代的时间感、叙事人与故事之间的间离，尤其是现代的认同机制。显然，这些都与现代革命、与19世纪西方小说传统直接联系在一起。程美宝曾提出，发明并建构民族国家/地域文化现代表述模式的，乃是"士大夫"或"知识分子"。而《红旗谱》的"乡愁"情调，无疑建立在文人/知识分子的主体基础之上。这种认同方式及其激活的文学传统，与赵树理、丁玲、柳青、周立波等当代作家的书写路径相比，都是别样的。这也在另外的层面上带出了这部小说与当代文学主流话语既契合又游离的面向。

## 结语、重新理解"革命"/"中国"叙事

探讨历史语境、政治理论、文化认同、文学叙事与作家风格等不同层面如何交互地作用于《红旗谱》这一小说文本，力图呈现的乃是当代文学民族形式建构的复杂过程。瞩目于这种历史性，一方面是力图打破出于不同的意识形态定见而形成的关于当代文学的定型化理解模式，另一方面，则尝试以此为路径，探寻"革命""中国""文学"间的复杂关系。

2004年，《红旗谱》被改编成电视连续剧在中央电视台播出。这是90年代后期以来"红色经典"改编热衷的重要一部。不过，对于有着充沛的"生活叙事"内容的《红旗谱》来说，那种将性/政治混合起来的重写模式似乎失去了效用。电视剧最大的改写，不是如同《林海雪原》《沙家浜》那样，通过增加人物之间的性爱关系来强化小说的"真实性"和"生活化"，而是强化了小说原著中的阶级斗争逻辑；更有意味的是，恰恰是小说原著（尤其是第一部）最为人称道的"民族气魄"，却无法在电视剧中表现出来。这里关涉到的，恰是革命史叙述与民族形式建构中的核心问题。

电视剧对于阶级斗争有着比小说要激进得多的理解，这突出地表现在锁井镇不再是一个自足的意义世界，这个乡村空间内的意义秩序不曾对朱冯两家的世仇有任何制约作用。当锁井镇这个空间主体被改写后，"民族气魄"便丧失了其附着的支点。正如本文所分析的，《红旗谱》对于历史想象、革命理想、民族形式和文本情调的呈现，都确立在这一支点之上，由此，革命愿景与乡愁情调才得以结合在一起。而这种书写形态出现的历史契机，显然与40—60年代以"地方形式""方言土语"作为主要内容的地域文化进入民族性建构的想象方式相关。这也提醒人们，如何理解现代的革命，总是与如何理解"中国"认同紧密的关联在一起的，并且其具体内涵也受制于不同语境而历史地发生变化。可以说，电视剧《红旗谱》对阶级斗争的理解方式，更接近于60—70年代浩然小说的阶级斗争叙事模式。

意识到上述多重历史背景和叙事坐标，意味着考察当代文学民族形式的建构，需要同时将"中国""革命"及其"文学"叙事的理解复杂化。需要考察

作为第三世界革命的中国革命发生的具体场所，它与特定文化传统发生关联和意义交换的具体方式，其民族—国家构想的独特内涵，及其因处在不同的世界/历史语境中而呈现出的不同形态。松动那些本质主义的连接方式，打开历史想象的空间，或许正是理解当代文学民族形式建构的关键所在。

《文艺争鸣》，2011年第7期

注释

1.主要版本有：中国青年出版社1957年12月、1958年1月第一版；1959年10月中国青年出版社出版第二版、人民文学出版社出版第一版；1964年4月中国青年出版社出版第三版，并由郭沫若题字、黄胄封面插图，这也是后来流传最广的一版；1978年中国青年出版社出版第四版。

2.梁斌：《漫谈〈红旗谱〉的创作》，《人民文学》，1959年第6期。

3.梁斌：《我怎样创作了〈红旗谱〉》，《文艺月报》，1958年第5期。

4.黄子平：《革命·历史·小说》，牛津大学出版社1996年版，第2页。

5.梁斌：《漫谈〈红旗谱〉的创作》，《人民文学》，1959年第6期。

6.同上。

7.汪晖：《地方形式、方言土语与抗日战争时期的"民族形式"论争》，《汪晖自选集》，广西师范大学出版社1997年版，第344页。

8.毛泽东：《中国共产党在民族战争中的地位》，《毛泽东选集》，人民出版社1966年版，第500页。

9.[英]安东尼·吉登斯：《民族—国家与暴力》，胡宗泽、赵力涛译，三联书店1998年版，第313-314页。

10.程美宝：《地域文化与国家认同：晚清以来"广东文化"观的形成》，三联书店2006年版，第24页，第41—43页。

11.[英]东尼·史密斯：《民族主义：理论，意识形态，历史》，叶江译，上海世纪出版集团2006年版，第59-63页。

12.周扬：《对旧形式利用在文学上的一个看法》，《中国文化》第1卷第1期，1940年2月15日。

13.刘再复、林岗：《中国现代小说的政治式写作——从〈春蚕〉到〈太阳照在桑干河上〉》，收入《再解读——大众文艺与意识形态》，唐小兵主编，牛津大学出版社1993年版，第34页。

14.唐小兵：《暴力的辩证法——重读〈暴风骤雨〉》，收入《再解读——大众文艺与意识形态》，第114–115页。

15.河北日报评论员：《向反动小说〈红旗谱〉〈播火记〉开火》，冀红文：《评为王明路线招魂的反动作品〈红旗谱〉〈播火记〉》，《河北日报》，1970年1月21日。

16.梁斌：《漫谈〈红旗谱〉的创作》，《人民文学》，1959年第6期。

17.参见李杨：《50–70年代中国文学经典再解读》，山东教育出版社2003年版，第35–88页。

18.戴锦华：《〈红旗谱〉：一座意识形态浮桥》，收入《电影理论与批评手册》，科学技术文献出版社1993年版，第190–191页。

19.黄子平：《"灰阑"中的叙述》，上海文艺出版社2001年版，第26页。

20.[美]本尼迪克特·安德森：《想象的共同体——民族主义的起源与散布》，吴睿人译，上海人民出版社2003年版，第7页，第223页。

21.[日]柄谷行人：《日本现代文学的起源》，赵京华译，三联书店2003年版，第3–5页。

22.梁斌：《漫谈〈红旗谱〉的创作》，《人民文学》，1959年第6期。

23.同上。

24.[美]杜赞奇：《文化、权力与国家——1900–1942年的华北农村》，王宪明译，江苏人民出版社1994年版。

25.梁斌：《漫谈〈红旗谱〉的创作》，《人民文学》，1959年第6期。

26.毛泽东：《中国革命和中国共产党》，收入《毛泽东选集》第二卷，第587页。

27.[美]杜赞奇：《文化、权力与国家——1900–1942年的华北农村》，第238页。

28.陈建华：《"革命"的现代性：中国革命话语考论》，上海古籍出版社2000年版。

29.[美]费约翰：《唤醒中国：国民革命中的政治、文化与阶级》，李霞等译，三联书店2004年版，第249页。

30.同上。

31.梁斌：《烽烟图》"后记"，中国青年出版社1983年版，第549页。

32.孟悦：《〈白毛女〉演变的启示——兼论延安文艺的历史多质性》，收入《再解读——大众文艺与意识形态》，第58页。

33.鲍昌：《新时代的"燕赵风骨"——梁斌创作风格一析》，《文艺报》，1994年2月26日。

34.梁斌：《一个小说家的自述》，中国青年出版社1991年版，第487页，第514页。

35.梁斌：《漫谈〈红旗谱〉的创作》，《人民文学》，1959年第6期。

36.程美宝:《地域文化与国家认同:晚清以来“广东文化”观的形成》,三联书店 2006 年版,第 41–43 页。
37.杨鼎川:《梁斌的意义》,收入《梁斌新论》,百花文艺出版社 2004 年版。
38.梁斌:《我怎样创作了〈红旗谱〉》,《文艺月报》,1958 年第 5 期。
39.梁斌:《一个小说家的自述》,中国青年出版社 1991 年版,第 487 页,第 514 页。
40.1954 年7 月 17 日,中国作家协会主席团第 7 次扩大会议讨论并通过文艺工作者学习政治理论和古典文学遗产的参考书目,刊载于 1954 年第 5 期《文艺学习》。
41.[美]普安迪:《明代小说四大奇书》“序”,沈亨寿译,中国和平出版社 1993 年版,第 1 页。
42.参见王洋、田英宣:《梁斌传》,南开大学出版社 2008 年版。
43.梁斌:《烽烟图》“后记”,中国青年出版社 1983 年版,第 549 页。
44.[美]高友工:《中国叙述传统中的抒情境界——〈红楼梦〉与〈儒林外史〉的读法》,收入《中国叙事学》,[美]浦安迪,北京大学出版社 1996 年版。
45.许子东:《当代小说阅读笔记》,华东师范大学出版社 1997 年版,第 26–27 页。
46.方明:《壮阔的农民革命的历史图画——读小说〈红旗谱〉》,胡苏:《革命英雄的谱系——〈红旗谱〉读后》,均刊载于《文艺报》1958 年第 5 期。
47.[美]本尼迪克特·安德森:《想象的共同体——民族主义的起源与散布》,吴睿人译,上海人民出版社 2003 年版,第 7 页,第 223 页。
48.[美]斯维特兰娜·博伊姆:《怀旧的未来》,杨德友译,译林出版社 2010 年版,第 13 页。
49.洪子诚:《当代文学概说》,广西教育出版社 2000 年版,第 87–98 页。
50.[美]斯维特兰娜·博伊姆:《怀旧的未来》,杨德友译,译林出版社 2010 年版,第 13 页。
51.[美] 阿尔君·阿帕杜莱:《放松缰绳的现代性》(Modernity at Large: Cultural Dimensions of Globalization),University of Minnesota Press,1996 年。

# 二十世纪上半叶中国女性觉悟的城乡差异

## ——《青春之歌》与《红旗谱》女性比较

张互桂

"妇女解放的程度是衡量普遍解放的天然尺度。"[1]在人类历史发展进程中,尤其是在现代以来,妇女社会地位的提高就成了考查文明进步的一个重要标志。二十世纪是中国社会现代转型最关键时期,整个社会制度、经济体制和思想文化意识形态都经历了翻天覆地的变化,而这种变化的一个最重要的参照系正是中国现代女性地位的变迁。新中国成立初年的红色经典小说因为对当代文艺政策的忠实履行及其"史诗化"追求,在相当大的程度上获得了一种还原历史真实的现实主义品格,大致是可以作为鲜活的历史课本来解读的。杨沫的《青春之歌》叙写的是现代知识女性成长史,而梁斌小说《红旗谱》叙述的虽然主要是男性故事,但其塑造的一系列女性形象却正是近现代中国传统农村女性命运的真实写照,这两部红色经典小说正是二十世纪前期中国两类女性——知识女性与农村妇女地位变迁史的忠实书写者。

### 一、《青春之歌》:现代知识女性自我意识觉醒和成长史的成功书写

在建国初期的一系列红色经典小说中,杨沫《青春之歌》是难得一见的成功演绎现代中国女性知识分子成长史的作品。然而,在五十年代的文学空气中,杨沫在创作中不得不为其披上一件政治外衣——"革命",以此获得刊行的合法性。正如有论者指出的,表面上看来,《青春之歌》确实以"革命的本质特征掩盖了女性的自然特征……女人们站在时代的潮头之上呼风唤雨,

极力弱化自己的‘女儿性’，从而获得与时代协调一致的精神色调”[2]，因此，《青春之歌》诞生后，小说中的主人公林道静被解读为一个从小资阶级知识分子向无产阶级知识分子发展的“典型人物”，评价界多关注其成长中“革命”的政治性一面，无论是对其进行肯定还是否定的意见都有意无意地遮蔽了小说叙事的另一个更重要维度：知识女性命运变迁史。在文学消弭其政治羁绊而回到关注自身审美价值之途时，《青春之歌》的重大意义或许正在于：林道静的成长历程，实际上就是二十世纪上半叶知识女性自我意识不断地觉醒到最终自由、自主地把握自己命运的过程。《青春之歌》尽管产生在新中国成立后，但叙事模式依然是“五四”式的：出于对家庭压迫的反抗和对自我命运的把握，女主人公离家出走并遭遇了一系列磨难的成长故事。与子君、沙菲等离家后命运难测的“五四”女性不同的是，林道静走出了完全不一样的成功人生。可以说，林道静离家的那一刻，便是其女性意识彰显的开始。纵观整个作品，我们可以发现，林道静的女性意识的觉醒分别在爱情婚姻、革命道路、自我命运三个层面展开的。

林道静的女性意识觉醒是从惯常的爱情书写开始的，这时候“革命”对她来说还是一个遥不可及的命题。林道静在家庭里所承受过的罪恶一旦被扩大到社会，无助的她便以当初逃离爱情时的巨大勇气投入爱情的怀抱。余永泽是一个爱情的自私者，然而抛开我们对这部小说已成惯性的革命思维，深入阅读文本我们可以发现，他的错在小说显性层面看来是不爱革命，不关心国家民族之危亡，而在潜在层面何尝不能解读为是林道静对于余永泽性格中的自私，将自己视为私有财产，以致欲将自己禁锢于家庭主妇位置的一种反叛呢？林道静在对余永泽滋生不满的同时，以“革命者”面貌出现的卢嘉川大气、崇高，充满了使命感和爱国心，林道静爱上了这个革命青年，开始自主选择自己的爱情与道路。与余永泽果断分手成为林道静女性意识彰显的最有力一笔，她真正突破了男人支配女人命运的惯例，将女性自我意识狠狠地甩给了作为男性的余永泽。由此，林道静的女性意识的觉醒跳出爱情的狭小圈子，转入对自己人生道路与命运的自主安排的途径上来了。

为了将林道静的革命意图合理化，也为了符合新中国成立初年主流意识形态对于工农兵的推崇，杨沫在小说中赋予了资产阶级小姐林道静一种贫民血统——她的母亲是遭受父亲强暴的佃农的女儿，生下她后就凄惨地死去了。正是因为这种血统的植入，使林道静后来的革命行为令人信服，它不仅是为爱卢嘉川而付出的代价，更成了改变自我命运的巨大力量。但透过杨沫的叙事我们不容怀疑的是，林道静革命动力生生不息的源泉在于卢嘉川，在于对其的崇拜和爱慕，哪怕在卢牺牲后接受江华的感情，对卢嘉川的这种爱情都没有停止过。在被评论者称为是将“男人与女人”的故事置换成“女人与男人”故事的林道静式人生中，《青春之歌》经由“一个女人与三个男人”的故事脉络[3]，写出了知识女性林道静由对自己命运从无力到完全掌握的全过程。《青春之歌》也由此成了红色经典小说中唯一以女性为叙事主体的作品，林道静的成长史代表性地表现了二十世纪上半叶中国知识女性对自我命运掌控的轨迹。

## 二、《红旗谱》：全景式展示中国农村女性逐步觉醒的历程

与《青春之歌》中基本否定林道静的革命女同仁以外的其他阶层女性的叙述立场不同，《红旗谱》以肯定和赞美的笔调描绘了十九世纪后期和二十年代前期中国农村女性缓慢而细微的觉醒历程。小说中塑造了三代农村女性：从清朝末年走过来的老一辈妇女严老奶奶；以贵他娘、涛他娘、春兰娘为代表的中年妇女群体；以春兰、严萍（其身份已经是知识女性，但乡土性依然是其精神实质）为代表的青年女性。小说将对这老、中、青三代女性命运的展示都是将其放在爱情、婚姻、家庭的位置上来进行的，并以此为切入口来展示二十世纪前半叶中国农村女性对自我命运把握的情况及尺度。

严老奶奶身上凝聚着几千年来中国女性的传统美德：勤劳、善良、坚韧，但却并非是传统小说中常见的逆来顺受的弱女子形象，她爱憎分明、是非观念强而又豪情仗义，“在砸钟事件中，她是农民英雄的支持者，反抗失败后，她又成了遭受创伤的乡民的抚慰者。严老奶奶以及她所代表的贫苦劳动妇女们的可敬，就在于她们不仅用自己瘦弱的身躯哺育了儿女，以艰辛的劳动维护着一家的生活，还在于她们大多都有一种韧性，一种易弯却不折的顽强生命力，就是这种生命力在延续着旧中国农村的发展”[4]。甚至可以说，在小说

中严老奶奶有着一种双重身份，她不仅是作为女性的自我而存在，也是代言着只在小说的隐性叙述中塑造的朱老巩、严老祥等男性人物出现的，有着中国传统女性少见的刚性和威严。

贵他娘、涛他浪、春兰娘等中年女性的出现会使细心的读者觉察到，《红旗谱》的女性意识并非是循着一种向前发展的线性逻辑来进行的。与严老奶奶相比，这一类女性也同样具备了中国女性勤劳、善良的传统美德，但她们却更多地依附于他们身旁男性身上，对自身命运的把握显得相当被动和无力。贵他娘前夫早亡，女儿早夭，受家族长欺负走投无路之际遇上了家破人亡之后闯关东的朱老忠，生下大贵、二贵。尽管性情爽直，做事利索，却始终无力掌控自己的人生。涛他娘则是一个柔顺的女子，漂亮、贤惠，很容易满足，生活中出现一点儿波折就容易陷入绝望之中。但小说中最能体现农村旧女性地位低下的是春兰娘。老驴头阻碍春兰与运涛的爱情，认为春兰给自己丢了丑，把春兰关起来，春兰娘不仅不能帮助春兰（哪怕是给春兰一口水喝），自己还招来一顿打。由此可见，《红旗谱》中中年妇女形象始终定格在无力把握自身命运的旧社会女性这一身份上。

春兰是《红旗谱》中最光彩夺目的一个女性形象，是二十世纪前期农村新女性的代表。她与运涛在青梅竹马的成长过程中互生爱慕之情，在运涛入狱后，对自己的这份爱情始终有一种坚决卫护的勇敢。作者赋予她双重气质：既有传统女性的善良、勤劳、贤惠，又有新女性的自主、果敢和进步。老、中年两代女性所具备的传统美德她一样不缺，却更具备了她的母辈、祖母辈所缺乏的与命运抗争的勇气，以及走向革命的自我解放之途的先进意识。新旧女性的分野在春兰身上得到了表现，《红旗谱》中以春兰为代表的年轻女性最终完成了农村女性的现代转型。

值得指出的是，以农民为叙事主角的《红旗谱》中也塑造了一位知识女性形象——严萍，她与春兰成为一种互补的存在，共同完成现代女性如何走向掌控自身婚恋与人生命运的命题。梁斌在严萍身上灌注了一种农村神圣的观念，严萍由于父亲是保二师教授，因此身份是一位知识女性；但由于生活环境的影响走上革命之路，并在共同的革命使命中萌发了对江涛的爱慕之情。在梁斌的笔下，严萍是以对农村姑娘身份的羡慕与皈依来完成自我身份的最终确立的，是一种自我意识鲜明的自主把握。

## 三、从《青春之歌》与《红旗谱》看现代知识女性与农村女性地位变迁尺度的差异

然而，由于知识程度、自我意识、人生经历、个性特征等方面的差异，《青春之歌》与《红旗谱》中以林道静为代表的女性知识分子和以春兰为代表的农村女性在地位变迁方面的差异也是非常明显，无论是其女性意识觉醒的程度，还是自我人生的把握，对自我情感的控制能力等方面都存在着诸多差异。

首先是女性自我意识觉醒程度方面的差异。林道静的人生经历可以说是一个自我意识不断觉醒和膨胀的动态过程。她早年生活还是比较安稳的，直到父亲破产后继母欲将她嫁给令人讨厌的警察局长胡梦安，这当头一棒才给了她自我意识觉醒的契机。以此为起点，她走向社会，并在爱情、革命、人生道路上成了一个彻底的自由主义者，对人生的每一步都有较为清醒的自我把握意识。而春兰则不一样。她是一个普通的农村女子，没有受过教育，只是出于一种善良纯洁的天性和道义感对爱情婚姻有一种自我把握的愿望。而在运涛入狱后，她勇敢地搬去运涛家住以照顾严志和夫妇的行为，从小说中的叙述来看，这不仅不是一种现代女性自我意识觉醒的表现，相反正是其身上蕴含着传统女性爱情至上和自我牺牲精神的重要表征。

其次是在自我情感的控制力方面的差异。两部小说中，林道静与春兰都可以说是自由恋爱者，但两者的自由度和清醒度并不一致。获得了生存能力的林道静，不仅完全掌握了自己的恋爱婚姻，而且在一定程度上掌握了试图接近她的诸位男性的情感命运。从这个角度来讲，将林道静定位为一位女权主义者也不为过。而春兰则不如林道静有自我情感的控制能力。春兰对运涛的爱既有青梅竹马的惯性，更有对运涛所掌握的知识和技能的崇拜，这仍然是一种男性体制下的弱女子心理。这种对自我情感的不完全控制还表现在老驴头将其关起来，运涛被抓入狱后贵他娘欲将其嫁给大贵等情节中。因此，尽管春兰对自己的感情忠贞不贰，但这并没有跳出乡土中国的传统伦理范畴，与林道静处于完全自主地位来决定自己的情感走向完全不一样，从这个角度讲，林道静作为现代知识女性自我解放的尺度和地位变迁的程度是

远超过了春兰的。

最后是在决定自我命运的决定权方面的差异。《青春之歌》中，林道静一旦获得了在社会上生存的力量就开始全权掌握自己的命运，从余永泽身边逃离后，她没有任何羁绊地投入到革命的洪流中，并能从内心产生出巨大力量去改变自己性格中的幼稚、冲动、冒进等弱点，最终成长为一个成熟、老练的共产主义战士。而春兰却对自己的命运缺乏主动把握的能力，她往往是在各种变化降临时才能被动地去做一些决定。从春兰身上，我们看到了农村女性身上比知识女性所承受的更多的精神阻碍力量。

## 四、结语

这种女性觉悟城乡差异以及由此决定着的女性地位差异又差不多经历了一个世纪时间长度。现在这种差异是缩短了？消弭了？应该是缩短了，离彻底消弭为时尚远。中国女性的彻底解放将代表国家巨大进步，民族的巨大进步，社会文明的崭新面容展现。两部经典小说忠实地反映了社会的客观实际。如果我们愿意再进一步考察中国农村社会，春兰之下还有春兰，而且是至今直至将来的中国农村存在的较普遍现象。

《社会科学家》，2011 年第 7 期

参考文献
1.马克思恩格斯选集(第一卷)[M].人民出版社，1995.610。
2.郑春风：试论十七年文学女性意识的自我消解[J].松辽学刊，1996，(1)。
3.李迎风：女性欲望：《青春之歌》中的爱情话语[J].解放军艺术学院学报，2000，(3)。
4.田英宣：再现中国二十世纪初农村女性生活原生态——《红旗谱》女性形象解读[J].宁波职业技术学院学报，2008，(2)。

# “红色经典”民间主题原型与当代意识形态的融通
## ——以《红旗谱》《林海雪原》为例

段友文　樊晋希子

“红色经典”的范围有广狭之分，本文采用狭义的概念，即产生于“十七年”（一九四九——一九六六）的一批长篇小说。[1]这些作品主要歌颂中国共产党领导下的人民民主革命和社会主义建设，代表作有“三红一创、青山保林”等。[2]二十世纪八十年代中期，“纯文学”浪潮使“红色经典”的政治思想倾向被无限放大，使之饱受诟病；同时，“重写文学史”思潮的干预也使人们逐渐开始从文学本身切入，关注“红色经典”作品的审美性，挖掘其文学价值。在对“红色经典”的研究中不乏用理性的眼光，客观探讨与评价“红色经典”价值的研究成果。[3]不可否认，“红色经典”在其产生之时就烙上了深深的政治印迹和时代特征，并且作品蕴含的思想内涵及精神风貌符合当时的时代背景和社会形势。但是已有的研究成果大都未能摆脱政治意识与文学创作、官方政策与民间主题、现代社会与传统文化的二元对立思维模式。因此，对“红色经典”的创作机制、时代价值进行探索，总结当代文学创作的规律与特质，具有政治和审美的双重意义。

### 一、主题思想的意识形态性

一九四九年，中华人民共和国成立，结束了中国半殖民地半封建社会，开始了社会主义建设的伟大探索。伴随着新中国的成立，代表无产阶级利益的中国共产党成为执政党，马克思主义思想自然而然成为新中国的指导思想，即主导意识形态。但“主导意识形态也不是天然就会成为主流意识形态，当时多数民众依然受封建传统观念、资产阶级思想和帝国主义文化等旧意识的影响。甚至一些边缘意识形态以非官方的方式与主导意识形态争夺主流话语权，妄图造成社会的离散和失控。”[4] 以马克思主义为核心的无产阶级政治思想亟待宣扬、普及，并为民众所接受。因此，主流意识形态的建立与稳固成为夯实新政权、建设社会主义的当务之急。

文学艺术作为“革命机器的一个组成部分”“思想战线上重要的一翼”，[5] 自然承担起“政治传声筒”的任务。要想分析“红色经典”在意识形态上的表现方式和运作机制，就必须从理解“意识形态系统”和“话语系统”的政治内涵、价值作用开始。

意识形态是一定社会或社会阶级、集团基于自身利益对现存社会关系自觉反映而形成的理论体系。[6] 主流，顾名思义，指事情发展的主要方面。而主流意识形态是在社会生活中占据统治地位的阶级、社会集团乃至国家自觉遵守和践行的被多数人所认同和接受的理论主张、实践战略、行为定向等一系列的思想观念体系，它是意识形态的实践层面。[7] 民间意识形态则是散见、渗透于民间日常生活之中的与主流意识形态相同、相通或相异、相悖的思想观念。话语是对主题或者目标的谈论方式，与意识形态关系紧密。[8] 主流意识形态具有一定的体系性和极强的话语威力，而民间意识形态则不以体系性为标志，因时代或社会制度不同，可能具有话语威力，也可能会处于边缘化状态。

“意识形态性是文学不可摆脱的一个基本属性。”[9] 从一九四二年的《在延安文艺座谈会上的讲话》到一九四九年七月召开的第一次全国文代会，再到一九五三年九月的中国文学艺术工作者第二次代表大会，明确指出：当代文学艺术发展最重要的意义就在于它把社会主义现实主义明确规定为我国文艺创作和批评的最高准则。[10]“十七年文学”的时代背景促使那些能够介入社会运动、说明现实生活、号召群众斗争的文学作品脱颖而出，像《红旗谱》《林海雪原》《青春之歌》等“红色经典”正是对现实社会和主流意识的形象化书写。这些作品中的意识形态性主要呈现了以下三方面内容。

首先，“红色经典”再现了中国共产党领导下的人民民主革命和社会主义建设的历史画卷。作家们以革命亲历者的身份，实实在在地经历了时代的更迭，感受到社会的脉动，以自己对中国翻天覆地的艰辛革命历程的独特体验与感知，运用文学艺术手法创作出的“红色经典”阐述了他们对那个时代的理解和认知，进一步使读者在主流意识形态的社会背景下找到认同感和归属感，这些在作品中都有据可寻。

《红旗谱》依照第二次文代会会议指示，严格遵循现实主义的创作原则，分别以反割头税、保定二师学潮斗争、高蠡暴动、“七七事变”等北方抗日救亡运动为故事线索，反映冀中农民运动的风貌，展现了中国农民寻求自身解放之路的曲折历史。它开篇就描述了农民阶级和地主阶级的生死冲突场景：

> 平地一声雷，震动了锁井镇一带四十八村：“狠心的恶霸地主冯兰池，他要砸钟了！”[11]

在第三部《烽烟图》的最后，将农民不畏艰险、反抗压迫的斗争决心寄托在母亲河——滹沱河之中，这段景物的象征描写使革命斗争主题突破时间、空间界限，升华为一种永恒的力量：

夜深了，远远传来滹沱河里呜呜咽咽的流水声，那是渗彻人心的、几千年来永恒不变的、被压迫人民的心声！那是几千年来，永恒不变的、反抗的力量！[12]

《红旗谱》通过锁井镇朱家、严家三代农民和冯家两代地主之间的矛盾展开情节，以点带面，艺术性地概括了民主革命时期的农民历史命运以及中国革命史。[13]《林海雪原》则是通过东北民主联军深入林海雪原执行剿匪任务的艰难过程，再现了中国共产党与国民党残余势力的艰苦斗争，歌颂了中国共产党不畏艰险、智勇退敌的革命精神。《暴风骤雨》以东北松花江畔的元茂屯村为背景，将土地改革这场波澜壮阔的革命斗争画卷展现在读者面前，描绘了中国农村冲破几千年封建束缚的翻天覆地变化。“红色经典”正是通过对一系列革命运动的真实描绘，经过作家这一革命斗争亲历者的艺术加工，再现革命历史，延续革命热情，用革命英雄的精神与品质鼓舞民众。可以说，作家亲历了革命的成功、新中国的成立等历史事件，难以按捺激昂慷慨的情绪，踌躇满志地讲述起革命成功、新政权建立的历史神话。

其次，“红色经典” 的作家们在创作中挖掘和探讨了革命斗争本质和原因。在“红色经典”作品里，除了将中国共产党的革命历史重新展现在读者面前，还用直接表现或间接暗示的方式点明革命斗争与民众生活的联系，引发民众思考，重建与主流意识形态相契合的民众生活状态、情感体系、价值观念等。在《红旗谱》中就不乏对农民与地主阶级斗争原因追根溯源的阐释与判断、斗争本质的暗示和表现。通过对农民生活境况的描写引起民众对生活的思考，揭示和反映斗争的意义。

《红旗谱》的中心人物朱老忠起初对革命没有清晰的认识，问运涛：“革命的官儿，又有什么不同？”作者借运涛之口回答了以朱老忠为代表的农民阶级的疑问，道出了中国共产党领导革命的本质：“他们不是为的升官发财，是为了要打倒帝国主义、打倒军阀政客、土豪劣绅。”[14] 在民主革命之初，农民阶级仍存在着对斗争对象辨别不清的现象，如运涛对贾湘农说的一段话就直接反映出这一问题。他说：“说起反封建、反土豪恶霸，人们都赞成。这号人们，在乡村里为非作歹，鱼肉乡民，看得见、听得到。一谈起反对帝国主义，人们不关痛痒。他们不知道帝国主义在军阀身子后头，军阀割据，就是变相的帝国主义统治！”[15] 普通百姓只对与自己关系密切的事件有所体认，对革命的本质和深层内涵仍然感到困惑，这就突显了文学创作对宣扬主流意识形态的必要性和紧迫性。

在直接表现主流意识形态建立的紧迫性之后，又通过描写农民在接受革命思想后生活、精神两方面的变化，凸显作家创作的目的和作用。运涛宣传革命的方式主要是给青年们讲故事，先讲一段故事，再讲“打倒帝国主义”“打倒军阀统治”“打倒贪官污吏、土豪劣绅”，春兰听后受到了很大的鼓舞：

> 春兰才长成身个，细身腰、长脸盘儿、黑翠翠儿的。听了运涛的宣传，像春天的苇笋注上大地的血浆，长出绿色小叶，精神旺盛，永不疲倦。又像春天的紫柳，才生出绿色的嫩叶，一经风吹就会摇摇摆摆，向人们显示：只有她是值得骄傲的！[16]

作者从春兰的外貌特征的变化表现出她在接受革命思想前后的变化。紧接着，又通过行动描写表现了春兰加入革命的决心。春兰先是做了一件蓝布褂，找运涛写了两个字——革命，然后偷偷把这两个字用白色丝线绣到上面，正当药王庙大会，就把它穿了出去。作者解释这一系列行为是为了表明她一心革命、不怕困难，迎“新”反“旧”的决心。

对历史、对社会的良知和责任，决定了文艺必然要承担起时代、民族和阶级赋予它的使命。文艺工作者们作为思维者的主体，是党的思想精神在相关领域内的自觉延伸。[17]他们通过文学作品的思想主题、革命历程、英雄人物等去影响民众的精神状态，引导民众道德品质、价值观念的形成。他们的艺术创作必然是现实观照和个人感受的有机结合体，清晰的当代意识和社会责任感是社会主义时期文艺工作者对主流意识形态的自觉承继。

最后，“红色经典” 的意识形态性还表现在政治革命理想与文艺审美理想的交互作用上。一方面，在“红色经典”创作过程中加入革命前景、未来展望的理想愿望，借人物之口、全知视角等叙述转换，指出社会主义社会才是革命的出路，是开启美好生活的钥匙，从而建立并稳固新中国的主流意识形态。在《红旗谱》中，当运涛对春兰说自己要走了，春兰起初是冷笑一声，讽刺他胆小怕事；但在得知他是要去南方参加革命军之后，春兰用坚决的口气嘱咐道：“你去吧，去把土豪恶霸们都打倒！”[18]民众把革命胜利与自身解放、生活幸福紧密联系起来，表现出对革命运动的坚决支持和必胜信念。另一方面，“红色经典”作为文艺作品，也要符合文艺的最终目的。通过作家的生命体验创作出的文学作品才更真实、更动人。“红色经典”之所以称之为“经典”，不仅仅是因为它蕴含着作家们对时代、对社会的真诚思考，对民众思想变化的深切关注，表现主流意识形态对人们的巨大影响，更重要的是运用文学艺术的形式，凭借人物形象的塑造、艺术氛围的创设、语言艺术的锤炼，来表现作家对生活的思考与感悟，使作品表现的生活是注入了真实情感的诗性生活。这样的文学作品通过读者的审美体验可以实现了解自己、增强自信、追求真理的精神享受，同时达到从生活中发现美，以神圣的“美的理想”鼓舞人心的审美效果。作家们在创作中借助人物炽热的情感表达了自己对建设新中国的憧憬与喜悦，主动承担起“政治宣传员”的责任，将引领时代前进的先进思想传播给普通民众，在人生艰难而漫长的征途中成为自觉的先驱和向导。

在新中国成立之初主流意识形态还未稳固的情况下，文艺工作者作为社会成员的一分子,自觉地在文艺创作中体现时代主旋律,站在历史的高度将政治主流意识形态深入民间,创作出反映革命历史、社会风貌、民众生活与时代精神的文学作品,它们“为新中国的人民大众提供一种历史、一种价值、一种意义和身份归属意识。”[19]

## 二、主题原型的艺术化表达

“红色经典”的创作者们不仅在作品中直接呈现或间接渗透出对主流话语的回归,而且也将文学本身的特性考虑在内,思量着在创作中用何种形式快速、牢固地建立起主流意识形态,使文艺与政治更好地结合起来。于是他们选择了走向民间,走入民众生活,用体现民众思维方式、心理特征的民间主题原型,将民间与政治、传统与现代、民众与官方紧密结合,在展现他们最熟悉的世界的同时使主流意识形态深入人心。

“原型”一词英文为“archetype”,又可译为“原始模型”或“神话雏形”。[20]“神话——原型批评”流派借鉴了弗雷泽文化人类学派的理论与方法和荣格的“集体无意识”学说,在20世纪五六十年代盛极一时。诺斯洛普·弗莱一九五七年出版了《批评的剖析》,标志着理论的成熟。20世纪八十年代中期开始,“原型批评”理论进入中国学者视野,并逐渐形成具有中国文学特点的理论学说——民间原型。王光东认为“西方的‘原型’理论所背依的是西方的神话谱系和传统,在‘神话’相对缺乏的中国,难以在神话原型与后来丰富、复杂的文学创作之间建立起深厚的历史联系,丰富的民间传说、故事则有可能承担起这样的功能。”[21]他将“原型”的概念内涵结合中国民间文学的特点进行了本土化的阐释,并与母题、类型、异文等概念进行区分。母题是故事中最小的叙事单元,可以是一个角色、一个事件或一种特殊背景。类型是一个完整的故事,是由若干个母题按照相对固定的顺序组合而成的“母题序列”或“母题链”[22]。民间原型就是在民间文学作品中反复出现的意象、人物、主题、结构等,并且在不同时期的作品中能够发现相互之间的意义联系。民间主题原型与作为情结单元的母题有所区别,它偏重民间文学中出现频率高、稳定性强、体现民众心理的核心思想。

“红色经典”的意识形态性使其对民间主题原型的选择与运用呈现出独特的效果。一方面，民族民主革命的成功，新中国的建立与建设使这些见证者们迫切地要通过文学创作讲述革命成功的神话；另一方面，作家们在情节设置、人物塑造等过程中，通常会赋予它们具有民间内涵的主题意义，以此抒发内心的激动、唤起民众共鸣。“红色经典”的文本叙事实际上是一种“革命叙事”，而英雄人物的出现则是推动革命发展、收获革命成功的关键。因此，“英雄主题原型”就当仁不让地成为“红色经典”文学的核心主题原型。

英雄主题原型是“红色经典”小说最为引人注目的典型形象。中国的英雄人物有着深厚的历史渊源，在中国神话故事中，英雄是具有超凡神力，为了人民利益，不惜牺牲自己，表现出坚强意志的神或神性化的人，[23]他们是完美的化身；而在“红色经典”中，英雄是先进思想、高尚品德、坚定信念的集合体。“红色经典”正是通过塑造这样的英雄人物，激发民众心底的英雄崇拜心理，认同和拥护中国共产党的政治思想，积极投入到社会主义社会的建设中来。在革命过程中塑造英雄人物，通常有一个完整的成长模式，与之相应就产生了一系列的次主题，如成长主题、磨难主题、复仇主题等。“红色经典”小说的英雄形象更是多种多样，如革命斗争英雄周大勇（《保卫延安》）、杨子荣（《林海雪原》）、石东根（《红日》）；土改英雄梁生宝（《创业史》）、陈大春、盛清明（《山乡巨变》）、萧长春（《艳阳天》）；还有积极进行工业生产的劳动英雄，拥护党的领导、反对封建主义、资本主义的阶级英雄，在革命斗争中表现出集体主义崇高精神的政治道德英雄。

“红色经典” 的时代环境要求这些英雄人物的塑造必须通过一步步成长，将与社会主义意识形态不一致的资产阶级和小资产阶级思想逐渐剔除，成为无产阶级思想权威的捍卫者。在小说创作中，这些英雄的成长过程必定会经历一些磨难，通常会设置这样几个情节：分离、苦难、复仇、重生、牺牲。通过这些艰辛的成长经历来凸显成功的来之不易，达到引起民众共鸣的效果。成长主题在民间传说故事中，也是十分常见的。

在民间，人们认为孩子从小遭受一些分离痛苦，能够锻炼他们的意志，拥有自力更生的能力。在我国很多民间传说故事中，都有主人公从小与家庭、父母分离的场景，尽管分离并不一定带来成长，但在“红色经典”中革命英雄的成长、成熟是分离的必然结果，无论是坚定革命意志，还是锻炼革命能力、培养英雄品格等方面都有体现。这样的必然性，一方面符合主流意识形态的外在要求，另一方面，符合文学的审美要求和民众的接受心理。

英雄的形成必定经历许许多多的磨难，直至重生。《保卫延安》的主人公周大勇在紧张的战斗和严酷的考验中，形成了刚毅勇猛、机智沉着的性格，终于成长为一名伟大的人民英雄；《红岩》中的江姐在痛失亲人后仍然坚持工作，面对敌人的严刑拷打视死如归，也正是在精神和肉体的双重磨砺下，她坚定的革命意志得到进一步升华。“红色经典”中的英雄人物大多历经种种艰辛，他们百折不挠、砥砺前行，逐渐成为民众心中的革命英雄。

在“红色经典”中通常都会有明朗的革命胜利结局，但这中间会伴随着一两个英雄人物的牺牲，《暴风骤雨》中的赵玉林，《红岩》中的许云峰、江姐，他们为革命甘愿牺牲的无私奉献精神，让人铭记着革命的艰辛与英雄的功绩。我国古代神话里也不乏这样的例子，鲧为治理洪水，“窃帝之息壤以堙洪水”，结果“帝令祝融杀鲧于羽郊”[24]；“神农乃始教民播种五谷，相土地宜燥湿肥尧高下；尝百草之滋味，水泉之甘苦，令民知所辟就。当此之时，一日而遇七十毒。”[25]盘古开天辟地将自己化为万物：

气成风云，声为雷霆，左眼为日，右眼为月，四肢五体为四极五岳，血液为江河，筋脉为地理，肌肉为田土，发髭为星辰，皮毛为草木，齿骨为金石，精髓为珠玉，汗流为雨泽。[26]

这些英雄在改造自然、为部族群体创造幸福的伟大行动中牺牲了自己的生命，与“红色经典”中为了党和人民的利益革命战士坚持战斗、牺牲自己的结局有异曲同工之妙。有学者认为“‘红色经典’文学文本中革命英雄的牺牲就是人类远古神话中献祭精神的现代延伸”，“革命者的肉身就是革命精神的祭品，通过这样的自我献祭，革命获得了精神与人格的超人品质和力量”。[27]信仰、集体、奉献、牺牲等价值观正是那个时代的主流意识形态之一。“红色经典”中的牺牲主题原型置换了中国远古神话的内涵，这些革命英雄在一定程度上再现了中国神话传说主人公的精神品格。无论民间传说故事还是“红色经典”作品，这些英雄人物牺牲奉献结局的价值和意义无疑是民众心理的体现，也是对主流意识、集体主义精神的回应。

《红旗谱》中的农民英雄朱老忠在目睹了父辈与地主阶级代表冯家的斗争，经历了家破人亡的悲惨遭遇之后，逃往关东，带着父亲“只要有口气，就要为我报仇”的遗言，闯荡江湖二十多年，“在长白山挖参，在黑河里打鱼，在海兰泡淘金”。[28]在这不同寻常的人生历程中形成了坚韧不屈、慷慨仗义的品格，怀着对地主阶级的血海深仇重新回到锁井镇，开始了曲折艰辛的斗争。在他接受了共产党的教育后，其个人复仇斗争就上升到了农民阶级的革命斗争。他刚正不阿的精神，救危扶困、深谋远虑、沉着镇定的性格超越了普通农民，具备了农民英雄的品格特质，成为表现英雄主题原型的典型艺术形象。

离开家庭走向外界，是革命英雄成长经历的第一步；在复杂艰难的环境中挑战不幸，在肉体和精神上不断突破自己，这些人生磨难是革命英雄成长的重要环节；在磨难中认识革命、提升自身力量、收获精神重生，是革命英雄成长经历的关键所在。“红色经典”吸纳了民间神话传说中英雄人物的塑造方法，借鉴并置换了民间文学中相关母题、类型，在适应时代大环境的前提下，塑造了一大批成功的革命英雄形象，形成“红色经典”重要的英雄主题原型，并在创作中衍生出一系列与之相应的主题内涵。

爱情主题原型也是“红色经典”小说受人喜爱的艺术形象。“红色经典”作品中通过置换民间神话传说中的英雄形象，为革命英雄追根溯源，让英雄主题深深扎根民众思想之中。但是光有革命的理想主义是不够生动的，也需要爱情、亲情、友情等人之常情来充实文本，这样更符合民众的审美需求。爱情主题原型在“红色经典”中发生了一定的变异，爱情不再是属于个人的、自私的情感，而变成具有阶级性的爱恋。民间不乏女性勇敢追求爱情的传说，如“望夫石”的得名正是因为一位痴情女子“其夫从役，远赴国难，妇人携幼，饯送此山，立望夫而化为立石。”[29]又如《杞良妻》中孟仲姿得知杞良已死，“并筑城中”，“悲哽而往，向城号哭，其城当面一时崩倒，死人白骨交横”。[30]她们为了爱情，化石盼归，甚至哭倒长城、滴血认尸。这种誓死忠于爱情的精神在“红色经典”中被延续下来，只是在创作中爱情主题在一定程度上被阶级意识和革命意识所浸润。虽然这些塑造成功的女英雄多是作为男英雄身边的女配角出场的，像春兰追随运涛、严萍跟随江涛，但是读者依旧能隐约感受到她们从一个爱恋对方的女孩子到无畏支持革命的“女战士”的成长变化。

在过去，女性不能得到尊重，常常被欺辱、虐待。在民间传说故事中，对女性的施虐对象通常是继母、公婆、丈夫等，像叶限“末岁父卒，为后母所苦”[31]的例子比比皆是。但“红色经典”中的女性反抗不仅仅是性别的反抗，而且还具有阶级性特征。在《红旗谱》中这种施虐者不是继母、公婆而是地主阶级的代表冯老兰，他对春兰垂涎已久，在朱老巩死后，便对春兰伸出了魔爪。这种对女性施虐情节的描写，最终“导致的不是性别反抗，而是阶级反抗和民族反抗”，[32]从而激起民众革命斗争的决心。

爱情主题原型还包括充满夫妻之情的人性抒写，通过生活琐事、人生磨难等日常生活描写展现夫妻之间相依为命、相濡以沫的浓浓爱恋：

> 朱老忠年幼的时候，光棍汉一条。今天走到南，明天又闯到北，像棵没根儿的蓬蒿，心上拴不住笼头。鞋鞋脚脚没人做，睡起觉来缺半边人儿。自打贵他娘坐在他的炕头上，冬穿棉，夏穿单，不管破的烂的，缝洗得干净利落，到什么季候，不用说话，衣服就穿在身上。下地做活儿，黑灯瞎火走回来，一进门，有饭吃；一拎壶，有水喝。不管走了多远的路程，一进门，炕上有个可心的人儿，就像减轻了身上的疲劳。两人搭了十几年的伙计，没拌过嘴，没吵过架。老夫妻总是睡在一条炕上，朱老忠常想：睡在她的身边呀，不穿棉袄过得了冬，不扇蒲扇过得了夏。忘了饥，忘了饿。夜深了，睡不着觉的时候，两口子常上话，朱老忠要说：“贵她娘！贵她娘！你就是咱的活神仙！有了你，我也扒住碗沿子了。”贵她娘就说：“俺不是什么活神仙，就是会做两手苦活儿呀！”[33]

朱老忠的儿子大贵被冯老兰陷害抓去当了兵，离家前一天晚上，夫妻俩睡不着觉，想起一起经历的风风雨雨，相依相偎走到今天。虽然作者省略了很多细节，可是却通过几句简短的话，把他们俩十几二十年的风雨历程、夫妻情谊表现得真切动人。

“红色经典”塑造了一大批英雄人物形象，在抒写革命斗争经历的同时赋以爱情、亲情的人性展现。除此之外，革命敌对势力的描写也是必不可少的。在“红色经典”中的土匪形象涉及两类，一类是残害百姓的恶霸、反动暴乱的政治敌人，由此产生了惩恶扬善主题原型；另一类是经过中国共产党的改造，从土匪蜕变为革命支持者，从而形成了弃恶从善的主题原型。

前者的典型代表是《林海雪原》中的许大马棒、坐山雕等土匪形象。他们组成民间武装力量在林海雪原为虎作伥，最后在剿匪首长少剑波的带领下，小分队深入大兴安岭，经过几番激烈的智勇搏斗，终于将其一举消灭。在探讨这部小说深受民众喜爱的原因时，有学者认为《林海雪原》沿用了古典小说诸如《封神榜》一类神魔斗争的叙述模式。在《林海雪原》中"神是我解放军部队的剿匪小分队，从外表到精神都体现了神性（无比坚定、无往不胜的党性）。与之相应的是魔，指称《林海雪原》中的顽匪，同样地从外表到内心都体现了魔性（凶残无比的匪性）。"[34] 在中国精神信仰的世界里，民众拥护那些能够保护他们生活安康的英雄与神灵。从民众思维方式出发，这种如有神助的剿匪英雄形象是倍受欢迎的。在民间神话中典型的神魔相斗故事有黄帝与蚩尤的战争，简短几句就表现出战争的激烈：

> 黄帝与蚩尤战于涿鹿之野。蚩尤作大雾，弥三日，军人皆惑。黄帝乃令风后法斗机作指南针，以别四方，遂擒蚩尤。[35]

凶残的敌人被消灭，正义得到伸张。这不仅是中国民间文学的叙事模式，更是"红色经典"中"惩恶扬善主题原型"的意义所在。

"弃恶从善主题原型"对"红色经典"的影响是通过《苦菜花》中的柳八爷、《桥隆飙》中的桥隆飙、《红旗谱》中的李霜泗等人物塑造体现的。这类土匪形象不同于前者，他们具有劫富济贫、扶危救困的正义感，他们仿佛梁山好汉的化身，又像民间崇拜的绿林英雄，只是"红色经典"中的他们在经历了中国共产党的规训和马克思主义思想的洗礼之后，身上某些恶劣匪气逐渐消逝，革命觉悟萌生进而成长为新一代革命战士。"被驯服的匪性，革命英雄的成长过程都是为了阐明新的意识形态的权威性。因为意识形态的合理性和有效性只有表现在个体的选择和体现中才具有现实性和感召力。"[36] 这类土匪形象是典型的主流意识形态建构和文学审美创造合力作用下的产物。

与此同时，"红色经典"中还涉及许多其他方面的亚主题。比如"怀乡主题”，又可称为“家园主题”“土地主题”。朱老忠漂泊几十年毅然回归家乡，严志和从保定返回锁井镇时的喜悦溢于言表，运涛耪“宝地”时充溢着劳动快感，江涛被滹沱河上的自然风光所陶醉。那泥土的芬芳、河边的野花、河上的白帆成为家乡的象征，蕴含着小说主人公浓浓的情意。还有表现对传统道德、美善标准认同的“传统主题”。《红岩》以一批忠于国家、忠于党的英雄群像塑造而为人称道，江姐为了保守党的秘密，坚强勇敢、宁死不屈，成为真善美的化身，《红旗谱》里朱老忠“为朋友两肋插刀”的豪侠气质正是传统道德精神的彰显。到传统文化中去寻找适应革命斗争的精神资源，得到民众的认同，用全民族的力量来完成政治使命，提高人民斗争的热情和信心，这正是“红色经典”小说获得永久生命力的原因所在。这些主题从民众生活中来，经过作家们意识形态化的处理，以“人之常情”的形式重新渗透到民众内心中去，更好地填充“红色经典”内蕴，成为丰富“红色经典”主题思想不可或缺的组成部分。

“十七年文学”的作家们，在革命斗争主题下努力寻求着它与民众心理、乡村风俗、传统文化的有机联结方式。这种努力不仅体现为主题选择的民间性、内容叙写的乡土气息，还体现在创作形式的民族化方面。结构布局上，以中国古典小说章回体的民族创作形式谋篇布局，使作品跌宕有致；人物塑造上，契合读者群体的心理需求，挖掘人物性格的民族特质，采用中国古典小说人物刻画的手法，在新的历史条件下，展现无产阶级革命思想的时代光芒；语言表达上，注重语言的口语化、生活化，力求通俗易懂。

“红色经典”系列作品虽然旨在宣传政治意识形态，但依然不影响民众对其的喜爱。这不仅得益于创作形式的民族化，更重要的是创作者们在突出英雄主题的基础上，辅之以爱情主题、惩恶主题、怀乡主题、传统主题等一系列亚主题原型，将民众的思维方式、道德体系、价值取向等从不同角度展露出来。同时，为避免民间故事的简单复制，他们对民间主题原型进行了巧妙的置换变形，使众多的民间文化原型自然而然地合到革命斗争上，这样不仅顺应了文本建构主流意识形态的叙事走向，而且成功地对政治性主题进行审美化、艺术性的处理。通过作家对民间主题选择、原型置换变形、形式民族化的努力探索，最终形成了“红色经典”中主流意识形态结合民间主题原型、民族艺术形式的典型创作模式。

## 三、聚合与互构:从你强我弱到你中有我

新中国成立之初第一次文代会之后,政治和文艺的关系更加紧密,政治宣传动员作用在很长一段时间内成为文艺发展的动力、文艺审美的制约因素。因此有人说"主题提炼的政治革命化、题材选择的'工农兵'化、笔触情调的大众化、功能职责的服务化和作家切入生活视角的阶级化"是那个时代文学创作的时尚。[37]

我们在阅读"红色经典"作品时的确能够真切感受到那个时代的政治倾向,可是当我们客观冷静地走进历史,分析、理解当时的文化场域后,便能感觉到"红色经典"并不简单地是政治性凌驾文学性之上、文学盲从政治的附属品。通过阐释文本各个要素之间的关联性、组合方式与创作机制等,进而探讨它的价值与意义,才是科学的研究路径。"红色经典"的创作者们用高昂的革命热情阐释新中国的"新"之所在,通过斗争叙述、精神歌颂等形式,凭借文以载道的社会责任感将中国共产党的革命历史具象化, 产生了新的文学现实创造和审美诗意世界。

"红色经典"要想打破官方与民间的对立关系,将政治意识形态融入民众生活,与民众情感、思维、愿望等结合起来,就必须将政治意识转化为社会心理。社会心理是民众自发感性的情感体验,它以一定社会群体的感觉、情绪、意志、愿望以及一定社会的风尚、习俗等形式表现出来,潜移默化的存在于日常生活之中;它是意识形态的低级形式[38]。民间主题原型正是从民众日常生活、思想感情中提炼而来,"代表了群体的意愿,融汇了大众化的生活内容[39]。"它的深层是民众"共同心理情感的'模式'"[40]。"红色经典"将政治意识形态与民间主题原型相结合,使政治意识更容易融入民众心理之中,在一定程度上成为人们"行为的调节器",甚至是一种具有实践意义的精神动力。换句话说,社会心理正是联结上与下、官与民、集体与个人、政治话语与民间话语的桥梁。[41]

"红色经典"的作家们走下文学神坛,将自己置身于人民日常生活的现实场景,植根于民众喜怒哀乐的精神土壤,从中汲取养分,在政治叙事的同时融入带有本土色彩、民族风格的民间话语,形成独特的审美世界。"民间主

题原型以特殊的方式体现和满足世代相承的人类普遍精神需要，反复的‘再现’‘激活’和丰富充实人的心理体验和情感追求。它作为一种文艺原型，不仅是一种民众“心理体验的模式，也是一种关于‘美’的心理模式。[42]”以宏大政治叙事为主的“红色经典”，真善美是其动人心魄的魅力源泉。“文学的真实性使文学具有真正的历史品格”[43]，它使我们更具体、更真切地感受着当时人们的精神状态。“红色经典”通过情节安排、人物塑造在不同层次上反映了民间社会的人情美、人性美。通过革命艰辛的生动描写、革命英雄的鲜活塑造等历史叙述，表现出革命斗争的旺盛生命力，衍化为鼓舞人心的、激励民众奋勇向前的精神力量，造就了几代人的革命想象、生活热情、未来希望。读者们随着革命故事的发展，感受革命发展的波澜起伏，体验着揪心与舒心的心理变化。在这样的审美体验中，使我们的生命能量畅然一泄，感受革命的艰辛和生命的自由与甜美。可以说，“红色经典”是按照“美的规律”创造的艺术珍品。一方面，神话、传说故事是民众思想的集中体现，“非善即恶”的划分标准十分清晰，通常直接表达对真善美的审美追求，这样的审美方式与“红色经典”主流意识形态的表达要求十分契合。另一方面，主流意识形态在进入乡村社会时，民间意识形态也将自己的审美观念、思维方式渗入到政治意识之中，从而形成“红色经典”以英雄主题原型为核心，结合爱情、土匪、故乡等主题的民族创作形式，叠加了现代与传统、官方与地方的双重文化因素。

纵观“十七年文学”成功的艺术作品，政治话语与民间话语之间打破了你强我弱的权衡、博弈关系，逐渐走向你中有我的聚合与互构。“红色经典”文本是政治与民间、意识形态与文学创作的良性运作，成为建构主流意识形态，适应民众思维方式的成功作品。“红色经典”作家们通过考察社会心理、民众思维，把握文艺审美创作机制，成功融合了现代与传统、文学与政治、官方与民间，形成了主流意识形态与民间主题原型的互构与融通。

“红色经典”的社会价值和文学意义，绝不局限于建构主流意识形态、融合民间话语形式的历史再现与文学创作，它对改革开放后的中国意识形态的形成与发展也有重要的影响。“红色经典”作品中流露出的勤劳勇敢、无私奉献、互助友爱、学习先进的精神品格，爱国主义、集体主义的精神追求，作为马克思主义、毛泽东思想主导意识形态的具体体现，不仅在当时备受推崇,而且在新的历史条件下仍然得到了继承与发扬。与“红色经典”相应产生的“红色精神”是革命战争年代的历史见证、文化精髓,在当下社会依然是富有生机活力的文化生命。“改革开放不仅是当代中国最重要的经济现象、政治现象、社会现象,而且也是当代中国最重要的文化现象、文艺现象。”在新时期人道主义的潮流中,“红色经典”中的部分思想主题延续至今,有着永恒的意义。当下“中国梦”的构建正是要求人们扎扎实实,脚踏实地,用勤劳的双手托起伟大梦想,这与那些朴朴实实对社会、对生活作出切实贡献的社会主义新人品质一脉相承,也可以说它是革命胜利初期主流意识形态的延续。

“红色经典”的成功,不是政治拔高或偶然成之,它是中国共产党在巩固政权进行主流意识形态宣传的必然产物,不可避免地成为一种时代经典。首先,它反映了文艺家们作为革命亲历者与见证者的身份,积累了丰富的生活经验,急切地想把这种革命的热情、成功的喜悦在文学创作中进行释放,使之形成影响;其次,二十世纪五六十年代,革命大潮逐渐退去,急需通过文学创作来回忆、确认历史,承续积极的革命精神,文学自然而然地承担起建构主流意识形态的使命;第三,广大人民群众也期望从文学作品中了解革命历史,民众在经历艰苦卓绝的革命斗争之后,有了建设新生活的期盼与愿望,他们的心声迫切地需要传达。“红色经典”小说在新的语境中经历着一次又一次的拷问,它历久弥新的特质反映着时代的风云与自身的价值,我们只有将历史与文化还原、时代特征与审美感悟融为一体才能全方位地把握其内在深层价值,同时结合当下社会意识形态,发掘它的当代意义。

《当代作家评论》,2014 年第 3 期

注释

1.关于“红色经典”的广义所指,大致有两种说法,一是姜辉在《革命想象与叙事传统:“红色经典”的模式化叙事研究》一书中提道:所谓“红色经典”,广义上是指1921 年至 1976 年间以革命历史和社会主义建设为主要题材的创作;一是阎浩岗

在《“红色经典”的文学价值》中谈及“红色经典”广义上是指20世纪50–70年代文学、音乐、电影、美术等艺术领域里明显体现政治意识形态色彩而又产生社会影响的作品。“红色经典”的狭义所指，说法大体一致，即50、60年代以民主革命和社会主义建设为主题的文学作品。本文“红色经典”采用阎浩岗的狭义概念。

2.“三红一创、青山保林”是指《红岩》《红日》《红旗谱》《创业史》《青春之歌》《山乡巨变》《保卫延安》《林海雪原》。

3.论及“红色经典”与意识形态关系的重要研究，如朱晓进《非文学的世纪：20世纪中国文学与政治文化关系史论》，南京师范大学出版社，2004；阎浩岗《“红色经典”的文学价值》，人民出版社，2009；北京师范大学文艺学研究中心编《文学审美意识形态论》，中国社会科学出版社，2008；武新军《意识形态与百年文学》，河南大学出版社，2011。

4.朱庆跃：《1949—1956年马克思主义中国化对主流意识形态的重构——基于意识形态政治社会化的分析》，《深圳大学学报(人文社会科学版)》2012年第1期。

5.参见邵荃麟：《沿着社会主义现实主义的方向前进》，《新华月报》1953年第12期。

6.黄新华：《当代意识形态研究：一个文献综述》，《政治学研究》2003年第3期。

7.陆岩：《论主流意识形态的内涵及核心价值》，《学习与探索》2009年第6期。

8.〔英〕诺曼·费尔克拉夫：《话语与社会变迁》，第19页，殷晓蓉译，北京，华夏出版社，2003。

9.王元骧：《我对“审美意识形态论”的认识》，《文艺研究》2006年第8期。

10.周晓风：《当代意识形态与新中国文艺政策》，《文艺研究》2003年第2期。

11.梁斌：《红旗谱》(第1部)，第3、127、107页，北京，人民文学出版社，2005。

12.梁斌：《红旗谱》(第3部)，第373页，北京，人民文学出版社，2005。

13.王庆生：《中国当代文学史》，第121页，北京，高等教育出版社，2003。

14.梁斌：《红旗谱》(第1部)，第3、127、107页，北京，人民文学出版社，2005。

15.同上。

16.梁斌：《红旗谱》(第1部)，第105、117页，北京，人民文学出版社，2005。

17.朱晓进：《非文学的世纪：20世纪中国文学与政治文化关系史论》，第296、334页，南京，南京师范大学出版社，2004。

18.梁斌：《红旗谱》(第1部)，第105、117页，北京，人民文学出版社，2005。

19.朱晓进：《非文学的世纪：20世纪中国文学与政治文化关系史论》，第296、334页，南京，南京师范大学出版社，2004。

20.叶舒宪编选：《神话—原型批评》，第9页，西安，陕西师范大学出版社，2011。

21.王光东:《民间的意义》,第189页,长春,吉林出版集团,2009。
22.刘守华:《故事比较学》,第83页,上海,上海文艺出版社,1995。
23.钟敬文主编:《民间文学概论》(第二版),第134-135页,高等教育出版社,2010。
24.袁珂校注:《山海经校注》,第472页,上海,上海古籍出版社,1980。
25.〔西汉〕刘安撰,陈广忠译注:《淮南子·修务训》,第1118页,北京,中华书局,2012。
26.〔清〕马骕撰:《绎史》,第2页,北京,中华书局,2002。
27.姜辉:《革命想象与叙事传统:"红色经典"的模式化叙事研究》,第69页,北京,人民出版社,2012。
28.梁斌:《红旗谱》(第1部),第16页,北京,人民文学出版,2005。
29.钟敬文主编:《民间文学作品选》,第64、20、77页,北京,高等教育出版社,2010。
30.同上。
31.同上。
32.游翠萍:《革命叙事与女性形象:从革命文学到十七年文学》,《中华文化论坛》2012年第4期。
33.梁斌:《红旗谱》(第1部),第96页,北京,人民文学出版社,2005。
34.罗维:《百年文学匪类叙事研究》第169-170页,北京,知识产权出版社,2011。
35.钟敬文主编:《民间文学作品选》,第6页,北京,高等教育出版社,2010。
36.罗维:《百年文学匪类叙事研究》,第175页,北京,知识产权出版社,2011。
37.朱栋霖等主编:《中国现代文学史》,第319页,北京,高等教育出版社,1999。
38.北京师范大学文艺学研究中心编:《文学审美意识形态论》,第154页,北京,中国社会科学出版社,2008。
39.黄涛编著:《中国民间文学概论》(第2版),第27页,北京,中国人民大学出版社,2010。
40.程金城:《原型批评与重释》,第231页,兰州,甘肃人民美术出版社,2008。
41.北京师范大学文艺学研究中心编:《文学审美意识形态论》,第152页,北京,中国社会科学出版社,2008。
42.程金城:《原型批评与重释》,第231页,兰州,甘肃人民美术出版社,2008。
43.童庆炳:《维纳斯的腰带——创作美学》,第95页,北京,中国人民大学出版社,2009。

# 论梁斌的日常化土地革命书写

阎浩岗

梁斌的《红旗谱》位列简称“三红一创”的“红色经典”之“正典”，它历来被当作表现农村阶级斗争的代表性文本，被誉为中国共产党领导下的农民革命运动的壮丽史诗。然而，它虽然也属于土地革命叙事文本，却与《白毛女》《暴风骤雨》一类“典范土地革命叙事”在写法上有明显不同。“典范土地革命叙事”的基本特征是：(1)作品中地主皆集恶霸与基层官僚于一身，或与官府勾结，流氓成性，公然违反日常伦理；(2)贫苦农民大多品德高尚，人穷志不穷；(3)充分展示贫富之间的尖锐对立、矛盾不可调和；农民与地主之间武装冲突不可避免，革命暴力代表民意，大快人心。这类作品均直接配合党的实际工作，能起到宣传鼓动作用；在中国共产党取得领导权之后，它又具有思想动员与行动示范作用，被以行政的方式大力传播推广，故笔者名之为“典范”。而《红旗谱》的日常性基调，却使得它在对于地主品性、地主与农民之间关系、地主致富原因以及革命伦理与日常伦理冲突的表现等方面，呈现出诸多与之不同的“非典范”特征，在内涵上它具有比“典范土地革命叙事”更多的复杂性和丰富性，因而也具有了更多的历史文献价值和文学价值。《红旗谱》的“非典范”书写范式也延续到梁斌另一部以土地革命——土地改革为题材的长篇小说《翻身记事》中。这些是目前学界所忽略、有必要予以具体深入分析的。

## 一、《红旗谱》里的乡村社会关系与矛盾冲突

在“典范土地革命叙事”里，地主与农民之间是剑拔弩张、水火不容、你

死我活、势不两立、利益根本冲突的敌对阶级关系。《红旗谱》的开端就是农民朱老巩与地主冯兰池拼命，给人似乎也是这样的印象。然而，朱老巩与冯兰池发生冲突，不是因为冯兰池催租逼债、强抢民女，像“典范土地革命叙事”里常见的那样，而是为了打抱不平，替四十八村人主持公道。作品交代，锁井镇曾有以朱家为核心的“八十年的拳房底子”，也就是说朱家曾经也是一种较为强势的势力。朱严一方与冯家的斗争，不是由于绝对贫困，也不是因为冯家对他们的直接压迫剥削，而更多是因为一种精神上的东西：对代表非正义的霸权的挑战与反抗。朱老巩大闹柳树林的行为有些像大闹野猪林的鲁智深，而非被逼到绝境的林冲。接下来的矛盾冲突其性质与此类似。朱老忠回乡前，朱老明带头与冯家打官司，以及严志和、伍老拔、朱老星等人的附和，也是由于对其霸道行为的不平和不服，由于路见不平拔刀相助的仗义。

梁斌谈《红旗谱》创作缘起有多次。最初一次，是 1958 年的《我怎样创作了〈红旗谱〉》。在这篇文章中，他首先提到的是妇女问题，是反映中国农村底层劳动妇女的悲苦命运：

在少年时代，首先感动我的，是住在土坯小屋子里的农家妇女。她们处在旧社会的最底层，在地主的压迫和剥削下，在夫权思想的蹂躏之下，忍受着抚养孩子们的忙累，穿得破破烂烂，吃着糠糠菜菜，披头散发，常常流着眼泪……在《红旗谱》中，我把她们写成老祥奶奶、顺儿他娘、春兰娘、朱老星家的……组成了广大妇女的群像。也有敢于从苦难中抬起头来，敢于显示她明朗的性格，敢于说话，敢于做事的，我便把她们写成贵他娘的形象。

据我所知，那个时代的妇女，十有八九有着婚姻问题的痛苦，也十有八九渴望着自由的爱情生活。但她不敢离开她不爱的丈夫，也不敢奔向她渴爱的情人，只有低下头去在泪水中度过她的一生。也有例外，我把她写成《红旗谱》中的春兰的性格……在《红旗谱》开始的几章中，除了阶级斗争，我首先提出了妇女问题。[1]

接着，他又谈了各种类型农民对他的“感动”，谈老驴头和冯大有类型的受传统思想束缚，谈朱老巩、严老祥、朱老忠和严志和类型的伟大友情，就是没谈他生活中见到地主的繁重的地租和高利贷剥削，没谈见到地主骄奢淫逸、欺男霸女的恶行，没谈农民与地主之间尖锐激烈的冲突。最后一段，他还说自己"要写故乡人民的风貌，写故乡的民俗、故乡的地方风光"。当然，中间一段他谈到了二师学潮、高蠡暴动，谈到暴动时的开仓济贫、斗争地主及暴动失败后参与者受到的残酷报复清算。这些是历史事实，而生活见闻中的"斗地主"与"地主恶行"并未成因果地一起出现。

第二次是两年后在《漫谈〈红旗谱〉的创作》一文中。这次他首先进行的是"宏大叙事"，从"九一八"及二师学潮、高蠡暴动说起。但具体谈创作缘起，还是先说的人物，即朱老忠原型之一的"三个布尔什维克的爸爸"宋姓老人，又说到张嘉庆原型张丰来和张化鲁，说到自己曾写过的关于长工与地主女儿恋爱的五幕剧，并说这是《红旗谱》第三部中小囤与雅红故事的雏形。在不断构思和重写过程中，原计划先写的第一部最后实际变成了后来第三部《烽烟图》的内容，而后来出版的第一部《红旗谱》实际是最后构思的，而"冯老兰这个人物是写第一部书的时候才塑造出来的"，就是说，"恶霸地主"形象的构思远远晚于劳动妇女群像、晚于普通农民和特殊农民形象。虽然作者说他写这部书"一开始就明确主题思想是阶级斗争"[2]，但这只能说这是最后写第一部时的想法。而且从作者提供的经验事实看，这种想法来自理念而非切身体验。1958 年时没提"阶级斗争"主题，两年后再提，虽不能说这是事后"追认""追加"，从创作心理来说，却可判断表现"阶级斗争"未必是整套作品创作的心理情感原动力。

《红旗谱》塑造的地主冯老兰（冯兰池）形象，虽然开篇第一句便被冠以"恶霸地主"之名，但读罢作品前两部，我们却可以发现，冯老兰的"恶霸"行为均未公然违反日常伦理，与"典范土地革命叙事"中黄世仁、韩老六、南霸天那样公然欺男霸女、逼出人命的"恶霸地主"明显有别。例如，小说第一部重点写的故事之一"脯红鸟事件"确属日常生活中的小事：运涛逮住一只脯红鸟，准备拿到集上去卖时被冯老兰看见，一辈子喜欢养鸟的冯，开出比别的买主都高的三十吊钱想买下，运涛已有意卖出，大贵却为和冯老兰斗气，宣称"扔到臭水坑里沤了粪"也不卖给他。最后鸟被猫趁夜吃掉，冯老兰终于没有买到手！读者都会明白，这件事绝对不会发生在韩老六、南霸天身上。再比如，小说里讲冯老兰"是个老色鬼"，可"从表面上看，是个'古板'的老头子”。书里写他“好色”的具体表现，除了娶了个“现在也不年轻了”的“年轻的太太”做续弦，再就是看中了春兰。发现春兰和运涛恋爱，出于嫉妒，他唆使春兰的大娘宣称“春兰可招了汉子了”，并招来老驴头追打。为趁机得到春兰，一贯吝啬的他还狠心要拿出一顷地、一挂大车。遭到坚决拒绝后，冯“也再不敢想着她”。总之，如作者所说：“这些素材，在乡里并不少见。冯老兰的形象性格比比皆是。”当然，这里并非否认冯老兰是坏人，而是说他还没有公然违反日常伦理。

第一部中还提到一个不曾被读者和论者注意到的事，就是冯老兰听了冯贵堂的话把大庙拆了盖上学堂，为此还挨全村的骂。江涛接受小学教育，应当就是在这个学堂。冯老兰的行动也许是为弄个“面子工程”或为显示“政绩”，但从客观上说，也不是一点儿好事没干。关于地主的发家方式，“典范土地革命叙事”一般不承认勤俭起家之说，《红旗谱》虽也写了冯老兰的巧取豪夺，却又写到他对儿子说：“你老辈爷爷都是勤俭治家，向来人能吃的东西不能喂牲口，直到如今，我记得结结实实。看，天冷时候，我穿的那件破棉袍子，穿了有十五年，补丁摞补丁，我还穿在身上。人们都说白面肉好吃，我光是爱吃糠糠菜菜。”[3] 他的三子冯焕堂是冯老兰的翻版，作品对他的描写是：

这人穿着紫花小褂，穿着一双开了花的破鞋。他这人斗大的字不认识二升，光学会勤俭治家，过好庄户日子。他和大哥二哥不一样：舍不得吃，舍不得穿，一个棉袍子穿十年，拿麻绳头子当褡包。冬天不烧炕，夏天就是那顶破草帽子。[4]

冯老兰的话有自我美化成分（他不会提自己以各种手段霸占公产及他人财产、喜欢玩鸟、贪恋春兰美色之事），他儿子冯焕堂也并非因为穷困而穿旧衣破鞋，而是因为其吝啬本性，但这样的描写应当也是比较接近历史原貌的。据有关学者的研究，当时冀中平原上贫富的差距并不特别悬殊：

11 村调查统计表明，地主和富农的食粮消费在饮食中的比例也平均达到 85%左右，也就是说，一般富户的副食消费水平也是不高的。……调查统计还表明，地主富农的粮食消费也是以粗粮为主，大约占 70%。东顾庄最大的地主杨继平有 200 多亩地，平常也就和他母亲单独吃点白面，家里其他人和长工一个灶吃饭。[5]

这说的是保定附近清苑县的情况，和《红旗谱》里对农村的描写差不多。关于冀中农村的贫富差异，梁斌在其自述中也有过说明，可作为上述历史学者论文的佐证。梁斌说他出生的蠡县梁家庄“本村地主富农多，中农多，贫雇农占少数”“关于家庭经济发展，也有几种说法；一种是：要发家，种棉花。……另一种说法，是父亲沾了王家姥爷的光”。梁斌家算是富农或富裕中农，“全家三四十口人吃饭，不得不雇佣长工。但我家的生活，并不比一般中农人家好：经常是煮一大锅菜粥，一箅子窝窝头，半锅熬白菜。一年到头，逢年过节只吃几顿白面”[6]。可见当时北方特别是冀中农村与南方革命老区的情况确是有所不同的。

冯老兰之外，小说中第二个出场的地主是冯老锡。冯老锡与贫农朱老星家祖祖辈辈关系都不错，朱老星打官司失败，卖掉了房子无处居住，就借住冯老锡家的小屋，冯老锡也不收他任何费用。即使是“老霸道”冯老兰，小说还写到他与长工老套子比较和谐的主仆关系：在喜欢养牛、反对冯贵堂买大骡子大马这一点上，他们有共同语言，在赶集回来的路上他们谈起养牛经验，越说越投机。所以“说起老套子，冯老兰最是喜欢这样人儿”[7]。冯老兰的儿子冯贵堂也没有被写成黄世仁式的地主少爷。他虽然也属于作品中的反面人物，而且在第三部中成为主要反面人物，但却是20世纪50—70年代中国小说史上非常独特的形象：他既不是一个一出场便凶神恶煞的魔王，一个天生的“坏蛋”，又没有成为背叛本阶级的革命者或革命同情者。他是一个凡人，一个有过自己的理想和抱负而在现实面前改变了自己的某些看法又坚持了自己的某些追求的凡人。在作者的自觉意识中，似乎是要把冯贵堂塑造成一个仅仅是剥削方式与其父不同的农村资产阶级地主形象。但是，由于冯贵堂、冯焕堂兄弟的形象都有现实中的原型，作者又重视细节的真实描写，写得特别生活化，冯贵堂这个形象没有被写成观念符号——阶级的符号或启蒙思想的象征，而让人感到是活生生的人。虽然作者宣称“要尽量暴露他的生活的黑暗面”，作品实际还是写出了他身上不少的“光明面”：在上大学时他是个“老老实实研究学术的”；他赞成孙中山的革命，在封闭落后的乡村里鼓吹民主与科学，鼓吹男女平等、婚姻自由。他鼓动父亲把大庙拆了盖学堂，让闺女小子在一块儿念书；他试图改良村政，劝父亲建立议事会，凡事经过民主商量，不要一个人做主；他劝父亲要行人道，不要为富不仁，少收一点儿租，少要一点儿利息，让受苦的种田人吃饱穿暖，能活得下去；他想教会老百姓用新的方法管理梨树，从保定买来水车，向乡亲们讲说水车的好处。他不主张激化与朱严家族的冲突，在暴动前的两次冲突中他都是以和稀泥的姿态出现，消弭了可能激化的纷争……但另一方面，他毕竟又是冯老兰的儿子，并没有背叛他的家庭：当得知父亲想要脯红鸟而不得的时候，他试图“一个钱不花，白擒过他的来”，作者把他的“行人道”也描述为施小恩小惠；当冯家与朱严一方以及进行反抗的农民们的矛盾真正激化时，他毫不犹豫地站在父亲一方，去城里告状、打官司，乃至拉起武装对抗，最后为报杀父之仇残忍地用朱老星等暴动者的头来祭灵。

像蒋光慈《咆哮了的土地》一样，《红旗谱》也把农民暴动写成外部输入的结果。暴动之前，乡村也是宁静的，农民们过的是虽然贫困，却也不乏苦中之乐的生活。不计三十年前朱老巩为打抱不平大闹柳树林，起义爆发前朱严两家与冯老兰家的矛盾冲突，主要是“脯红鸟事件”、春兰与运涛的“瓜棚事件”，以及“反割头税”。“脯红鸟事件”纯属意气之争，大贵被抓是这个意气之争的结果。“瓜棚事件”主要由于乡村百姓封建意识的浓厚，冯老兰在其中并不起关键作用。后面所写严家的厄运，均与冯家完全无关，运涛的出走也并不具有必然性。至于“反割头税”，这次冲突应当说是朱严一方在外部政治势力支持下主动发起，而且取得了胜利。“割头税”虽然不合理，但它是“合法”的。“反割头税”虽然是为保护养猪户（有人说是中农以上的农户）的经济利益，但就朱家对冯家的斗争而言，其成果却主要是政治的，而非经济的。接下来锁井镇上又发生了几次小冲突，即“牛鼻子之争”“珍儿之争”“短工市劳动力价格之争”，这就是暴动前朱冯双方的所有冲突。如果没有外部政治势力的介入，而只按照这种乡村日常生活逻辑发展下去，是不会发生暴动的，因为此时锁井镇农民面临的既不是“催租逼债”，也不是“失期当斩”的别无选择的处境。当然，作品同时揭示出，掌握政治权力的地主对农民的客观性暴力、对无权势者的压迫是存在的，例如转嫁负担、借收税中饱私囊。但不掌握权力的普通地主冯老锡和冯老洪乃至严老尚（严知孝之父），却并不与农民对立，也未与农民发生任何直接冲突。

## 二、《翻身记事》对非恶霸的地主及其子女的有限度同情

在土地革命叙事作品中，有一部与丁玲《太阳照在桑干河上》（以下简称《桑干河上》）构成直接或显在互文关系而一直被忽略的土改题材中国当代长篇小说，它就是梁斌于“文革”后期“秘密”写作、“文革”结束后正式出版的《翻身记事》。

《翻身记事》动笔于1972年，正值“文革”后期。经过文学批评界对《红旗谱》和《播火记》的大批判，经过“文革”异常强化的意识形态灌输规训，梁斌这部作品显示出与《红旗谱》三部曲迥异的语言风格，价值观念与人物塑造方面也有明显的差异。

首先是“出身论”观念与语言表述充斥全书。例如周大钟夸王黑炭“三代贫农”，夸老槐大伯“你是船工，是无产阶级”，夸王二合“雇工出身，做了多少年的基层工作”；冯文光夸周大钟“出身好”，李乔信任周也因他“是纯粹雇农出身”，李庆新则将周大钟与李蔚对比，说“周大钟是无产阶级，他是小资产阶级”；周大钟谈王振山缺点时说“嗯！是了！小商人出身！”王二合则说他“原本是贫农，也做过小本生意”。

再就是意识形态话语连篇累牍，特别是代表正确路线的正面人物说话时，更是像念文件，与“文革”期间公开发表的那些作品颇为类似，而与梁斌自己以往的作品明显有别。洪部长作报告时这样讲话理所应当，周大钟给土改干部们开会时这样讲一讲情有可原，夫妻间的私房话也这样，就显得做作了。例如第二十章写民兵干部李固与妻子在逃避敌人围捕的间隙，看到妻子随身携带的夫妻合影，李固说：“毛主席说：看，远处地平线上，已经露出新中国的帆桅了！……让我们都做毛主席的好学生！一入了党，没有不聪明的。党照顾我们，教育我们，你也聪明了呀！”[8] 第二十二章写雇农出身的王二合夫妇大早起来，与妻子聊天，妻子对他说：“……为了消灭封建，消灭地主阶级，你再加上一把劲儿吧！”[9] 叙述人语言里的类似语句就更多。例如：

平原上的人们只要一忆起那段生活，就会兴奋，也会悲伤。兴奋的是我们古老的中华民族经过一场解放战争，从地球上站立起来了，再不被帝国主义

污蔑我们是一盘散沙。在毛主席领导下，再也不被帝国主义说我们愚昧，……每一个村落上，都有几个或是几十个青年为祖国、为党、为伟大的无产阶级事业献出他们的生命。[10]（第二十章）

这与《红旗谱》的那种民间口语式叙述人语言相去甚远。然而，《翻身记事》毕竟是梁斌的作品，它又与"文革"期间公开发表的作品有诸多不同之处。这些不同之处，显示了其"非典范土地革命叙事"的特征。

1.像《桑干河上》一样，它对那些并非恶霸的普通地主的子女，表现出一定程度的同情

《翻身记事》中刘作谦的女儿大荷花和小荷花姐妹，可以看作黑妮形象的丰富深化。在《桑干河上》的初稿中，黑妮本为钱文贵亲生女儿，后来作者根据有关领导的意见将其修改为钱文贵的侄女。而在《翻身记事》中，作者梁斌直接写地主女儿的命运。作品中的大荷花向往自由民主，对共产党"也无深仇大恨，相反有些羡慕的心情"；她"向往抗日，赞成民族民主革命"，积极参加革命工作，成为演出队骨干，又是青年活动的积极分子。但是，土改一来，父亲为保家产、求生存，竟让她献身给村干部；她想逃离家庭，又无足够勇气，而且按作品所写，其实她也没有逃走的可能。于是，作为个体的人，她的悲剧命运是注定了的：最后她与全家一起被扫地出门，肯定被开除出了青年积极分子队伍，成为被歧视的"贱民"。《翻身记事》写大荷花心理颇多，而且都是带着同情的心态写，即使在她将被迫献身于村干部的时候。作品写正在读中学的小荷花，更显出其天真无邪和无辜：

她听到老师说：要消灭地主阶级，消灭封建，她也觉得高兴，因为消灭了封建就有民主了。她和贫雇农孩子们一块儿受着抗日民主教育，一说民主都高兴。她还没有想过她是属于地主阶级的。在小孩子们来讲，属于哪个阶级，似乎与自己无关。[11]

2.地主本人也首先被写成一个"人"，不做简单的"恶霸"化处理

在《翻身记事》写作的年代，文艺作品中的地主几乎都同时是恶霸流氓。为将自己的小说写得和当时的模式化作品有所不同，梁斌在《翻身记事》中塑造了三个比较日常化的地主形象。三个地主中，刘作谦和王健仲均非"恶霸"类型，被称为"恶霸"的李福云，也并无公然欺男霸女、违反日常伦理之

举。刘作谦在灾荒之年对本族穷人都有照顾，族人刘二青就认为“作谦这个人还不错”；抗战期间实行减租减息时刘作谦积极配合，他们家做过抗日堡垒户。如果说刘二青立场有问题，他的话有“不可靠叙述”之嫌，那么王健仲的穷本家、民兵王牛牛的话应理解为事实表述。王牛牛自己承认“灾荒年头也曾受到王健仲一点点帮补”。至于王健仲的父亲王友三，他更是真正的开明士绅，周大钟等人对他也是尊重的。他以自己的医术“济世活人”，以“为人民服务”为宗旨，土改被扫地出门也心平气和地接受。王健仲老婆比较凶悍，但她被李二虎揭出的唯一“恶行”，就是二虎小时候偷（或是被怀疑偷）王家的绿豆角，被其打了一耳光。

至于李福云，“他不能承认是恶霸，只可说是土棍毛包”；如果说他与别人有什么不同，那就是他脾气不好、性格强悍。李福云的起家，其实是靠勒索富人：他在前清末年中了武举，但属于替考，是替一位财主中了举。抗战爆发前他每年去假武举家要钱要粮，不给就要横威胁，“每年拉半车东西回来”；又在大街上开个荤馆（饭馆），一年赚不少钱，由此发家。当然，此人是比较霸道，但他的霸道不只对穷人，连另外两个地主刘作谦和王健仲都怵他。李福云被批斗时被揭出的一件所谓“逼死人命”恶行，事情原委作品交代得很清楚：起因是李固父亲为李福云家赶大车路上遇到一个背棉花包的，马受惊，发生车祸，李固父亲受重伤。李福云主动借钱给李固为父治伤，李固后来无钱还债，只好以房子抵债。李固曾以父亲为李福云干了一辈子长工、自己家与李福云家是同族本家两条理由拒绝还债，李福云则回答自己给李固父亲付过了工钱、自己与李固家血缘上已出了五服（较疏远），拒绝免除债务。李福云要求偿付的债款究竟含不含利息，作品没交代清，只说第一次李福云给了李固五十块钱，后来“两次，三次，日积月累可就多了”，看来本金就很多。也有可能李福云并没要利息。以日常伦理看，李福云此事没有做好人做到家，但也并非耍赖；他不是善人，却也不能据此就判断其为恶人。李福云远不像黄世仁、韩老六那样。

另外，地主们也并非铁板一块：刘作谦和王健仲关系较好，但他们与李福云都是仇家。

关于地主为何富，即他们的发家方式，《翻身记事》里写三个地主的土地家产都是通过合法手段“剥削”获得，并非凭借权势强取，或流氓无赖式的欺骗敲诈。除了李福云，刘作谦的富裕，靠的是“祖爷留下来的产业”，以及本人开轧花房，再就是此前一直合法的地租和高利贷利息收入。王健仲家本是中农，他的发家是因“赶上几年好年景，棉花丰收，行市又好，放点账利息又高”，此外就是靠父亲行医开药铺。丁玲《桑干河上》和《在严寒的日子里》写到勤俭致富的例证，《翻身记事》也写到俭朴的地主：

王健仲是土财主，处处都是土里土气，因陋就简。王健仲本人一辈子没穿过长袍马褂。一年四季，赶集上庙就是那身虎头棉袄，紫花裤褂。舍不得吃，舍不得穿，进城上府都是怀里揣着块烙饼，连个大碗面都舍不得吃，平常过日子，总是嫌娘们家吃油多，吃盐费；家里人们穿个衣服，花个零钱，都是偷着卖点粮食，他要是知道了就得骂三天街。[12]

王健仲的俭省，与《红旗谱》里冯兰池和冯焕堂父子有些类似。作品写人们起初认识不清他们的罪行，但经过多次大小运动：

人们也算明白了，他们拿着大钱下小钱儿，从贫雇农身上扒下一层皮，用这种方法积攒下来的财物，在地主阶级专政的法律上是合理合法的，可是在共产党领导下就是万恶不赦的罪行。[13]

这意味着，地主剥削农民是靠制度，与他们的个人品行善恶没有必然联系。

作品甚至隐隐显示出对地主本人的些许同情。这也许是作者意识不到的客观效果。这种效果来自作品对地主生命体验与主观感受的描述——写他们面临“人间末世”时的孤独、空虚、寂寞、恐惧和悲哀，写他们“灾难”“不幸”(作品中的用词)到来时的绝望。作品多处写到刘作谦和王健仲的哭，这种哭并未被写成骗人的假哭。当然，在写过这些之后，叙述人一般用意识形态语言予以评判，例如说剥削阶级必然灭亡之类。这种写法与审美效果，有些类似蒋光慈《丽莎的哀怨》里的相关书写。“典范土地革命叙事”则基本不写“反面人物”的真实细微的生命感受。作品所写地主的抵抗,也并不像“典范土地革命叙事”里那样穷凶极恶:他们无非是转移财产、杀死自己的家禽家畜,甚至不得不派亲生女儿色诱掌握权力的干部。这种反抗,在强大的专政机器面前,给人的感觉是鸡蛋碰石头式的徒劳无益的绝望挣扎。

3.客观揭示了解放区“新村霸”的存在

土改运动在平均地权的同时,也是一个打击乡村恶霸势力、重建乡村社会结构的正义行动。但运动中也有混进革命队伍的动机不纯分子,有忘记初心、蜕化变质的干部。这些人后来大都受到组织的批评或清理。对此,《翻身记事》有所反映。该作用了较大篇幅写伴随土改进行的整党、清理干部队伍。在写这类内容时,客观上透露出个别解放区干部成为“新霸”的可能。第六章写李蔚说某些干部是“新兴黑暗势力”,“经过抗日战争,他们成了权威了,过去是地主说了算,现在是他们说了算。有的乱搞男女关系,有的贪污,这还不是烂了?”如果说因为李蔚在作品中是被否定的错误路线代表,他的话不尽可信,那么第十二章写王天明介绍东方村情况时,也谈到“农民群众对干部意见很多,反映他们有人贪污、受贿、强迫命令,还有的乱搞男女关系”,尽管这些情况“还没有落实”。叙述人语言还提到抗战期间“有的地区工作人员就和应敌人员交上朋友,也就不愁有酒喝、有肉吃了”。第二十九章写刘登华因为是治安委员,“有政治资本”,无人敢惹。总之,虽然作品是在“有待查实”前提下写干部的霸道,或者是把它写成个别人的作风问题,但解放区出现“新霸”的情况客观上还是被揭示出来。第十三章写周大钟去长工屋,长工们受宠若惊,“还觉得异常荣幸,在旧社会里,一个老长工能和大队长和土改队长平起平坐,盘腿说话,叫人怎么能相信呢?”说明他们对此并未习以为常,很有可能此前他们从未遇到此种情景,说明“大队长”在他们眼里还是令人敬畏的“官”。正因为存在干部的霸道行为,所以,当朱金甲一进村宣布“有冤的申冤有仇的报仇”时,“群众运动来势凶猛,一下子打死了一个村长,一个治安员,却没有拘留地主,没有没收浮财”(第十二章)。这其中固然有地主们暗中捣乱成分,却也反映了民心。“有冤的申冤,有仇的报仇”提法之所以错误,是因它“没有阶级性”;反过来则可以说,群众自发的仇恨未必都是“阶级仇”。

4.写出了地主与农民关系的复杂性及农民的“农民性”

小说写到有些农民参加斗争地主大会是被强制参加：第二十三章写小玉对刘老像说“是解放区的人就得叫发动，就得参加土改！不管是斗争别人还是挨斗”。王二合动员刘老像参加斗刘作谦，刘老像说：“像俺刘家财主吧，自古是一家，我小的时候，还和作谦家一个老坟里埋人呢！今天把他打倒，弄得破家破户的，也觉得怪寒酸！”紧接着的叙述人语言是：“说了半天，这句话是真情。”但叙述人马上又批判：“封建势力、家族观念，兔死狐悲，在老头儿来说，就暴露无遗了。”（第二十四章）李固大嫂将刘作谦一家赶出老宅、扫地出门时，说出的理由是“这房子不是你们伸手盖的”，这以今天的日常伦理看，也有些不合逻辑：今天人居住的房子，极少是自己亲手盖的。以往的“典范土地革命叙事”也不是没有写类似情节，但因其中的地主都罪大恶极，读者一般感到杀死他们方能解恨，所以不必说出李固大嫂这样的理由，或者不会让这样的对话出现。

《翻身记事》所聚焦的官渡口村被写成一个特例，因为土改队长“周大钟这些做法和别村不同”。李蔚“看了看别的点上，有的摁窝儿把地主家闺女媳妇赶出去，在大街上漂流着，住庙的住庙，要饭吃的要饭吃”。周大钟虽然也拘禁了三个地主，却并未关押他们的家属；而且还给地主粮食，让他们自己做饭。但即使如此，作品还是写到，官渡口村农民们仍对三个地主不断进行人格侮辱，说他们“是狗”，还多次拳打脚踢，只因他们被宣布为“敌人”。作品还写到，即使在讲统一战线的抗战时期，村支书王二合还是把并无汉奸言行的“开明士绅”刘作谦视为“阶级敌人”（第二十九章）。

除了写农民与地主的斗争，小说还写到农民阶级本身的封建思想遗留，例如刘二青和他的父亲压迫虐待媳妇。对正面人物李固大嫂，叙述人似乎是带着赞赏语气写她在李固牺牲后，“她为着李固革命的声名”坚持不改嫁（第二十章），但后面又写到刘家大街上的贞节牌坊，写到刘家院里出过一个守“女儿寡”的，“影响得刘家直到现在还是封建思想浓厚”，明写刘家，却又让人联想到李家，想到李固大嫂挂着“革命”招牌的“守节”。（第二十三章）而另一方面，小说又写到，党的高级干部洪部长对老婆孩子并不太在意，“他对于家庭观念很是淡薄”。将这两例对比，个中含义颇耐人寻味。

## 三、梁斌土地革命叙事的叙事策略及其非典范性成因

梁斌抗战时期就参加了革命，当过游击队政委，后长期从事革命宣传工作。他的《红旗谱》三部曲和《翻身记事》都直接写了中国共产党领导的土地革命与土地改革运动，但它们却并不属于"典范土地革命叙事"，而表现出明显的"非典范"特征。这应该是个性使然，是梁斌有意追求的结果。谈及自己的创作追求时，他曾说，自己虽然受中外名著影响，"而要突出自己的创作个性，这一点要凭我的爱好与性格，不能迁就别人"[14]。

梁斌土地革命叙事非典范性的最主要成因，是他对生活细节写实的坚持。与其他"革命历史小说"不同，梁斌写《红旗谱》时有意加强生活描写部分，特别注意日常生活描写，特别是人物衣食住行的细节描写。[15]从其谈各种创作可知，他小说中所写每一个人、每一件事，都有一定的生活原型作依据。在这方面，他受《金瓶梅》影响最深。在晚年所著《一个小说家的自述》中，谈及《红旗谱》写作情景时，他说自己"一读起《金瓶梅》，四壁皆空，就什么也不想了""一面看着《金瓶梅》，一面想着《红旗谱》，受益不浅"[16]。而要真实可信地写日常生活，就要遵从日常生活逻辑，真实写出每个不同阶级阶层人物作为血肉之躯的所感、所思和所为。即使遇到与日常逻辑不同的革命逻辑，也要给日常逻辑一定位置，让它与革命逻辑对话。《播火记》涉及了日常逻辑与"革命逻辑"之间的冲突。作品所写朱老忠等人第一次打破日常伦理的"革命"行为是到破落地主冯老锡家去"起枪"，即没收他家自备的枪支。主意最先还是与冯老锡家关系不错的朱老星出的。朱老星打官司失败，卖掉了房子无处居住，此时借住的就是冯老锡家的小屋。谈到怎样"起枪"，老星准备用"日常"的方式，对冯老锡说："咱们老街老邻的，父一辈子一辈的都不错，也用不着费事，今天我们有事，要借你的枪使使。"其他人认为不可行，这时朱老忠用"革命"逻辑代替了老星的"日常"逻辑，告诉他"暴动不是作揖求情，也不是请他吃火锅，不能轻拿轻放"，提出把菜刀搁在冯老锡的脖子上，逼他交出枪支。这时：

朱老星一下子叫起来，说："不行，这不成了土匪吗？和明火、路劫有什么

两样？”说着，忙用手捂上嘴，合紧眼睛，缩着脖子，不再说什么。[17]

朱老星的话是“日常逻辑”对“革命逻辑”的疑问。在当时情况下这两种逻辑虽不可能形成平等的对话关系，但小说让日常逻辑得以现身，就已经显出与“典范土地革命叙事”的重要区别。这种重细节写实、重日常生活逻辑的写法，导致作品许多艺术描写的客观效果和意义超出了作者主观意图。例如，上面提到的《翻身记事》揭露抗战以后解放区干部中也存在“村霸”现象，应该不是作者的主观追求，因为作为“正确路线”代表的及作者观点代言人的周大钟，是反对李蔚对王二合、李固大嫂等村干部的指责的，但作品让李蔚的话说出来，客观上就有了另外的效果。这一点就如同《桑干河上》中任国忠们暗里议论土改干部的话。但若对照历史文本可以发现，干部中确实存在上述问题：

薄一波在一份报告中提到，晋冀鲁豫解放区的情况是：一些区村干部、积极分子、民兵以功臣自居，普遍占有多而好的土地、房产、牲畜，分得更多的现金、器具等；政府、部队、机关、团体将没收的汉奸土地或公地、房屋财产，占为己有，不让群众分配，甚至用非法手段占有应归群众分配的土地，名为生产，实则为少数干部所把持……[18]

不仅晋冀鲁豫，华中分局也有类似情况：

干部、干属、军属和与干部有关之亲属荣军，则普遍多留田留好田、留近田，有的干部几处分田，有些外来干部分田，有的干部将家里坏田托出，换好田。[19]

梁斌作为华北和华中土改的亲历者、基层领导者，对上述情况应该是比较了解的。由此看来，某些地区干部以权谋私的情况一度普遍存在，并非个别现象，混进革命队伍的投机分子也有可能成为“新霸”。作为“典范土地革命叙事”文本的《暴风骤雨》第二部以张富英和小糜子代表这类干部，《翻身记事》则塑造了刘登华和刘冬作代表，但却把李蔚对官渡村干部群体整体坏掉的观点作为误会或污蔑来处理。这反映了作者对 1947 年土改“复查”时对干部打击过重、“文革”时期老干部因长期是“当权派”而受到暴力冲击问题的反思。

梁斌土地革命叙事的“非典范”性，还源自他有意追求与别人同类题材的“不一样”。他有将作品流传后世的追求，因而不以宣传鼓动为第一要务。

《红旗谱》里没有地主为催租逼债公然强抢民女、闹出人命的恶性事件，最大的地主冯老兰甚至也没有出租土地，只是靠雇用长工短工实施剥削。对此，梁斌解释说：

也曾经考虑过写进一些催租逼债的情节，这是地主阶级和农民阶级最尖锐的矛盾，后来又想到，很多作品都写过了，也容易写成《白毛女》那样，才写了鸟儿事件。[20]

这里说的“很多作品”，指的其实就是“典范土地革命叙事”作品。写《翻身记事》时，梁斌一方面肯定此前的相关题材作品“是有成就的”；另一方面又强调：自己的新作与以往作品“感受不同，社会生活不同，人物不同”。[21] 所以，《翻身记事》仍然从作者经验出发，写得比较日常化：它抽象笼统地谈到地租剥削，却无具体事例；写地主放账也是通过农民承认的合法程序，没写地主耍赖、耍流氓。作品里的农民们虽然穷，却并无“典范土地革命叙事”里那种“血泪账”。所以，该作虽也有“诉苦”情节，却都显得勉强，没有给人留下深刻印象。梁斌本人是富农家庭出身，家里雇有长工，他了解农民发家的各种不同情况。他所谓“感受不同，社会生活不同”，应该就是指他自己家乡“地主富农多，中农多，贫雇农占少数”[22] 的现实，以及自己领导土改时的亲身经历。他尊重自己的亲身感受和经历，于是就没有完全照主流意识形态的宏观判断进行具体描写。《翻身记事》流露出对地主及其子女的些许同情，是因经历了“文革”的作者对于家庭出身严重影响子女前途命运的社会现象感受深刻，因而丁玲《桑干河上》的艺术处理方式较之《暴风骤雨》当更使梁斌产生共鸣。由于是“秘密”写作，写作时较少顾忌。另外，他在湖北领导土改时，就对有些过火行为有所不满：

土改运动到了高潮，把地主扫地出门。这个做法，现在看起来，是“左”了一些。地主子女流落街头，在没有消灭封建思想的情况下，会有人可怜他们，他们也只有投亲靠友。[23]

梁斌自述里这段话，可与《翻身记事》文本中一段互训：

这早晚，又是捉地主，又是挖浮财，未经过改造世界观的人，他会站在地主资产阶级立场，以人性论的观点去可怜地主。[24]

梁斌写这两段话时，“人性论”还被当作资产阶级的东西，没有被平反，所以，字面上他似乎是在否定的意义上使用它，或者把它指为“封建思想”。其实，以今天观点看，这些地方恰恰体现了作者潜意识中的人性关怀和人道主义思想。

作为革命作家，梁斌虽然基本接受了革命意识形态的规训，但他在艺术方面还是有自己的坚守和固执。例如，抗日战争期间他写五幕剧《五谷丰收》，里面写了长工小囤和地三冯老锡的女儿雅红恋爱结婚，因为“在当时不合乎党的政策精神”[25]，该剧只演出一两场便被停演，但后来写《红旗谱》第三部《烽烟图》时，他再次把这个情节写进了小说，尽管这个情节在它写作的年代更不合时宜、不合乎“典范土地革命叙事”的要求。

尽管作为特殊背景下的作品，《翻身记事》的叙述人语言和人物对话中不自然的意识形态话语较多，而且又没有了《红旗谱》那种引人入胜的故事情节，作品失去了张力，其可读性和文学价值都远逊于《红旗谱》；作品中出色的风俗描写也不太多，没有写出土改前后人们精神面貌的变化；但由于坚持细节写实和尊重日常伦理观念，《翻身记事》至今仍有一定史料价值和文献价值。特别对于研究土改叙事来说，它仍是值得关注的重要文本。因此，学界应给予这部作品更多关注。[26]将它与丁玲晚年重写《在严寒的日子里》，以及曹禺晚年写不出作品、路翎晚年写出许多废品的事例相联系，我们还可以看出原有突出个人风格的作家在受到严格规训后创作心理上无所适从的状况，以及努力挣扎的样貌。

《中国文学研究》，2022年第2期

注释

1.梁斌:《我怎样创作了〈红旗谱〉》,《梁斌文集》(第6卷),北京:人民文学出版社,2005年,第254—255页。

2.梁斌:《漫谈〈红旗谱〉的创作》,《梁斌文集》(第6卷),北京:人民文学出版社,2005年,第267页,第272页,第264页。

3.梁斌:《红旗谱》,北京:中国青年出版社,1958年,第67页,第87页。

4.梁斌:《播火记》,北京:中国青年出版社,1979年,第89页。

5.侯建新:《民国年间冀中农民生活及消费水平研究》,《天津师大学报》(社会科学版)2000年第3期,第37页。

6.梁斌:《一个小说家的自述》,《梁斌文集》(第5卷),北京:人民文学出版社,2005年,第2—4页,第465页,第453—454页,第2页,第388页。

7.梁斌:《红旗谱》,北京:中国青年出版社,1958年,第67页,第87页。

8.梁斌:《翻身记事》,《梁斌文集》(第4卷),北京:人民文学出版社,2005年,第224页,第241页,第225页,第37页,第370—371页,第118页,第358页。

9.同上。

10.同上。

11.同上。

12.同上。

13.同上。

14.梁斌:《一个小说家的自述》,《梁斌文集》(第5卷),北京:人民文学出版社,2005年,第2—4页,第465页,第453—454页,第2页,第388页。

15.参见阎浩岗:《论〈红旗谱〉的日常生活描写》,《文学评论》2008年第4期,第189—193页。

16.梁斌:《一个小说家的自述》,《梁斌文集》(第5卷),北京:人民文学出版社,2005年,第2—4页,第465页,第453—454页,第2页,第388页。

17.梁斌:《播火记》,北京:中国青年出版社,1979年,第249页。

18.罗平汉:《土地改革运动史》,福州:福建人民出版社,2005年,第74页。着重号为引者所加。"占有已有"应为"占为己有"之误。

19.陈丕显:《华中土改工作总结》(1948年4月29日),《陈丕显文选》(第1卷),北京:中共党史出版社,2000年,第209页。着重号为引者所加。

20.梁斌:《漫谈〈红旗谱〉的创作》,《梁斌文集》(第6卷),北京:人民文学出版社,2005年,第267页,第272页,第264页。

21.梁斌:《〈翻身记事〉后记》,《梁斌文集》(第7卷),北京:人民文学出版社,2005

年,第 221 页。

22.梁斌:《一个小说家的自述》,《梁斌文集》(第 5 卷),北京:人民文学出版社,2005 年,第 2—4 页,第 465 页,第 453—454 页,第 2 页,第 388 页。

23.同上。

24.梁斌:《翻身记事》,《梁斌文集》(第 4 卷),北京:人民文学出版社,2005 年,第 224 页,第 241 页,第 225 页,第 37 页,第 370—371 页,第 118 页,第 358 页。

25.梁斌:《漫谈〈红旗谱〉的创作》,《梁斌文集》(第 6 卷),北京:人民文学出版社,2005 年,第 267 页,第 272 页,第 264 页。

26.迄今为止,中国知网上只查到一篇相关研究论文,还错误百出,例如将朱老忠写成"朱老钟",支书王二合写成"王二迫",周大钟写成"周老钟",王健仲写成"王健忠"等。

# 梁斌早期佚作四则

余存哲

梁斌原名梁维周，笔名梁斌、梁文彬、雨花。关于他的笔名，梁斌曾在1985年5月23日致龚明德的信中有如下表述：1932年在保定第二师范读书的梁斌因为参加学潮等运动，被报纸列入“三十五名共产主义思想犯、五十名嫌疑分子”之中。1933年，参加了北平左翼作家联盟的梁斌要发表文章，就不得不另起一个名字，于是他就“扳着小字典查字，查到这个‘斌’字，有文有武”，于是他就开始用“梁斌”这个笔名。除此之外，他还用过“梁文彬”和“雨花”两个笔名，他使用这些笔名的主要原因是“当时在白色恐怖之下，怕敌人以文章的内容追捕。”[1] 笔者此次发现的四则佚作，除散文《塞外》署名“梁斌”外，其他三则均以“梁文彬”为笔名发表。因作品的刊发信息、内容与梁斌自述高度匹配，可以确认均为梁斌早期所作。

自1930年在《保定日报》上发表处女诗作《麻雀与鹞》开始，梁斌陆续在天津《大公报》、北平《世界日报》与《世界晚报》等报刊上发表了数目繁多、体裁丰富的文学作品。目前，梁斌早期公开发表的小说、散文、诗歌、杂文等多被列入现有各种梁斌全集、文集的“轶稿存目”之中。笔者在翻阅梁斌早期活跃的晋察冀地区相关报刊时，发现了其佚作四则：小说《姊姊》、散文《塞外》、杂文《兔子的故事》与《泪之种种》。这四则佚作的发现，既可以补充梁斌的文学史料，纠正梁斌对早期文学发表情况的错误回忆，更可从中解读出一个情感细腻的梁斌，而非以往文学史所公认的侠义豪气的梁斌。

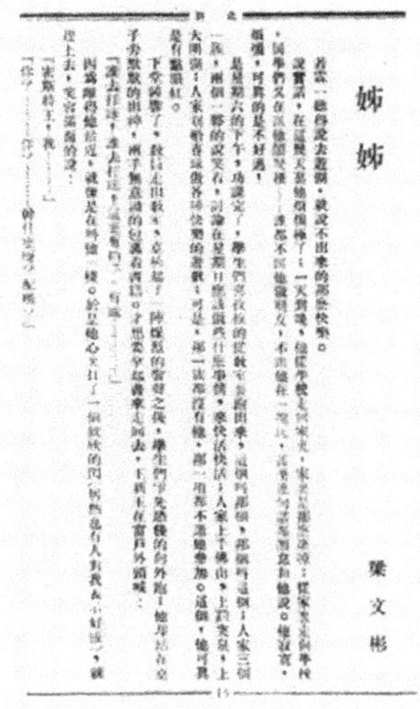

姊姊

梁文彬

刊载于 1936 年 3 月 20 日第 3 期《北调》月刊上的《姊姊》

## 二

短篇小说《姊姊》发表于 1936 年 3 月 20 日第 3 期《北调》月刊，署名“梁文彬”。梁斌在《一个小说家的自述》中曾简要提及过这篇小说的发表情况：一位在香山慈幼院教书的宋卜舟老师曾约梁斌一起看过唐槐秋剧团的话剧，此后“宋老师来信要文章，说是有个同乡王子云在天津办了个《北调月刊》。我把《姊姊》那篇小说，修改了一下寄去了。”[2] 由此按图索骥，果然在《北调》月刊发现了这颗遗珠，而此前学界多认为梁斌第一次使用笔名“梁文彬”的时间，是短篇小说《夜之交流》发表在《伶仃》月刊上的 1936 年 4 月。

短篇小说《姊姊》呈现了梁斌别样的小说风格，它讲述了这样一个故事：读中学的男孩若霖常常受到同学和街坊们的冷落与嘲笑，若霖常常愤愤不平、郁郁寡欢，却百思不得其解。“九一八事变”后，身为军官的父亲赶赴战场，母亲则被迫带着姐姐萍倩和他离开沈阳，逃到了济南。当军官父亲丧生战场后，母亲终日以变卖家产为生，姐姐在妈妈的怂恿下靠攀附权贵维持生计。有一天，财政局的张先生强迫生病的萍倩与其一起游湖，单纯的若霖一同游玩，却发现张先生与姐姐萍倩在船上做着不堪入目的勾当。若霖终于明白了自己被孤立与嘲笑的原因，他向母亲控诉姐姐，却发现母亲年轻时的所作所为与姐姐相比，有过之而无不及，为了追求权贵，她不惜与亲生父母断绝关系。面对这样的情形，他感到痛苦与迷茫："若霖在街上跑，在马路上踌躇，脑筋迷乱了，世界在不停地旋转，急剧地动摇、坍塌。一千盏一万盏的灯火，漫天飞舞。"然而他却并未因此而屈服，他"愤怒了，挺起腰来，伸出拳头，向这黑暗的天空狂击"，并高呼："谁怕死，谁是懦种！"小说的结尾表达了梁斌复杂的心理情愫。他不仅对旧社会中的传统女性"哀其不幸，怒其不争"，更表达出对战争和黑暗社会的控诉。

梁斌在三十年代发表的其他短篇小说，如《农村的骚动》《芒种》《夜之交流》《烧桥》等，都是直接展现敌我矛盾下的农民抗争，"揭露了统治者镇压抗日救国运动的罪行"[3]；《烧桥》虽然目前仍处于佚失状态，但据梁斌回忆可知，小说主要书写"两个青年怎样研究、设法烧掉敌人的桥梁"[4]，依然书写的是侵略者与守卫者之间的斗争。即便是梁斌在 1940 年以后发表的短篇小说《三个布尔什维克的爸爸》《大马之死》《游击队之歌》《黄庄之战》等，标题和内容上都可清晰见出左翼文学影响下的创作特征。而小说《姊姊》却令人耳目一新，它从侧面书写战争生活给普通民众带来的深刻影响，巧妙地通过家庭矛盾呈现出黑暗现实的残酷。对它的挖掘有助于更加清晰、全面地把握梁斌的小说创作风格。

## 二

散文《塞外》发表在《北调》月刊 1936 年第 5 期，虽署名"梁斌"，但在梁斌的自述、回忆录与创作年表中均不见相关记载。那么，这篇散文究竟是否为梁斌所做？

梁斌曾创作过两篇名包含"塞外"的作品，一篇是短篇小说《塞外樱花》，一篇是散文《塞外风光》，目前都处于佚失状态，但梁斌在《一个小说家的自述》中曾说："我记得《塞外樱花》也是在这里（《北调》月刊，笔者注）发表的"[5]。这篇正式发表在《北调》月刊上的《塞外》是否就是小说《塞外樱花》呢？从内容上看，小说《塞外樱花》的故事源于 1933 年的塞外工作，在西北军四十军青年营长李振清的邀约下，梁斌前往龙门坡开展工作。在塞外生活时，“房东的邻居有个姑娘，长得白皙的面皮，高个儿，很是俊俏，常抱着孩子来玩儿，手上戴着一个金戒指。刘医官装逗着孩子玩儿，把她的戒指拿到手里，好多日不给人家。那姑娘只好托官太太们跟刘医官要，说：‘不要逗人家，良家妇女！’此事叫刘医官的太太知道了，才算罢休。这就是调戏良家妇女。用这个素材，后来写了一个短篇，叫《塞外樱花》。”[6] 发表在《北调》月刊上的《塞外》虽然书写的也是塞外故事，但主要讲述的是作者初到宣化的一段生活，与梁斌所述的《塞外樱花》并不一致。因此，梁斌对《塞外樱花》发表情况的相关记忆是有误的。

关于散文《塞外风光》，梁斌也有过如下回忆：“1935 年的春天，我与岳稚珪、张之湘、吴莜在济南的一个报纸上出了一个副刊，叫《剧与文》，有小报一版那么大。第一期出版就轰动了全校，都知道我们会写文章了。在这期上还刊登了我的一篇散文《塞外风光》，是写我的宣化之行的。”[7] 据此可见，《塞外》所写内容与《塞外风光》重合。从创作时间上来看，《塞外》文末标注“一九三三年冬于宣南防次，三五年冬改于北平”，写作及修改的时间和地点也都与梁斌三十年代的生活轨迹相吻合。另外，在收录于《梁斌全集》中的另一篇书写塞外生活的散文《塞北之行》中，提及接他赴北的是一位名叫“王上士”的同乡，《塞外》中陪同“我”到宣化的也恰恰是这个“王上士”。由此可推定，《塞外》正是梁斌所作的散文《塞外风光》。

《塞外》在结构上分为“在宣化”和“九龙坡上”两部分。前半部分用白描手法描摹出了一个画面感极强的三十年代的战中宣化。开篇梁斌便感叹：“宣化——荒草黑土，和黄沙。好个塞北的野城啊！”随后又对宣化进行了更加细致的描摹，“宣化；一个不大讲究的城市；颓敝的城垣，积满了稀土和煤渣的马路上，来往的尽是灰色兄弟，间或有一两个蓬头垢面的乡下佬。路旁立着一排排低矮的房子，和错离的店铺——那劫后残存的憨态。”将战争中的宣化勾勒得真实可触。街道是残破的，天气也是寒冷的。“太阳升得高了，天气倒显得阴霾起来。塞北的时令确实早得多，从北平穿来的夹衣再加一件棉袍，还不能御寒呢！风，吹得很凉。”其实，残破的不仅是街道，寒冷的不仅是天气，更关乎他思乡的心。作为外来者的他，刚刚来到宣化，就感到“服装，体格……种种方面的不协调,坐在一块儿谈起话来,感到异常局窘,自惭形秽,有几分寒碜了!这流浪者的心哪!”在九龙坡上,“农家在场上弄谷子,糠米飞舞着,使我想起儿时的故乡”,然而跟随士兵一起出行的“我”却注意到“农家都用歧视的眼看我们。”《塞外》通过描摹战争中残破的宣化,既表达了梁斌深深的思乡之情,又表现出他对农民的同情。

因笔者尚未找到1935年第一期的《剧与文》,故无法确认这篇《塞外》是否也发表于其上。相同的素材背景、相近的写作时间,加之向梁斌约稿的《北调》编辑王子云修改了文章标题,而梁斌对此并不知情或者毫无印象,直接导致了梁斌对《塞外风光》和《塞外樱花》的记忆出现了混淆。散文《塞外》的发现和相关考证,对后续搜寻小说《塞外樱花》有重要意义。

## 三

天津益世報第四張
兔子的故事

连载于1936年4月22、23日《益世报》上的《兔子的故事》

梁斌在回忆其早期的几篇作品时曾提到“记得这年(一九三三年)七月在《益世报》副刊发表过一篇《兔子的故事》,唐文斌同志没有找到。”[8]这篇让梁斌心心念念的杂文,甚至在2019年8月孙秀丽发表《梁斌“北平时期”(1933年)杂文考论》一文时依然是佚失状态。通过对《益世报》进行系统的查梳,笔者不仅从中发现了这篇《兔子的故事》,还发现了另一篇名为《泪之种种》的杂文。《兔子的故事》1936年4月22日、23日连载于《益世报》,《泪之种种》则发表于1936年6月5日的《益世报》，署名均为“梁文彬”。由此可知，梁斌记错了《兔子的故事》的发表时间。

自从1933年加入左联，梁斌就开始发表了一系列杂文。梁斌“二十岁到了北京，开始写文章，向京津各报纸投稿；开始学习鲁迅的杂文，向旧社会进攻”，他感觉“写小说还是写不好。”[9]“观察梁斌30年代仅有的十几篇杂文作品，除散佚的《兔子的故事》无法看到，其余12篇主题均为对旧社会时政、文化、生活进行的批评。梁斌用时而冷峻，时而热情，时而讽刺的文字宣泄着对那个旧时代的悲愤。在那个大革命失败后文坛沉寂的时候，所有像梁斌一样拥有爱国心、正义感的作家都需要这样一种能宣泄内心情感的方式。”（孙秀丽《梁斌“北平时期”（1933年）杂文考论》，《河北民族师范学院学报》2019年第三期）《兔子的故事》与目前所见的梁斌同时期杂文在主题和风格上都存在差异，它主要讲述的是随外祖父逛鸟市、买兔子与养兔子的往事，表现的是对童年生活的怀恋。开篇便感叹道：“人，到了相当的年岁，对于儿时的回忆，就觉得有味，青年时候脚跟还踩着黄金时代的门槛，壮年时就免不了隔江嗟叹，到了老年，再回忆儿时的生活，就好像一个易于流逝的梦咧！"其实梁斌在此怀恋的不仅是童年趣事，更是爱鸟的外祖父与记忆中热闹平和的鸟市。其中对外祖父有着鲜活生动的描绘：“我的心上老是忘不下他。一个红脸膛，两撮小浓胡子的老头子。很和蔼，带孩子气，精神成天兴奋着。”爷俩儿一起去鸟市时，梁斌看上了两只兔子，外祖父看出了小梁斌的心思，与摊贩讲起生意来：

“嗨！这一对几百钱？”他意气轩昂地问。

“老先生！这对吗？拿去吧！咱家里的……”那兔子掌柜的说着，把那两只兔子，攥着耳朵攥出网笼来。

我一看，就知道他是那个识主顾的。

“不，不，买卖，买卖……多少钱吧？"

“这都是八百一只，灰的六百，黑的四百……这两只，您老就拿一吊四百钱……哈哈……”说着就笑啦。

寥寥数语便将旧时的街头买卖生动地展现在读者面前。此后，梁斌养的兔子生下了几只小兔子，却发现公兔子在吃小兔子，不禁感叹“爸爸为什么吃儿子呢？”或许这种感叹正是对当时的某类社会情形的影射。在梁斌的杂文中，《兔子的故事》是与众不同的，它更多是个体情感的表露。与之对照，《红旗谱》中有一个情节，是运涛、江涛、大贵、二贵几人抓住了“脯红靛颏鸟”去城里鸟市售卖，却与冯老兰产生了矛盾。梁斌之所以如此了解名贵鸟种与鸟市，透过杂文《兔子的故事》或许能管窥一二。

另一篇杂文《泪之种种》虽未能在梁斌的回忆录中找到痕迹，但除发表时间与《兔子的故事》十分相近、笔名一致之外，从《泪之种种》的内容及梁斌年少时的经历综合来看，亦不难推定为梁斌所作。其开篇引用了郭沫若的诗句：“‘泪是悲哀的解嘲。’郭沫若先生在他的诗里也曾有这样一句：‘雨后的宇宙，好像泪洗过的良心。’言其雨后的匀净，如‘泪’后的心情。一切忧伤积郁，清除净尽。”梁斌自小就喜爱郭沫若的诗歌，左联成员丁浩川是梁斌的小学老师，梁斌曾在《怀念丁浩川老师》一文中详述过丁老师对他的启蒙：“丁老师是崇拜创造社，崇拜郭沫若同志的。课文大部分选讲《创造》月刊和《太阳》月刊上的文章。我记得清楚的是给我们讲《女神》，讲《聂政和聂婆》。”[10] 此外，据梁斌回忆，他第一篇公开发表的作品《麻雀与鹞》就是仿照郭沫若的《凤凰涅槃》写成。《泪之种种》主要对几种不同类型的眼泪做出了区分，诸如与情人相会时开心的眼泪、与情人分别时不舍的眼泪、叫花子老头儿请求施舍的眼泪和年迈的母亲期盼儿女归来的眼泪等，是一篇颇具小说意味的杂文。

在以往的研究中，我们往往关注的是一个“有文有武”的梁斌：他在《水浒传》的影响下写出了《红旗谱》，刻画出了朱老忠这样的侠人义士；他在鲁迅和左联的影响下写出了一系列针砭时弊的杂文，成为一名文人斗士。然而通过新近发现的这四则早期佚文，我们发现了另一个“文质彬彬”、情感丰腴的作家梁斌。

《新文学史料》，2022 年第 2 期

佚文存目：

《姊姊》发表于 1936 年第 3 期《北调》月刊；

《塞外》发表于 1936 年第 5 期《北调》月刊；

《兔子的故事》连载于 1936 年 4 月 22 日、23 日《益世报》；

《泪之种种》发表于 1936 年 6 月 5 日《益世报》。

## 注释

1.董宁文编:《我的笔名》,岳麓书社2007版,第93—94页“梁斌1958年5月23日致龚明德的信”。

2.梁斌:《一个小说家的自述》,天津教育出版社2014年版,第123页,第221页,第123页,第103页,第119页。

3.梁斌:《山西文学》,1982年第8期。

4.梁斌:《一个小说家的自述》,天津教育出版社2014年版,第123页,第221页,第123页,第103页,第119页。

5.同上。

6.同上。

7.同上。

8.《梁斌全集(第七卷)》,百花文艺出版社2014年版,第186页。

9.《梁斌全集(第六卷)》,第91页。

10.《梁斌全集(第五卷)》,第195页。

# 梁斌与新世纪剧社抗战文艺活动梳考

刘卫东

梁斌1938年6月到蠡县新世纪剧社，不久任社长，一直率剧社在抗战硝烟中辗转；1942年10月，新世纪剧社与火线剧社合并。新世纪剧社为冀中区党委唯一直属剧社，由区委书记黄敬直接领导，是革命文艺团体。五年时间里，新世纪剧社在冀中演戏、出版刊物、培养文艺人才、参加战斗，功勋显著。剧社成员之间，建立了深厚友谊，并延续到人生晚年。梁斌全面负责剧社工作，除了编剧、导演，还做舞台设计、监督、演员，因此被称为“全能社长”，对剧社风格形成起到了创造作用。新世纪剧社的演出及其他革命文艺活动，是抗战间冀中文艺运作的典型样本。[1]此前的研究中，已经对新世纪剧社的性质、沿革、作用等做了基本描述。《晋察冀文艺史》中说：“新世纪剧社是在蠡县教育界老前辈刘通庸的倡议下于1938年2月建立的，初称新世纪剧团。同年10月，剧社上调冀中军区辖属，改名为新世纪剧社。这个剧社从创建之初，就注意创作和演出自己的剧目。几年间，他们创作、演出了话剧《爸爸做错了》（梁斌编剧）、《运粮船》（路一编剧）、《暴发》（王林编剧）、《五谷丰登》（梁斌编剧）和大型歌剧《抗日人家》（梁斌编剧，陈春耀作曲）等。为配合开展群众性的文娱活动，他们创办了杂志《歌与剧》，还经常选拔骨干力量，深入农村，开办文艺训练班，培训农村文艺骨干，经他们培训、组建的村剧团达到1700多个。”[2]但是，还没有出现对其中细节做全面展示的成果。本文拟根据已有出版材料，参照其他未刊资料[3]，对梁斌及新世纪剧社在抗战期间的活动做出梳理、考证，以期将研究引向深入。

## 一、新世纪剧社的成立与梁斌的领导

新世纪剧社成立于抗日战火燃烧之中。“七七事变”后，抗战全面爆发，八路军深入华北敌后，在晋察冀领导了抗日军事和文艺斗争。[4]为了宣传抗日主张，各种文艺团体纷纷建立，形成了一股洪流。1937年11月晋察冀军区成立，随即，军区政治部和军分区相继成立了多个剧社：抗敌剧社、战线剧社、冲锋剧社、火线剧社、前哨剧社。地方上也掀起成立剧社热潮，如冀中新世纪剧社（1938、2）、平山铁血剧社（1938、4）、晋东北大众剧社（1938、10）等。[5]在此形势下，新世纪剧社在蠡县成立。新世纪剧社自成立后，发展迅速，“由于梁斌担任剧社社长使剧社的面貌焕然一新，也提升了剧社的地位，新世纪剧社就由蠡县调往高阳县，升格为冀中区党委直属剧社，从此便直接受黄敬同志的领导”[6]。新世纪形成自身特点，成为具有高度战斗力的集体，与梁斌的影响密不可分。

关于新世纪剧社成立的时间，有不同说法。一说为1937年5月。“1937年5月，冀中蠡县成立新世纪剧社，后归冀中文建会领导。社长梁斌，主要成员有远千里、傅铎、刘之家、刘光人等。”[7]新世纪剧社在抗战全面爆发后成立，1937年5月的说法与此不吻合。一说为1938年2月。傅铎在《在抗日烽火中诞生的新世纪剧社》回忆，“蠡县各团体、机关的负责人，听说成立剧社都很热心，积极为剧社推荐人才”“推举出张春霖当社长，下设总务部、剧务部”“刘通庸同志费尽心机给剧社起了一个名字：‘新世纪剧社’”“一九三八年二月，一块蓝底白字上写着‘蠡县新世纪剧社’的醒目的大牌子下，挂在县城西小街王诺同志家的大门口，从此新世纪剧社正式诞生了。”[8]这段记录较为详尽，剧社成立的原因、时间、地点乃至名称由来，都有交代。

梁斌很快介入到剧社工作，并担任社长。梁斌来到新世纪剧社并担任领导职务，一是因为党的派遣；二是专业相符；三是个人兴趣与选择。梁斌1934年7月入山东省立剧院表演系学习，受到专业训练。“七七事变”后，梁斌当选为“蠡县抗日救国会”委员，组织宣传队，发动群众抗战。1938年春，受校长刘通牖（庸）邀请，梁斌在县立高小举办戏剧讲座。梁斌回忆，1938年6月，

“在一天的上午，天气晴朗。炮声响着，通牗领我到新世纪剧社去”[9]。梁斌来到新世纪剧社，为蠡县县委派遣。由于党员身份和专业背景，梁斌很快成为剧社的灵魂人物，“时间不长，张春霖同志去考抗战学院，我是剧社唯一的党员，唯一上过戏剧学校的人，所以由我当社长和导演，演出的时候还当舞台监督。”[10]梁斌愿到新世纪剧社工作，是因为此单位与文学有关。1933年，梁斌因“保二师学潮”失学，流亡北平，参加了左联，在《大公报》等发表过多篇作品。[11]因此，梁斌认为自己“从十几岁就是一个文艺爱好者，研究过文学，后来又学了戏剧，到剧社去比较合适”[12]。由此，梁斌以文艺形式参加民族解放战争，走上了“革命文人”之路。

因为梁斌的领导，新世纪剧社及演员的专业能力迅速得到提升。如前所述，梁斌曾在山东艺校学习，受过科班训练。他在理论和表演方面进行指导，提高了剧社成员水平。梁斌回忆：“社员们除傅铎和郭克演过文明戏外，没有受过戏剧训练，没有学过音乐，只有简单的乐器——一支口琴，一把四弦。这样在工作上是有困难的，我只有给他们上课，讲戏剧概论、化装术、舞台装置。把家里的一些旧书刊拿去，叫他们看，增加一些文学素养。我也不懂音乐，只有向兄弟剧团学习。”[13]梁斌有良好的艺术修养和表演功底，有能力编导原创作品。这就可以理解，新世纪剧社演出《松花江上》《放下你的鞭子》等知名剧目，但同时也有自己剧社的剧本。梁斌的艺术、文学才能，在剧社得到了释放。

最为突出的是，结合表演实践，新世纪剧社在语言本土化方面进行了探索。“五四”以来，知识分子开始关注“大众化”问题，但在付诸实践方面，限于条件，一直乏力。[14]如何让启蒙思想为普通民众喜闻乐见？梁斌与新世纪剧社在抗战语境中，自觉从群众接受角度看问题，走出了自己的道路，而这个探索，需要重视。新世纪剧社在表演时，不断摸索，形成了自己的发音方法。梁斌回忆，“写了一个短篇《烧桥》，刊在《冀中文化》，是写两个青年怎样研究、设法烧掉敌人的桥梁。是用群众语言写的，引起人们的议论。当时写文章多是用‘五四’以来的文学语言，或是叙述用书本语言，对话用群众语言。乍用群众语言写文章，人们还不习惯。”[15]梁斌在北平时期的杂文、政论文章中，带有明显“五四”后的欧化风格，但到抗战期间，已经有意识转变。他自觉运用大众语言，开始引起争议，而后得到认可。刘光人回忆：“我们的观众绝大部分是农民(战士也是农民出身),我们的话剧必须使农民喜闻乐见。地方化和群众化第一是演员的语言发音,演员演戏既不撇京腔(北京话),也不用某一个地方的土话(如蠡县话),而是在两者之间找到一个平衡点,形成一种为冀中农民能够接受的新的地方化的舞台语言”“冀中文艺界都承认新世纪以演农民戏著称”[16]。20世纪上半叶开始,大众化问题出现,后一直萦绕在知识分子身边,无法获得解决。梁斌与新世纪剧社关于舞台语言的运用,无疑是文艺大众化、民族化的实践。宋安娜认为,“从这个意义上说,没有梁斌发动的那场‘革命’,没有新世纪剧社独特的舞台语言发音体系,便不会有《红旗谱》的民族语言;没有当年的‘满堂彩’,没有新世纪剧社以演农民戏著称冀中文艺界,便不会有《红旗谱》的民族风格和民族魂魄”。[17]

## 二、新世纪剧社的抗日活动

梁斌与新世纪剧社的演出、生活状况,可以作为抗战期间冀中文人生活的典范之一。文本试结合当时报道、日记及后来回忆录,做简要梳理。

一、在严酷的战争环境中坚持战斗、演出。剧社是文艺队伍,并非作战部队,一旦遇敌,就很危险。而此情景,并不鲜见。有时演出距离敌人很近,台上演戏,台下就打点“驮子”,随时可以撤离。敌后演出,困难可想而知。严酷的战争环境中,新世纪剧社遇到过多次险境,经常与敌人正面接触,“我们还是躺在麦田里一动也不动,直到太阳小晌午的时候,从岗楼上下来了几个穿黄衣军装的伪军,拿着枪在野地里打兔子。这时我们也就知道敌情就要来了,用不着发命令,我们一个个匍匐在麦田里,两手端着枪,对准准星缺口,准备战斗。眼看着那几个伪军向北兜了一个圈,又向南走去,我们才算松了一口气。”[18]1941年五一反扫荡期间,剧社停止活动,疏散人员,撤向路西山区。期间多次遭遇敌情,多位成员牺牲,损失惨重。据刘光人统计,五年中共有120多人先后在新世纪剧社工作,有9位同志牺牲。[19]由此可见,新世纪剧社成员不仅承担宣传任务,还直接面对敌寇,英勇战斗,很多同志牺牲在岗位,献身理想。

二、演出效果好,能够引起观众共鸣。条件有限状况下,新世纪剧社坚持演出,在抗日宣传方面发挥了巨大作用。剧社选题贴近抗战语境,表演精湛到位，配合了当时同仇敌忾的情绪，往往能打动观众，效果良好。梁斌在回忆录中，还原过演出状况：“我们在苏桥戏楼演出了三个晚会，观众是码头工人、当地农民及驻军。我们在此地演了《放下你的鞭子》，在演出过程中，台下观众久久不能平静，当演到老艺人打他的女儿时，台下一青年上台拦阻，台下呼声不绝。当老艺人作揖收钱时，台下纷纷掷铜圆，亦有抛银圆者，可见观众抗战热情之高。”[20] 观众多为乡村民众，饱受战争疾苦，表达情感也质朴自然。王林在《抗战日记》中，也有记录，印证了梁斌的回忆：“新世纪剧团在潴龙河岸蠡属仉村、孟尝村、北高晃公演《张家店》到日兵侮辱女子时，观众怒骂，骂得推‘陈’。演《活路》时，往台上怒投半头砖三块击中日兵。亦有扬尘土者。在乡下演小孩老爱上台，但日本兵一出，或做放炮效果时，台上小孩便抱头而去。有一次演《活路》到英华砍日兵时，台上一个小孩也要就前去下手。《张家店》中日兵毒死，老头儿踢时，台下高呼‘切菜刀干什么呢！’”[21] 剧社成员回忆说，新世纪剧社演出《暴风雨之夜》时，台下民兵激动，上台追打扮演鬼子的演员，将演员的半个门牙打落。[22] 类似记载，并非一处，可见是当时演出“常态”。演出经常出现观众“入戏”情况，说明剧目贴近现实，可以引起共鸣。

三、办班，培养人才。新世纪剧社不仅自己演戏，还通过培训班方式，为冀中培养了一批文艺骨干人才。1939 年冬，梁斌率新世界剧社到华北联大文艺部进修，1940 年春毕业。[23] 新世纪剧社回到冀中，黄敬提出，剧社“要像只老母鸡那样那样地工作，下蛋孵小鸡，下很多蛋，孵很多小鸡。把冀中文艺工作活跃起来……”梁斌积极响应，亲赴无极、嵩城、深泽、定县、安国、博野等地招生，并对学员做为期三个月的培训。此后，新世纪剧社还受“文建会”委托，开办第二期文艺干部学校；史立德校长，梁斌任副校长。类似活动，一直延续不断。文艺干部学校培养了几百名文艺骨干，涉及一千七百多个村剧团。由于战争形势，剧社化整为零，“为了应付敌人的冬季大‘扫荡’，把新世纪剧社的人分成小组，到各专区，就地开办小型短期训练班，帮助地方文建会培训村剧团的骨干，这个方式对于加强村剧团来说，起了很大的作用。”[24] 由于梁斌及新世纪剧社的努力，抗战后期，冀中演剧运动已经成为文化史上的奇观。据 1943 年的一份调查，其中一个县“有六十三个村庄成立了村剧团或宣传队”，另三个县“共有二百八十一个村剧团活动”。[25] 如此众多的剧社在频繁活动，不仅宣传了抗战，还营造出一种战时文化生态。

四、办刊物，发表文艺作品，宣传抗战。1940年秋末，冀中召开文代会，梁斌被选为“冀中文化界抗战建国联合会”（“文建会”）文艺部部长。梁斌因地制宜，演戏、出版杂志，发动普通群众，做了很多“启蒙”工作。1941年前后，冀中文艺运动达到高潮。1941年的“冀中一日”征文，连不识字的老太太都找人代写，参与其中，“为名副其实的群众文艺运动”[26]。征集到的稿子很多，“需用大车拉着打游击”[27]，创造了战争年代文艺运动的多项纪录。同年，新世纪剧社也创办了刊物。有资料介绍，《诗与画》《新世纪诗刊》“都是冀中新世纪剧社版的刊物。油印，封面套色印刷。均由远千里主编。《诗与画》1941年春创刊，32开本。一面是画，一面是配合画的街头诗，发到村里可以转画到墙上或黑板报上。《新世纪诗刊》1941年秋出了一期，16开本。这两个刊物均由冀中文建会发行到各级文建会和中小学校。1942年‘五一大扫荡’后均停刊。”[28]启蒙理念随文艺活动，渗透到冀中农村千家万户。抗战期间，晋察冀地区活跃着众多剧社，总体发力，甚至改变了这一地区的农村文化。这种普及性，“在中国文艺史乃至世界文艺史中，都是极为罕见的”[29]。《中国现代文学三十年》在谈到“解放区的文学通俗化运动”时认为，“各根据地之间有统一的文艺政策做指导，在战争环境下，也有不平衡性。原有的文化基础也不尽相同，比如冀中地区的村头广场话剧就开展得较火热，是因为河北农民的文化素质相对来说要比西北的农民稍高些。”[30]。河北农民文化素质较高，可能需商榷，但与村头广场剧的广泛传播有一定关系，应无疑问。

由新世纪剧社的抗战活动可见，从来没有一个历史时期，知识分子与民众如此生活贴近，命运扭结。连华北日军都认识到，“共产党地区最为重视的工作为组织民众”[31]。五四后，借助抗战契机，知识分子找到了激情寄托的方式，将启蒙火种洒向书斋之外的民间天地。新世纪剧社的活动主要是演戏，但还承担其他功能，相当于流动的宣传队，具有强大的文化输出能力。长期以来，农村文艺活动较为落后，因剧社介入，发生了很大改观。梁斌等冀中文人先受“五四”新文化影响，后成为党的干部，自觉把启蒙思想与抗战工作结合，在农村基层普及启蒙精神。剧社工作繁杂琐碎，但形成固定方式，有条不紊，“我们的剧社向来是这个作风，只要一住下，音乐组立刻外出教歌，到农民识字班、妇女识字班、青年会。美术组去画墙画、写标语，文学创作组立刻读书或是写剧本，小鬼队到小学校去教歌或跳舞。戏剧队到村剧团辅导，而且数年如一日。”[32]梁斌回忆说，冀中区广大农村充分发动起来，“到这时可以说是村村有戏看，到处有歌声，标语墙报随时可见，农村文化运动有了新的繁荣”[33]。农村文化生活，因为抗战而繁荣，是时代造就的反常景观。在抗战文艺中，农村固有文化模式逐渐解体，新的启蒙理念随作品渗透到农民日常生活。

## 三、梁斌的戏剧创作及意义

目前研究中，把新世纪剧社及其他冀中剧社的抗战活动，纳入抗战期间的文化宣传，形成了固定思路。有研究者认为："秧歌运动、街头诗运动、群众写作运动、农村剧运动是解放区在党的文艺政策指导下，开展起来并对抗战时期全国（包括国统区、沦陷区）的文学生态产生重要影响的群众文学运动。"[34]当时剧社活动及意义，也在抗战史中经常被提及。[35]而在抗战戏剧史中，却很少留意这批剧社的原创作品，忽略了这批作品文学创作上的价值。[36]对于梁斌，研究者更关注《红旗谱》等影响大的代表作，而忽略了他在新世纪剧社期间的创作。

笔者以为，剧社在农村演出的作品，浸透着知识分子启蒙大众时的思考与实践，有独特意义，需要进一步重视。1939年5月，李公朴等人来到晋察冀，进行了长达半年的考察，后出版了《华北敌后——晋察冀》。李公朴对戏剧工作赞不绝口："模范的抗日民主统一战线的战斗环境，创造了晋察冀的新戏剧，涵育成晋察冀戏剧自己独有的特点"，"晋察冀是没有外面的剧本上演的。所有的剧本都是晋察冀戏剧工作者自己的剧作，也可以说是晋察冀边区伟大的斗争现实的剧作。这一方面由于外面供给的不够，也是因为实在难以找到一本适合敌后的创作。"[37]既然指晋察冀戏剧，也包括新世纪剧社的作品。1939年冬，新世纪剧社到华北联大学习，正值李公朴在此地考察。据回忆录，李公朴观看过新世纪剧社演出。[38]李公朴亲自观察、体验，做出对比，得出了公允的看法。为适应群众观看，戏剧工作者因地制宜，改造旧戏与写新剧相结合，灵活机敏，创造了具有时代性的文艺作品。

抗战期间，冀中活跃着一批剧作家。[39]新世纪剧社的演出剧目，既有抗战时期经典之作，也有梁斌、王林、路一等冀中作家的作品，兼容并包。剧社曾演出过《放下你的鞭子》《察东之夜》、哑剧《擦镜子》等剧目，还有大鼓书。还曾演出苏联戏《小金子》。剧社后期，还演过路一编剧的《运粮船》和王林编剧的《夏伯阳》。剧社力求全面，吸引观众的同时，完成抗战宣传任务。编剧这些作品时，作家力避展现个性，与当时的要求分不开："要到处开展街头诗、街头剧、歌舞剧、墙头小说等大众通俗文艺活动，纠正不愿意为大众写作，纠正单纯满足个人发表欲的倾向。"[40]但并不等于允许粗制滥造。细查作品，作家的选题倾向、材料整合、结构运用等方面，还是表现出了个人风格。

梁斌的作品，是剧社演出的常备剧目。从保留下的一些间接资料，能看出梁斌是如何在剧本中体现启蒙观念，影响农村观众的。首先，梁斌的剧作，宣传抗战军人浴血卫国的事迹，呼唤群众同仇敌忾，奋起抗战。《血洒卢沟桥》出自真人真事，"是以二十九军团长吉星文血战卢沟桥为背景写的"[41]。这部戏，与当时著名的在沪编导、演员百余人参与的《保卫卢沟桥》题材相同。可以想见，正是通过这样的剧目，使卢沟桥事变为冀中很多不识字的乡村民众所知，弘扬了抗战军人事迹。当时很多作品都以国破家亡的事实，揭露、控诉日军暴行，动员民众奋起，同仇敌忾。梁斌编剧的《爸爸做错了》即是如此，"这个剧本，素材出在廊坊；日寇将至，一个乡绅领着众乡绅打着日本旗迎接'皇军'，并以酒席相待。夜间日寇要花姑娘，追着两个姑娘满街跑，群众赶来，把日本鬼子打死，两个姑娘跪在父亲面前，哀告：'你做错了！'父亲低下头，流着眼泪说：'做错了！做错了！'"[42]日军作恶多端，欺凌妇女，打破了某些乡绅的幻想。以无辜群众，尤其年轻女性的不幸为核心情节，表现出作品对战争中女性命运的关注。

其次，抓住时事热点，将启蒙意识灌注其中，完成"五四"传统在乡村的"接续"。女性、婚姻自由等个性解放问题，"五四"时期得到呼吁，但响应者仅限知识分子小圈子。以戏剧方式承载的启蒙理念，如涓涓细流，渗透到普通冀中农民生活。他回忆说，《五谷丰登》"这个剧本的背景是根据区党委的指示精神写的。大概是一九四〇年，冀中青教会和冀中妇救会同时下达了一个指示:反对封建婚姻,提倡男女平等,婚姻自主。”[43]作品写在冯家扛活的小囤和冯家的姑娘雅红自由恋爱,但遭到冯家阻止。后来小囤参军,又任游击队队长,雅红也参加了工作,二人冲破阻挠而结婚。从题材看,《五谷丰登》与《小二黑结婚》《王贵与李香香》相似,几位作家不约而同注意到农村婚姻制度的革命性变化。改变长期以来农村婚姻不自由的状况[44],绝非一朝一夕,但剧社通过剧目宣传,无疑将婚姻自由理念逐步渗透给村民,起到了启蒙作用。

第三,兼顾普及与提高。梁斌不仅注意大众化,用群众语言演戏,同时也尝试提高,使用新颖的形式。因此可以理解,梁斌原创的剧作中,还包括歌剧《抗日人家》。该剧发表于《文艺学习》,陈春耀谱曲。[45]既然剧社观众是普通士兵、村民,为何要排演歌剧这种明显带有文人气的作品?就题材来看,具有现实性:“通过一个普通农村干部家庭中不同成员对待生产劳动的不同态度,批评了好逸恶劳,懒于农业劳动,干部脱离群众的错误思想;歌颂了勤劳勇敢,热爱劳动,努力学习的美德。故事并不复杂,却切中当时农村干部中存在的实际问题。”中规中矩。特别的是,“该剧采取了歌剧形式,词、曲优美动听,不失为一个高雅艺术与革命现实完美结合的好作品。”[46]当时演出的剧目,多倾向普及,贴向“高雅”的并不多。如抗敌剧社剧目中,“有不少是独幕剧,如《李国瑞》等,有小歌剧如《兄妹开荒》等,有大合唱如《黄河大合唱》《生产大合唱》等,有活报剧《生产大活报》等,总之,涉及各种为抗战服务的题材和体裁”[47]。《抗日人家》采取“高雅艺术”形式,显得有些特殊。梁斌在艺术上积极探索,用歌剧这种乡村文化中少见的方式,在宣传“抗日”的框架内,试图“提高”群众欣赏水平。

第四,为《红旗谱》的写作做了艺术准备。在此期间,梁斌也酝酿了专属于自己的题材。《红旗谱》人物和故事的原型,逐步孕育。梁斌说,“在这个时期写了五幕话剧《堤》。这个剧本的背景是一九三九年的大水。”[48]其中,朱老忠、严知孝、冯贵堂、二贵等人物都已出现,只待日后丰满。短篇小说《三个布尔什维克的爸爸》发表于《冀中文化》,主要人物是朱老忠、大贵、二贵,三贵。新世纪剧社期间,《红旗谱》虽然还未动笔,但其雏形,已基本形成,此后,故事和人物不断丰满,终于在十多年后横空出世。在新世纪剧社期间,梁斌还针对抗战文艺问题,撰写了一些研究论文。梁斌回忆说,“文建会决定出版

《冀中文化》,这是个综合性的文学艺术刊物。发了我的一篇《论民族形式问题》,此外还转载了周扬同志的,茅盾同志的,都是同一性质”[49]。可见,梁斌对文艺大众化的出路的思考,无论实践还是理论,都在进行。孙犁对此有所关注。1942 年初,孙犁在描述 1940 年边区的文艺运动时,特意提及,“沈蔚的故事,远千里、李英儒的诗,路一、王林、梁斌关于文艺工作的论文,都值得注意”[50]。

## 四、小结

本文仅在“启蒙”线索内,对梁斌及新世纪剧社文艺活动做出初步解读。梁斌与新世纪剧社在抗战期间,立足冀中,着力抗战宣传。将“宣传”植入人心,是知识分子启蒙理想,但“五四”新文化运动后,受到重挫。梁斌及新世纪剧社的活动,践行了“大众化”,“将冀中群众陌生的话剧改革成为军民热烈欢迎的剧种”[51],达到了惊人效果。此前的抗战文学叙述,更关注重庆、桂林等大后方戏剧运动,忽略了冀中敌后戏剧的特殊性。[52] 在启蒙与救亡并存时刻,如何将知识分子理想与乡村文化结合,创作出农民喜爱的作品,还未得到仔细检点。置放于 20 世纪历史,抗战时期的梁斌与新世纪剧社活动需要重视,因为只有他们,曾拥有过最为丰富的历史经验,并且,以亲身经历,进行了启蒙思想与大众需求、时代命题“对接”,创造出独一无二的艺术形式。

注释

1.此外,火线剧社、抗敌剧社等也很活跃。参见:《抗敌剧社实录》(刘佳等著,军事译文出版社 1987 年版),《火线剧社在冀中》(晋察冀文艺研究会冀中分会编,中国华侨出版社 1994 年版)。

2.王剑青、冯健男主编:《晋察冀文艺运动史》,中国文联出版社 1989 年版,第 346-347 页。

3.2003 年 10 月 15 日,新世纪剧社老同志在北京海淀区学院路 82 号总政干休所聚会,后刘光人编辑纪念文章,名为《如歌如血如火——冀中新世纪剧社回忆录》,2005 年刘光人又编辑了《如歌如血如火——冀中新世纪剧社回忆录(续集)》,均为内部出版。

4.1938年1月，晋察冀抗日根据地军政民代表大会召开，通过了《文化教育决议案》，规定了文化教育的基本原则。

5.1939年6月，李公朴到晋察冀，考察了半年，后著书记述了见闻。所提及的“隶属于群众团体的剧团”中，第一个就提到“新世纪剧团”。李公朴：《华北敌后——晋察冀》，生活·读书·新知三联书店1979年版，第153页。

6.王洋、田英宣：《梁斌传》，南开大学出版社2008年版，第132页。

7.张学新：《晋察冀文艺运动大事记1937.7–1948.12》，《新文学史料》1986年第1期。

8.傅铎：《在抗日烽火中诞生的新世纪剧社》，《新文学史料》1982年第2期。

9.梁斌：《一个小说家的自述》，《梁斌文集》5，人民文学出版社2005年版，第136页。

10.梁斌：《一个小说家的自述》，《梁斌文集》5，人民文学出版社2005年版，第138页。

11.孙丽秀：《梁斌“北平时期”（1933年）杂文考论》，《河北民族师范学院学报》2019年第3期。

12.梁斌：《在炮火纷飞的日子里》，《梁斌文集》6，人民文学出版社2005年版，第23页。

13.梁斌：《一个小说家的自述》，《梁斌文集》5，人民文学出版社2005年版，第139页。

14.郑伯奇说，作家“所创造的普罗文学诚然不免有许多是大众所不能接受的东西，并且知识分子的社会环境往往使他们的作品不能和大众接近的。在这样的状态之下，文学大众化的问题就发生了。”《关于文学大众化的问题》，《大众文艺》1930年3月第2卷第3期。

15.梁斌：《一个小说家的自述》，《梁斌文集》5，人民文学出版社2005年版，第195页。

16.刘光人：《记梁斌社长》，《如歌如血如火——冀中新世纪剧社回忆录》2003年版，内部资料，第26页。

17.宋安娜：《梁斌论》，百花文艺出版社2004年版，第68–69页。

18.梁斌：《一个小说家的自述》，《梁斌文集》5，人民文学出版社2005年版，第253页。

19.刘光人：《新世纪剧社战斗的五年——在冀中新世纪剧社老同志联欢会上的讲话》，收入刘光人主编《如歌如血如火——冀中新世纪剧社回忆录（下）》。2005年内部出版，第9页。

20.梁斌：《一个小说家的自述》，《梁斌文集》5，人民文学出版社2005年版，第143页。

21.王林：《抗战日记》，北京文艺出版社2009年，第61页。

22.李莉：《我们演出〈暴风雨之夜〉》，收入刘光人编：《如歌如血如火——冀中新世纪剧社回忆录》，2003年内部出版，第169页。

23.1939年6月华北联大在延安成立，成仿吾任校长。1939年9月华北联大从延安出发，赴晋察冀根据地，到达北方分局和晋察冀军区所在地阜平县，开始在敌后办学。《成仿吾年谱》的记载，可作为新世纪剧社学习情况佐证："10月中旬，华北联大正式开学上课，学校生活军事化，每天的跑步训练、实弹射击和扔手榴弹，成仿吾和教师们都参加。这时教员除江隆基、何干之、李凡夫等兼任外，又多了宋振庭、杨伯箴、赵聪、李光灿等年轻教员。同时，文艺部的文学、戏剧、音乐、美术四个系的课程分别由何洛、崔嵬、胡苏、韩塞、牧虹、沙可夫、吕骥等担任。"张傲卉、宋彬玉编：《成仿吾年谱》，东北师范大学出版社1994年版，第94页。

24. 梁斌：《一个小说家的自述》，《梁斌文集》5，人民文学出版社2005年版，第194页。

25. 康濯：《晋察冀边区的乡村文艺》，《解放日报》1943年6月1日。

26. 孙犁：《关于"冀中一日"写作运动》，《孙犁文集》5，百花文艺出版社2013年版，第321页。

27. 孙犁：《文艺学习——献给冀中一日的作者们》，《孙犁文集》5，百花文艺出版社2013年版，第78页。

28. 杜静：《抗战时期冀中的58种报刊》。该文统计，"抗日战争时期，冀中先后出版过193种报刊"。《新闻与传播研究》，1988年第1期。

29. 蔡子谔：《简论晋察冀文艺运动的特征》，《河北师范大学学报》1987年第3期。

30. 钱理群、温儒敏、吴福辉：《中国现代文学三十年》，北京大学出版社1998年版，第550页。

31. 日本防卫厅战史室编：《华北治安战》上，天津人民出版社1982年版，第99页。

32. 梁斌：《一个小说家的自述》，《梁斌文集》5，人民文学出版社2005年版，第212页。

33. 梁斌：《在战火纷飞的日子里》，《梁斌文集》6，人民文学出版社2005年版，第39页。

34. 周毅：《抗战时期文艺政策研究》，四川大学出版社2013年版，第142页。

35. 吕正操在回忆录中说，"当时建立了一个火线剧社，演戏的作用很大。保定附近清苑县有一个联庄，我们一去就打，路也不让过。后来，剧团在它附近演了几场戏，联庄的人，先是青年，悄悄地过来看戏。越来越多，从此把人都争取过来了，成立了一个大队"。《吕正操回忆录》，解放军出版社1988年版，第173页。

36. 如，《抗战文学概观》（苏光文，西南师范大学出版社1985年版）在论述抗战期间的戏剧时，更为关注"郭沫若、阳翰笙的历史剧作"与"夏衍、阳翰笙的现代剧作"。

37. 李公朴：《华北敌后——晋察冀》，生活·读书·新知三联书店1979年版，第152页。

38. 傅铎记载："率大后方'抗战建国教学团'来晋察冀边区考察的李公朴先生，看了我们的几个戏，到后台和我们一一握手。"《和梁斌在一起的年月》，《百年梁斌——梁斌百年诞辰纪念文集》，河北大学出版社2014年版，第129页。

39.贾冀川:《战争气息的真实记录——论晋察冀边区戏剧》,《西南民族大学学报》2015年第1期。该文列举了晋察冀边区包括梁斌在内的多位剧作家。

40.张秀中:《一年来本区文艺运动的回顾与前瞻》,《华北文化》第2卷第3期,1943年3月15日。

41.梁斌:《一个小说家的自述》,《梁斌文集》5,人民文学出版社2005年版,第140页。

42.梁斌:《一个小说家的自述》,《梁斌文集》5,人民文学出版社2005年版,第138页。

43.梁斌:《一个小说家的自述》,《梁斌文集》5,人民文学出版社2005年版,第217页。

44.田苏苏:《抗战时期晋察冀边区女性婚姻问题的考察》,《抗日战争研究》2012年第3期。

45.梁斌:《一个小说家的自述》,《梁斌文集》5,人民文学出版社2005年版,第196页。

46.薛哲:《"老母鸡"精神的传播人和受益者》,收入刘光人主编:《如歌如血如火——冀中新世纪剧社回忆录》,2003年内部出版,第181页。

47.辛柏平:《晋察冀军区抗敌剧社文艺活动探微》,《解放军艺术学院学报》2017年第1期。

48.梁斌:《一个小说家的自述》,《梁斌文集》5,人民文学出版社2005年版,第216页。

49.梁斌:《一个小说家的自述》,《梁斌文集》5,人民文学出版社2005年版,第193页。

50.孙犁:《一九四〇年边区文艺运动琐记》,《孙犁文集》5,百花文艺出版社2013年版,第466页。

51.刘绳:《梁斌在冀中》,《百年梁斌——梁斌百年诞辰纪念文集》,河北大学出版社2014年版,第148页。

52.梁斌在新世纪剧社期间创作的剧本及小说等作品,共20多万字,因"反扫荡",全部遗失了。

# 编后记

赓续红色文脉，回顾梁斌研究成绩，纪念梁斌诞辰110周年，是编辑这部《梁斌研究辑存——梁斌作品评论集六编》的缘由。

梁斌研究成果有结集传统。1959年，“文艺报编辑部”编选了《革命英雄的谱系——〈红旗谱〉评论集》，由作家出版社出版，收录了1957年《红旗谱》出版后的评论、座谈会摘要、创作谈等共9篇，是最早的梁斌评论集。

新时期以来，梁斌研究结集继续进行。1986年，海峡文艺出版社出版了郭文静、倪宗吾、李杰波、唐文斌编辑的《中国当代文学研究资料·梁斌研究专集》，对此前梁斌研究资料做了整理，起了承上启下的作用。

1994年天津梁斌研究会成立后，更加重视资料出版工作，相继出版了五部研究专集，形成“梁斌研究系列文集”。分别是：1997年，《梁斌作品评论集》（温藩超、张金池、宋安娜编，百花文艺出版社）；2004年，《梁斌新论——梁斌作品评论集续编》（宋安娜主编，百花文艺出版社）；2006年，《梁斌书画论》（宋安娜主编，天津人民美术出版社）；2011年，《梁斌文学艺术论——梁斌作品评论集四编》（宋安娜主编，百花文艺出版社）；2016年，《梁斌百年纪念评论文集——梁斌作品评论集五编》（宋安娜主编，百花文艺出版社）。另外，1996年，梁斌逝世一周年，《大地之子——梁斌纪念文集》出版（王维玲主编、宋乃谦副主编，中国青年出版社）；2014年，《百年梁斌——梁斌百年诞辰纪念文集》出版（中共蠡县县委宣传部编，河北大学出版社）。这两部文集，兼顾了纪念性与学术性。

本书定位为“梁斌研究系列文集”的延续，故名曰“评论集六编”。

关于本书的编辑，需要有几点说明。

第一，本书收集的20余篇论文，是前五编“作品评论集”之外的。前五编“作品评论集”中的论文，多为纪念、研讨会的结集，此外，还有大量成果发表于学术杂志。此次编辑时，从中做了精选。

第二，由于篇幅有限，有一些文献未收入此论文集，遗憾留待以后弥补。所选论文的发表时间，跨越一个甲子，力求一定程度反映梁斌研究的发展。由是观之，经几代研究者的勤奋努力，梁斌研究的视野和领域不断扩大，作为中华民族宝贵精神财富的梁斌文学艺术的价值和意义，不断得到新成果的阐发。

第三，论文编排时，遵循了以下原则：一、按发表时间为序；二、论文正文与原发刊物保持一致，但因出版编辑体例，注释格式做了统一；三、个别论文有删节，请谅解。

第四，论文集编辑过程中，与一些作者联系，取得了授权，感谢支持；有的作者未能联系上，很抱歉，请作者见到后与编者联系。

最后，感谢与梁斌渊源深厚的百花文艺出版社的大力支持；感谢天津梁斌研究会宋安娜会长的指导和帮助。

编者

2024年1月